能力向上教育（初任時）用テキスト

安全衛生推進者の実務

中央労働災害防止協会

序

　わが国における労働災害は、長期的には減少傾向にあるものの、このところ増加傾向も見られ、労災保険の新規受給者数は年間約60万人にのぼっています。死亡者数は令和2年は過去最少となりましたが、はさまれ・巻き込まれ、墜落・転落などの災害により、今なお年間800人を超える尊い命が労働の場で失われています。また、業務上疾病は横ばいの状況が続いていましたが、ここでも、新型コロナウイルス感染症流行の影響は大きく、令和2年は新型コロナウイルス感染症り患による疾病者数が多数加わっています。さらに、化学物質による職業がん等の重度の健康障害も依然として後を絶たない状況にあります。

　安全衛生推進者の選任対象となる小規模事業場においては、大規模事業場と比較して、労働災害の発生率が高いなど、安全衛生水準に大規模事業場との格差が見られるところであり、小規模事業場の安全衛生水準の向上を図ることは極めて重要な課題です。

　労働災害を防止するためには、事業者による自主的な労働災害防止活動が不可欠であることから、労働安全衛生法においても、これらの活動を事業場で行う安全衛生管理体制を定めており、労働者数が10人以上50人未満の事業場においては、一定の業種について安全衛生推進者（それ以外の業種については衛生推進者）を選任することを義務付けています。安全衛生推進者は、小規模事業場における安全衛生管理活動の要であり、その果たすべき役割は非常に重要です。このため、厚生労働省は、「労働災害の防止のための業務に従事する者に対する能力向上教育に関する指針」（平成元年5月公表。最終改正：平成18年3月31日）において、安全衛生推進者の能力向上を図るための教育について定めています。

　本書は、安全衛生推進者に対する初任時教育のテキストとして編集したものであり、安全衛生推進者の能力向上に必要な最近の安全衛生管理上の課題、安全衛生管理手法、最近の労働災害の動向などに対応した事項が示されています。

　今回の改訂では、安全衛生関係指針の改正、新たなガイドラインの制定等に合わせて内容を改めるとともに、統計データを最新のものとしました。

　本書が、安全衛生推進者をはじめ関係者に広く活用され、職場における労働災害の防止に役に立てば幸いです。

　令和4年5月

中央労働災害防止協会

目　次

第2編　危険性または有害性等の調査およびその結果に基づき講ずる措置等

第3編　安全衛生教育

第4編　関係法令

第5編　参考

安全衛生推進者能力向上教育（初任時）カリキュラム

科　　目	範　　囲	時間
1　安全衛生管理の進め方	(1)　安全衛生推進者の役割と職務 (2)　労働衛生管理 (3)　労働災害の原因の調査と再発防止対策	3.0
2　危険性又は有害性等の調査及びその結果に基づき講ずる措置等	(1)　危険性又は有害性等の調査及びその結果に基づき講ずる措置等	2.0
3　安全衛生教育	(1)　安全衛生教育の方法 (2)　作業標準の作成と周知	1.0
4　関係法令	(1)　労働安全衛生法令	1.0
計		7.0

（「労働災害の防止のための業務に従事する者に対する能力向上教育に関する指針」（平成元年5月22日能力向上教育指針公示第1号。最終改正：平成18年3月31日）より）

第1編

安全衛生管理の進め方

第1章　労働災害の現状と問題点

⑴　死傷労働災害の発生状況

　わが国の労働災害による被災者数は昭和36年をピークとして、その後は減少して
きましたが、このところ増加傾向も見られ、今なお約60万人（労災保険新規受給者数）
にのぼっています。

　最近の傾向としては、休業４日以上の死傷者数は減少傾向にかげりが見え、死亡
者数は減少を続けています（**図1-1**、**図1-2**参照）。

　労働災害の発生に関しては、次のような問題点があることを知った上で実効ある
対策を推進しましょう。

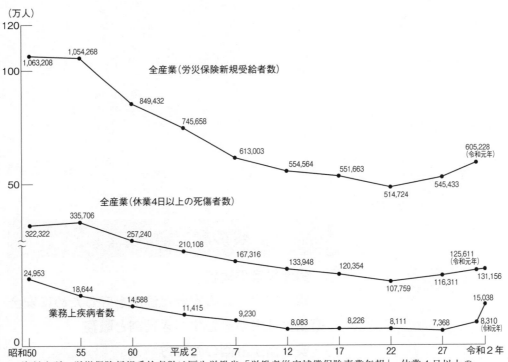

資料出所：労災保険新規受給者数は厚生労働省「労働者災害補償保険事業年報」、休業４日以上の
　　　　　死傷者数は平成23年までは厚生労働省「労災保険給付データ」、平成24年以降は「労働
　　　　　者死傷病報告」、業務上疾病者数は厚生労働省「業務上疾病調」。令和２年は新型コロ
　　　　　ナウイルス感染症のり患によるもの（6,041人）を含む。

図1-1　労働災害による死傷者数等の推移

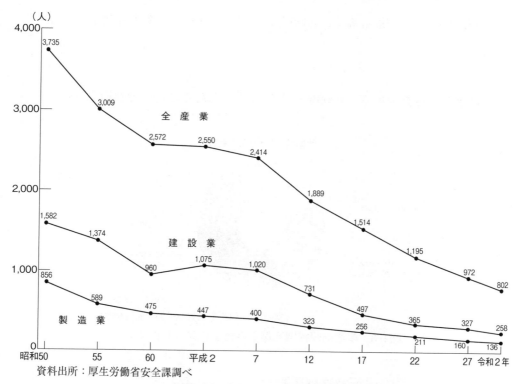

資料出所：厚生労働省安全課調べ

図1-2 労働災害による死亡者数の推移

㈦ 小規模事業場の状況

　わが国の全労働者の約6割が従業員50人未満の小規模事業場に従事しています。したがって、わが国の労働災害の動向は、小規模事業場における発生に大きく左右されていると言っても過言ではありません。

　事業場規模別の死傷災害の発生状況をみると、労働災害の約6割が規模50人未満の事業場で発生しています（**図1-3参照**）。

　令和2年の規模別の災害の発生状況を死傷年千人率でみると、製造業では、50人未満の事業場は50人以上の事業場に比べ年千人率が高い傾向が見られ、例えば、労働者数30～49人の規模の事業場の年千人率は、300人以上の規模の事業場の4倍近くとなっています（**図1-4参照**）。

　また、令和2年の労働災害の状況について、事業場規模別に度数率と強度率をみると以下のとおりとなっており、いずれも規模が小さくなるほど高率となる傾向があることがわかります（**表1-1参照**）。

① 度数率

　災害の発生頻度を度数率（100万延べ実労働時間当たりの労働災害による死傷者数）でみると、調査対象の事業場規模100名以上の中では，事業場規模100～

299人規模の2.60が最も高く、1,000人以上規模と比べてみると4倍近くとなっています。

② 強度率

災害の重さを強度率（1,000延べ実労働時間当たりの延べ労働損失日数）でみ

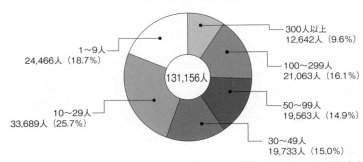

図1-3　事業場規模別死傷災害発生状況（令和2年）

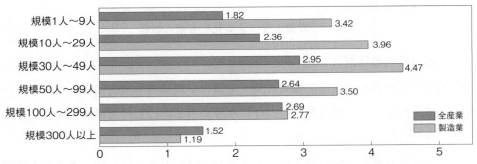

資料：平成28年経済センサス基礎調査（総務省統計局）、労働者死傷病報告より算出

図1-4　事業場の規模別千人率（令和2年）

表1-1　事業場規模別度数率・強度率

事業場規模	度　数　率				強　度　率			
	令和2年	事業場規模1,000人以上との比率	令和元年	対前年差	令和2年	事業場規模1,000人以上との比率	令和元年	対前年差
		倍				倍		
1,000人以上	0.69	1.0	0.47	0.22	0.03	1.0	0.03	0.00
500～999人	1.37	2.0	1.19	0.18	0.05	1.7	0.06	− 0.01
300～499人	1.83	2.7	1.55	0.28	0.09	3.0	0.10	− 0.01
100～299人	2.60	3.7	2.53	0.07	0.12	4.0	0.12	0.00

資料出所：厚生労働省「労働災害動向調査」

ると、同じく事業場規模100～299人規模が0.12と、1,000人以上規模と比べると4
倍となっています。

(イ)　交通労働災害

　表1-2の交通労働災害発生状況をみると近年死亡者数は減少傾向にかげりが見え、
労働災害の死亡者数の2割前後は交通労働災害が占めています。このため、交通労働
災害対策も、一般労働災害対策と同様に総合的かつ、組織的に取り組む必要があります。

表1-2　交通労働災害（死亡災害）発生状況の推移

区分　＼　年		平成23	24	25	26	27	28	29	30	令和元	2
全死亡災害死亡者数（人）		2,338	1,093	1,030	1,057	972	928	978	909	845	802
交通労働災害	死亡者数（人）	239	251	233	232	189	218	202	175	157	164
	割合（％）	10.2	23.0	22.6	21.9	19.4	23.5	20.6	19.2	18.6	20.4

資料出所：厚生労働省死亡災害報告

(ウ)　高年齢労働者

　わが国の労働力人口に占める高年齢労働者の割合は急速に増加してきています。
55歳以上の就業者の占める割合は、令和2年には約3割となっています。

　このような中で、高年齢労働者は、災害発生率が若年労働者に比べて高くなって
おり、年齢階層別の千人率をみると、図1-5に示されているように、50歳代では30
歳代のおよそ1.7倍程度となり、60歳以上では2.1倍程度とさらに高くなっています。
この結果、50歳以上の高年齢労働者が休業4日以上の死傷災害全体に占める割合は、
令和2年で約5割となっています。

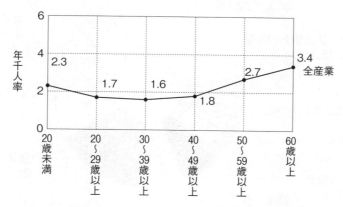

資料出所：総務省統計局「労働力調査」、厚生労働省「労働者死傷病報告」

図1-5　年齢階層別死傷年千人率（休業4日以上）（令和2年）

㈎　**事故の型、起因物別の状況（製造業）**

　令和2年に発生した労働災害の傾向を製造業についてみると（**図1-6～図1-9**）、事故の型別では、休業4日以上の死傷災害においては「はさまれ・巻き込まれ」が最も多く、次いで「転倒」、「墜落・転落」、「動作の反動・無理な動作」、「切れ・こすれ」の順となっており、この5種類の事故で全体の約75％を占めています。

　死亡災害においても「はさまれ・巻き込まれ」が最も多く、次いで「墜落・転落」、「飛来・落下」の順となっており、この3つの型で全体の約57％を占めています。

　起因物別にみると、休業4日以上の死傷災害においては「仮設物・建築物・構築物等」が最も多く、次いで「一般動力機械」、「用具」の順となっています。

　死亡災害においては「動力運搬機」が最も多く、次いで「一般動力機械」、「仮設物・建築物・構築物等」の順となっています。

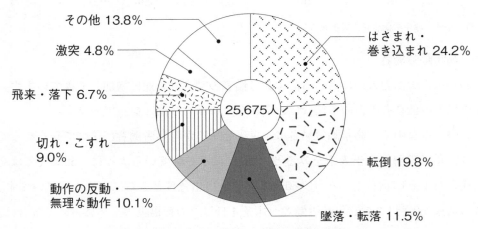

図1-6　製造業における事故の型別死傷災害発生状況（令和2年）

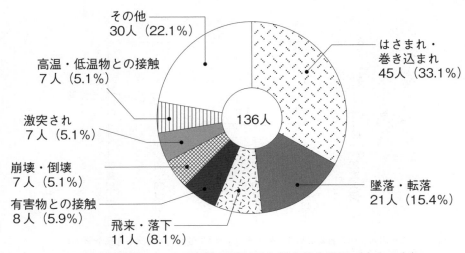

図1-7　製造業における事故の型別死亡災害発生状況（令和2年）

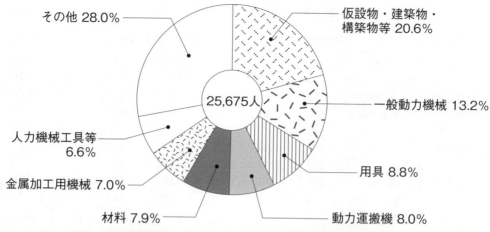

図1-8　製造業における起因物別死傷災害発生状況（令和2年）

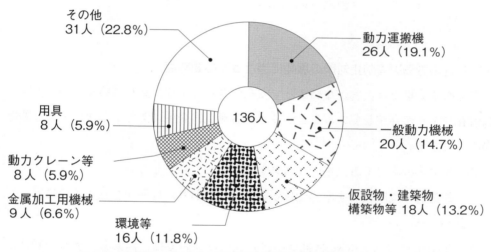

図1-9　製造業における起因物別死亡災害発生状況（令和2年）

⑵　業務上疾病の発生状況

　業務上疾病は図1-1に示すように長期的には減少傾向にありましたが、このところ増加傾向が見られています（**表1-3**）。注目される点としては、令和2年の病原体による疾病が激増していることです。これは、新型コロナウイルス感染症り患によるものです。それ以外では、負傷に起因する疾病が業務上疾病の大きな部分を占め、また、その約85％は腰痛であり、腰痛対策の推進の必要性が指摘されるところです。

　また、熱中症を含む物理的因子による疾病に増加の傾向がみられます。

表1-3　業務上疾病発生数の推移　　　　　　　　　　（人）

業務上疾病の種類	平成26年	平成27年	平成28年	平成29年	平成30年	令和元年	令和2年
負傷に起因する疾病	5,445	5,339	5,598	5,963	5,937	6,015	6,533
（うち腰痛）	4,583	4,521	4,722	5,051	5,016	5,132	5,582
物理的因子による疾病	665	695	704	773	1,437	1,118	1,214
作業態様に起因する疾病	420	419	312	378	457	457	462
酸素欠乏症	4	9	12	5	7	5	12
化学物質による疾病	201	247	213	222	263	220	241
じん肺	263	251	210	191	165	164	127
病原体による疾病	202	201	125	105	171	113	6,291
その他	215	207	187	207	247	218	158
業務上疾病　合計	7,415	7,368	7,361	7,844	8,684	8,310	15,038
労働災害　合計	119,535	116,311	117,910	120,460	127,329	125,611	131,156

資料出所：厚生労働省「労災保険給付データ」、「業務上疾病調」。令和2年の病原体による疾病は、新型コロナウイルス感染症り患によるもの（6,041人）を含む。

⑶　今後の労働災害防止対策の展開に当たっての問題点

多くの事業場では災害がないことで安全化されたように感じていますが、実際には潜在リスクが存在していることが多く、労働災害発生に関しては次のような問題がみられます。

㋐　無災害の職場でも災害のリスクが依然として存在している。

㋑　作業者の危険に対する感受性が弱くなっており、危険が存在するのに安全行動がとれない。

㋒　産業用ロボットやNC機械等の自動機械については、作業者に機械の動作が予測できず、停止していると思っているものが急に動き出し、激突やはさまれ等の災害を起こすこともある。

㋓　機械設備の取扱い作業においては、はさまれ・巻き込まれの危険箇所がカバーや覆いなどで防護されないまま放置されていることや、運転を停止せずにトラブル処理を行うことによる労働災害が後をたたない。

㋔　安全意識は向上してきているようにみえるものの、一部の職場では、安全ルールを守るのは建前であって、実際には安全ルール無視といった風土(本音)がみられることもある。また、安全ルールを守らないでうまく仕事をするのがベテランだという誤った雰囲気のある職場もある。

㋕　ヒヤリ・ハット活動は危険有害要因を洗い出すための有効な手法であるのに、作業者が危険と認識していないため危険有害要因として洗い出せない。また、洗い出しても有効に活用していない。

　職場が無災害であることが安全と勘違いしがちになりますが、無災害であっても危険有害要因の洗い出しと対策を怠るなど安全管理をおろそかにすると、予期しない大きな災害が発生することにもなります。

　これからの安全活動のねらいは「安全文化」の創造にあるといわれています。「安全文化」とは組織と個人がごく自然に「安全」を最優先するということです。安全文化を創造し、定着させるために全員参加で安全が尊重される風土づくりに取り組み、真の災害ゼロを実現するために、職場に潜んでいる危険有害性をできるだけゼロに近づけなければなりません。

　無災害の職場、作業であってもリスクアセスメントを実施し、受容できないリスクは確実に低減することが大切です。

　なお、平成30年2月に、「第13次労働災害防止計画」（13次防）が厚生労働省により策定されました。この計画は、2018年4月1日〜2023年3月31日の5カ年を期間とし、安心して健康に働くことができる職場の実現に向け、国、事業者、労働者等の関係者が目指すべき目標、取組みを示したものです。労働災害防止計画は、1958年に、労働災害の急増に対応し、「産業災害防止総合5カ年計画」として開始されて以来、約60年の間に、死亡者5,612名（1957年）を802名（2020年）に減少させる等の成果に資してきました。

　13次防の全体の目標としては、死亡災害の15％以上、死傷災害の5％以上の減少を掲げ、次の8項目の重点事項ごとに具体的取組み内容を示しています。

　①　死亡災害の撲滅を目指した対策の推進
　②　過労死等の防止等の労働者の健康確保対策の推進
　③　就業構造の変化及び働き方の多様化に対応した対策の推進
　④　疾病を抱える労働者の健康確保対策の推進
　⑤　化学物質等による健康障害防止対策の推進
　⑥　企業・業界単位での安全衛生の取組の強化
　⑦　安全衛生管理組織の強化及び人材育成の推進
　⑧　国民全体の安全・健康意識の高揚等
巻末の〈資料〉に概要を掲載します。

第2章　安全衛生推進者の役割と職務

　職場で働く人の安全と健康を守ることは事業者の責務です。

　労働安全衛生法では、事業場の規模の大小にかかわらず、事業者が労働災害を防止するために講じなければならない最低基準が定められていますが、中小規模事業場では、労働災害防止への取組みが必ずしも十分とはいえない状況にあり、災害発生率も前章で述べたように高くなっています。このような状況を踏まえ、労働安全衛生法では小規模事業場の安全衛生水準の向上を図るため、常時10人以上50人未満の労働者を使用する一定の事業場において、一定の資格要件を満たしている者の中から安全衛生推進者を選任することが義務付けられています。

（役割）

　安全衛生推進者は、事業者の指揮を受けて事業場の安全衛生に関する業務を実施する担当者です。安全衛生について積極的な活動を行い、災害がなく健康で明るい職場を作るための中心的役割を果たすことが求められます。

　また、安全衛生推進者は、事業者の安全衛生についての考え方を仕事の場に具体的な形で実行することと、仕事の計画樹立などに当たって安全衛生の面から提案をし、積極的に安全衛生を推進することが望まれます。

　いうなれば、安全衛生推進者は安全衛生についての施策を推進する実施担当者としての任務を持つとともに、事業者の安全衛生面での補佐的な性格を持つものですが、職務の遂行に当たってはラインの人達の協力を得ることを忘れてはなりません。

　そのため安全衛生推進者には、

① 　事業場の作業態様の全般に精通していること

② 　労働安全衛生法令と安全衛生業務をよく理解していること

③ 　安全衛生について理解と熱意があること

④ 　労使双方から信頼されていること

が要求されます。

（職務）

　安全衛生推進者の担当する職務は、労働安全衛生法において、

① 　労働者の危険または健康障害を防止するための措置に関すること

② 　労働者の安全または衛生のための教育の実施に関すること

③　健康診断の実施その他健康の保持増進のための措置に関すること

④　労働災害の原因の調査および再発防止対策に関すること

⑤　その他、労働災害を防止するため必要な業務で、厚生労働省令で定めるものと定められています。具体的には事業場の方針作成とその方針に基づく計画を策定し、これを推進することです。例えば次のような職務を実行します。

1　労働者の危険、健康障害の防止

(1)　機械設備は設置前に十分なチェック

　機械設備等については、設置の前に安全衛生の面からチェックし、これなら大丈夫と確認した後、工事にかかります。新しい作業方法を取り入れるときも同様に事前にチェックします。なお、機械設備の安全化については、機械メーカー、ユーザーの実施すべき事項を定めた「機械の包括的な安全基準に関する指針」があります。機械設備の導入に当たっては同指針に沿って適切にリスク低減されたものを導入することが望まれます。さらに機械メーカーから「残留リスク情報」を入手し、ユーザーとしてのリスクアセスメントを実施し、リスク低減を図りましょう。

(2)　異常の早期発見と事業者への報告・是正の措置

　安全装置や保護具のような危険や健康障害を防止する設備や器具は、その機能が正常でないと、これらの設備等が取り付けられていない場合よりも危険が大きくなることがあります。機械のカバーを取り外して放置したり、防毒マスクに使用限度時間を過ぎた吸収缶を使用したり、保護帽のあごひもをかけないなど不適切な使用は特に注意が必要です。

　また、局所排気装置なども正しく作動していないと有害物質を排出するどころか攪拌されて作業者に悪い影響を与えます。

　安全装置や保護具には構造規格が定められているものや、国家検定等が行われているものもあるので、設置・使用の場合には、この要件に適合しているものを選定し、機能低下がないか確認するための定期点検をすることが大切です。

　安全衛生推進者はこれらの設備や器具の使用中の異常を発見し、早期に是正措置をするため、現場をできるだけ頻繁に巡視することが必要です。

(3)　作業環境の点検（作業環境測定を含む）、作業方法の点検と必要な措置

　安全で、衛生的な作業を継続していくためには、作業環境の状態を点検し危険・

有害な要因がないかを洗い出します。

　粉じんや有害物を取り扱う作業場所では、作業環境測定士による作業環境測定を実施し、労働者に有害な濃度であるときは作業環境を改善する措置を行うほか、作業者に保護具を着用させる等の健康障害防止対策を実施します。

　さらに、作業姿勢などによっては腰痛等を起こすなど健康障害が発生することがありますので、作業方法についても常に点検を行い、適切な方法を検討し必要な措置を講じることも大切です。

⑷　化学物質の管理

　化学物質の危険性とは、火災、爆発等により人に危害を与えることであり、また、化学物質の有害性とは、人がばく露されることによって中毒、アレルギー、がん等の健康障害を生じさせる性質をいいます。なお、危険性の程度は化学物質の持つ性質（発火点・揮発性など）や使用条件、使用量などにより異なってきます。

　化学物質のうち特に有害なものは労働安全衛生法によって製造・輸入・譲渡・提供・使用が禁止されているほか、特定化学物質、有機溶剤、鉛等については製造・使用について規制がされています。また、これらの化学物質を含む、危険有害性のよく知られている化学物質については、職場における化学物質の危険有害性情報を提供する仕組みとして容器等への危険有害性等のラベル表示、安全データシート（SDS）の交付等が化学物質を譲渡・提供する者に義務付けられています。さらに、SDSの交付が義務付けられている通知対象物674物質（令和4年3月現在。令和6年4月から903物質）について、事業者に危険性又は有害性等の調査（リスクアセスメント）の実施が義務付けられています。

　市場に出回っている化学物質にはこれら法規制がないものも数多くあります。しかし、これらのすべてが危険有害性がないということではありませんので、使用の際に事前にその危険有害性を調べ対策をたてることが必要です。

　化学物質の危険有害性に関する情報を十分に把握することが健康障害の防止につながることから、化学物質の管理にはこのSDSを活用するなどにより有効な対策を実施することが必要です。

⑸　異常な事態における応急処置

　火災、爆発、倒壊、有害物質の拡散などの災害・事故が起こったときは、直ちに消火、避難などの応急処置をとることが大切で、応急処置を適切に行うことによっ

て被害が大きくなることや、多くの犠牲者を出すことを防止することができます。

　また、労働災害が発生した場合には、被災者の救出や応急処置をすると同時に、救出に向かった者が被災するなどの二次災害の発生も防止しなければなりません。

　異常時における措置を適切に実施するためには、応急処置を単に知識として知っているだけでは不十分で、実際的な訓練を行い、この訓練を通じて事業場の全員がその要領を身につけておくことが必要です。そのため安全衛生推進者がこの訓練を計画して実施します。さらに緊急時の連絡体制も平素から定めておくことが必要です。

2　労働者の安全衛生教育の推進

　安全衛生推進者は、労働者の安全・衛生の教育、訓練について計画をたて、ラインの管理監督者と協力して行います。そして、実施に当たっては中心的な役割を果たさなければなりません。

　計画に当たっては、いつ、誰に、何を、どのように教えるか、講師は誰にするか等、具体的に定めます。

　安全衛生教育のうち法令で義務付けられているものは次のとおりで、教える科目内容等が労働安全衛生規則等で定められていますので、それによって行います。

① 　雇入れ時教育

② 　作業内容変更時教育

③ 　危険有害業務従事者の特別教育

④ 　職長（監督者）教育

　上記のうち、③、④については地域の労働基準協会、労働災害防止協会等で講習会を開催していますので、必要な講習について、該当者を受講させる方法もあります。

　法定教育のほか、安全・衛生を徹底させるためには自社に適合した安全衛生教育を実施することも必要です。

　教育は教えただけで終わりではなく、その後のフォローアップも大切です。教えたことが実際に作業に生かされるように努めることが必要です。

3　労働者の健康保持増進

⑴　健康診断計画の作成と健康診断の適切な実施

　労働者の一般定期健康診断や有害業務従事者の特殊健康診断については、安全衛生推進者が中心となって実施計画をたてます。

　安全衛生推進者は、健康診断機関等と連絡をとり、現場業務の都合をみて実施時

期、受診者、実施場所等を決め、対象労働者が全員受診できるようにします。健康診断の個人記録は、法定の期間、継続的に管理しなければなりません。また、健康診断の記録は適正に保存します。安全衛生推進者は健康診断の事務に携わりますので、守秘義務を守り、個人のプライバシーの保護には十分注意しなければなりません。

⑵　労働者の健康保持増進

「事業場における労働者の健康保持増進のための指針」（昭和63年健康保持増進のための指針公示第1号。令和3年12月最終改正）が公表されています。労働者の健康保持増進のためには、労働者の自主的、自発的な取組みとともに、職業生活を通じて行う、事業場としての健康教育、健康相談、運動指導等の対策の推進が必要となります。健康保持増進対策を推進していくには、事業場の実情に応じて、安全衛生推進者や、産業医、人事労務管理スタッフ等による推進体制を確立させることが必要となります。また、スタッフの確保が困難な場合は、健康保持増進に関する支援を行う外部機関等を活用することも有効です。

4　労働災害の原因調査および再発防止対策の実施

不幸にして労働災害が発生した場合には、その災害がなぜ、どのようにして起こったのか原因を究明する災害調査を行う必要があります。

災害調査では安全衛生推進者が中心的立場に立ち、災害発生現場の関係者の協力を得て調査を実施します。労働災害の調査に当たっては、直接原因だけでなく、その災害発生の背景的要因を含め物の面、人の面、作業の面および管理の面から要因を究明することが再発防止対策をたてるうえで必要です。

最近では事業場での労働災害は少なくなってはいるものの、災害のリスクがなくなっているわけではありません。事業場から災害発生のリスクをなくすためには、不休災害、微傷災害、ヒヤリ・ハット等についても調査し、対策をたてることも忘れてはなりません。

5　安全衛生に関しての職場巡視

職場巡視は安全衛生推進者の重要な職務です。作業場を巡視して危険または有害な状態の発見に努めるよう心掛けます。

現場の状況、作業内容は日々変わることが多いので、昨日よかったからといって安心することはできません。したがって、できるだけ頻繁に巡視することが必要です。

6　その他

　安全衛生推進者は、事業場の安全衛生水準を向上させるため安全衛生の情報の収集を行うなど、次のことを行わなければなりません。

① 安全衛生の情報収集

　安全衛生についての改善事例や災害事例などの資料や情報を広く収集し活用します。

② 労働災害、疾病・休業等の統計作成

　労働災害や疾病休業の統計資料を整備し、これらを比較検討することによって問題点や対策を講じなければならない点を明らかにします。

③ 関係行政機関に対する安全衛生の諸報告

　労働者死傷病報告、機械等設置の計画届、特殊健康診断結果報告等必要書類を作成して届け出ます。

④ 労働安全衛生マネジメントシステム（OSHMS）の実施

　効果的な安全衛生管理の手法として厚生労働大臣は平成11年に「労働安全衛生マネジメントシステムに関する指針」（平成11年労働省告示第53号。令和元年7月最終改正）を公表しました。

　これは、災害発生のリスクを減少させ、事業場の安全衛生水準を向上させるために「計画−実施−評価−改善」の過程を通じ連続的、継続的な安全衛生管理を行うものです。事業場でこのシステムを構築・推進する場合、安全衛生推進者は担当者として事業者を補佐し実行する役割があります。

⑤ 快適職場づくり

　労働安全衛生法では快適な職場づくりが事業者の努力義務とされています。また「事業者が講ずべき快適な職場環境の形成のための措置に関する指針（快適職場指針）」（平成4年労働省告示第59号。平成9年9月最終改正）が厚生労働大臣から公表されています。

　この快適職場指針の目指すものは「仕事による疲労やストレスを感じることの少ない、働きやすい職場づくり」です。

　職場の快適化を目標にした活動も安全衛生推進者の役割です。

⑥ 無災害記録証授与制度の活用

　労働災害のない安全で快適な職場で働くことは、仕事に従事するすべての人とその家族の願うところです。しかしながら、中小規模事業場では災害発生率が大規模事業場に比べ高く、安全衛生水準の向上が強く望まれています。

　中央労働災害防止協会（中災防）では、中小企業が自主的に安全衛生活動を進めるうえでの目標となるよう「中小企業無災害記録証授与制度」を設けています（**資料**参照）。

　この制度が設けられて以来、経営者、労働者が一丸となって安全衛生活動を進め、無災害記録を達成した多くの事業場に無災害記録証が授与されています。

　令和2年度に無災害記録証の授与を受けた事業場の数は次のとおりです。

第一種無災害記録　　　34事業場

第二種無災害記録　　　21事業場

第三種無災害記録　　　29事業場

第四種無災害記録　　　15事業場

第五種無災害記録　　　12事業場

　次にこの制度のあらましを紹介しますので、災害ゼロの安全で快適な職場づくりに向けて、ぜひご活用ください。

〈中小企業無災害記録証授与制度のあらまし〉

a　表彰の対象となる事業場
　中小企業（資本の額または出資の額の総額が1億円以下または労働者数が300人以下の企業）に属する労働者が10人以上100人未満の事業場

b　無災害記録とは
　業務上の死亡または休業災害の発生していない状態がある一定の日数続いた場合に無災害記録の対象となります。なお、休業災害とは、休業1日以上の災害をいい、身体障害の対象となる不休災害を含みます。

c　無災害記録の基準と記録の起算
・事業場の業種と労働者数によって無災害記録日数が決められています（次ページの資料を参照してください）。
・記録は第一種から第五種までの5種類があり、基準日数は資料のとおりです。
・記録は、業務上の死亡または休業災害が発生した日の翌日から起算し、次の死亡または休業災害等が発生する前日までを無災害日数（ただし、労働しない日は除く）として数えます。

d　労働者数
　雇用の形態にかかわらず事業場に属しているすべての労働者を含みます。

e　記録の申請
・都道府県労働基準協会（連合会）（以下「労働基準協会等」という）に用意されている申請書（2通）を作成し、労働基準協会等を通じて申請します。
・現在達成している最上位の種別について申請するものとします。

f　記録証の授与
　記録を達成した事業場には、中小企業無災害記録証と副賞（盾）が授与されます。また、事業場名と記録日数は中災防のホームページに掲載されます。

資料

単位：日数

規模区分	10 人 ～ 29 人					30 人 ～ 49 人					50 人 ～ 99 人				
事業の種類 / 種別	第一種（努力賞）	第二種（進歩賞）	第三種（銅賞）	第四種（銀賞）	第五種（金賞）	第一種（努力賞）	第二種（進歩賞）	第三種（銅賞）	第四種（銀賞）	第五種（金賞）	第一種（努力賞）	第二種（進歩賞）	第三種（銅賞）	第四種（銀賞）	第五種（金賞）
林業	400	800	1,200	1,800	2,700	300	600	900	1,350	2,050	200	400	600	900	1,350
土石採取業	1,000	2,000	3,000	4,500	6,750	700	1,400	2,100	3,150	4,750	500	1,000	1,500	2,250	3,400
土木建築業	1,100	2,200	3,300	4,950	7,450	800	1,600	2,400	3,600	5,400	600	1,200	1,800	2,700	4,050
設備工事業	1,400	2,800	4,200	6,300	9,450	1,000	2,000	3,000	4,500	6,750	750	1,500	2,250	3,400	5,100
食料品製造業	800	1,600	2,400	3,600	5,400	600	1,200	1,800	2,700	4,050	450	900	1,350	2,050	3,050
たばこ製造業	800	1,600	2,400	3,600	5,400	600	1,200	1,800	2,700	4,050	450	900	1,350	2,050	3,050
繊維工業	1,100	2,200	3,300	4,950	7,450	800	1,600	2,400	3,600	5,400	600	1,200	1,800	2,700	4,050
衣服・その他の繊維製品製造業	1,500	3,000	4,500	6,750	10,150	1,100	2,200	3,300	4,950	7,450	850	1,700	2,550	3,850	5,750
木材・木製品製造業	650	1,300	1,950	2,950	4,400	450	900	1,350	2,050	3,050	350	700	1,050	1,600	2,400
家具・装備品製造業	650	1,300	1,950	2,950	4,400	450	900	1,350	2,050	3,050	350	700	1,050	1,600	2,400
パルプ・紙・紙加工品製造業	1,000	2,000	3,000	4,500	6,750	750	1,500	2,250	3,400	5,100	550	1,100	1,650	2,500	3,750
出版・印刷・同関連産業	1,250	2,500	3,750	5,650	8,450	1,000	2,000	3,000	4,500	6,750	750	1,500	2,250	3,400	5,100
化学工業	1,100	2,200	3,300	4,950	7,450	800	1,600	2,400	3,600	5,400	600	1,200	1,800	2,700	4,050
石油製品・石炭製品製造業	1,100	2,200	3,300	4,950	7,450	800	1,600	2,400	3,600	5,400	600	1,200	1,800	2,700	4,050
プラスチック製品製造業	1,000	2,000	3,000	4,500	6,750	700	1,400	2,100	3,150	4,750	500	1,000	1,500	2,250	3,400
ゴム製品製造業	1,000	2,000	3,000	4,500	6,750	700	1,400	2,100	3,150	4,750	500	1,000	1,500	2,250	3,400
なめし革・同製品・毛皮製造業	1,300	2,600	3,900	5,850	8,800	950	1,900	2,850	4,300	6,450	700	1,400	2,100	3,150	4,750
窯業・土石製品製造業	700	1,400	2,100	3,150	4,750	500	1,000	1,500	2,250	3,400	400	800	1,200	1,800	2,700

事業の種類 \ 規模区分・種別	10人～29人 第一種（努力賞）	10人～29人 第二種（進歩賞）	10人～29人 第三種（銅賞）	10人～29人 第四種（銀賞）	10人～29人 第五種（金賞）	30人～49人 第一種（努力賞）	30人～49人 第二種（進歩賞）	30人～49人 第三種（銅賞）	30人～49人 第四種（銀賞）	30人～49人 第五種（金賞）	50人～99人 第一種（努力賞）	50人～99人 第二種（進歩賞）	50人～99人 第三種（銅賞）	50人～99人 第四種（銀賞）	50人～99人 第五種（金賞）
鉄鋼業	650	1,300	1,950	2,950	4,400	450	900	1,350	2,050	3,050	350	700	1,050	1,600	2,400
非鉄金属製造業	1,100	2,200	3,300	4,950	7,450	800	1,600	2,400	3,600	5,400	600	1,200	1,800	2,700	4,050
金属製品製造業	950	1,900	2,850	4,300	6,450	700	1,400	2,100	3,150	4,750	500	1,000	1,500	2,250	3,400
一般機械器具製造業	700	1,400	2,100	3,150	4,750	500	1,000	1,500	2,250	3,400	400	800	1,200	1,800	2,700
電気機械器具製造業	1,400	2,800	4,200	6,300	9,450	1,050	2,100	3,150	4,750	7,100	800	1,600	2,400	3,600	5,400
輸送用機械器具製造業	650	1,300	1,950	2,950	4,400	450	900	1,350	2,050	3,050	350	700	1,050	1,600	2,400
精密機械器具製造業	1,400	2,800	4,200	6,300	9,450	1,000	2,000	3,000	4,500	6,750	750	1,500	2,250	3,400	5,100
上記以外のその他の製造業	1,400	2,800	4,200	6,300	9,450	1,000	2,000	3,000	4,500	6,750	750	1,500	2,250	3,400	5,100
電気・ガス・熱供給・水道業	1,500	3,000	4,500	6,750	10,150	1,100	2,200	3,300	4,950	7,450	800	1,600	2,400	3,600	5,400
鉄道業	1,500	3,000	4,500	6,750	10,150	1,100	2,200	3,300	4,950	7,450	800	1,600	2,400	3,600	5,400
道路旅客運送業	1,050	2,100	3,150	4,750	7,100	750	1,500	2,250	3,400	5,100	550	1,100	1,650	2,500	3,750
道路貨物運送業	800	1,600	2,400	3,600	5,400	600	1,200	1,800	2,700	4,050	450	900	1,350	2,050	3,050
普通倉庫業	1,000	2,000	3,000	4,500	6,750	700	1,400	2,100	3,150	4,750	500	1,000	1,500	2,250	3,400
通信業	800	1,600	2,400	3,600	5,400	600	1,200	1,800	2,700	4,050	450	900	1,350	2,050	3,050
卸売・小売業・飲食店業	1,500	3,000	4,500	6,750	10,150	1,100	2,200	3,300	4,950	7,450	800	1,600	2,400	3,600	5,400
自動車整備業	950	1,900	2,850	4,300	6,450	700	1,400	2,100	3,150	4,750	500	1,000	1,500	2,250	3,400
機械修理業	1,150	2,300	3,450	5,200	7,800	850	1,700	2,550	3,850	5,750	650	1,300	1,950	2,950	4,400
建物サービス業	1,300	2,600	3,900	5,850	8,800	950	1,900	2,850	4,300	6,450	700	1,400	2,100	3,150	4,750
上記以外の事業	1,500	3,000	4,500	6,750	10,150	1,100	2,200	3,300	4,950	7,450	800	1,600	2,400	3,600	5,400

◇**中小企業無災害記録証「金賞」を受賞した事業場の無災害記録の取組み事例紹介**

K社（ゴム製品製造業）

「３つの安全」を理念に、無災害を継続中

○**会社プロフィール**

　昭和41年設立、従業員35名。ゴム原材料の精練加工品の製造を主たる事業としている。連続無災害記録は平成17年に4,750日を達成した。

　同社は、過去に３件の休業災害を経験した。原因を調査して、「作業者は往々にして製品の品質を維持するため、また、設備の不備を補ったり設備そのものを守るために、とっさにわが身を危険にさらす」ことがわかった。会社として、作業者の「身の安全」を最優先に考えていることを作業者の一人ひとりに理解してもらうため、次の活動を進めた結果、無災害記録を達成した。

○**主な活動**

・「**３つの安全**」……①身の安全、②品質の安全、③設備の安全、を指し、安全確保の優先順位もこの順でなければならないという考え方を毎朝の朝礼などで取り上げ、繰り返し啓発を行った。

・**設備のメンテナンスを専門業者に依頼**……設備の定期点検や修理をメーカー等の専門業者に依頼することで、安全が確保された設備で作業者に安心して作業をしてもらうようにした。

・**作業環境の整備**……作業者が「平常心」、「安心感」、「信頼感」を持って作業をすれば、身の安全をおびやかしたり不適合品発生の原因となる「ヒューマンエラー」を減らすことができると考え、計画的に環境整備を進めた。

　例：フォークリフトのバッテリー車への切り替え、重量物を持ち上げる機器の導入による腰への負担軽減、粉じん対策（防着剤に使用する炭酸カルシウムの量を減らす）、油煙・臭気対策（処理装置の新設）、夏場の暑さ対策（ドライフォッグ設備の導入）、避難誘導灯の設置、等

・**５Ｓ活動の実施**……整理・整頓・清掃・清潔に加えて、「躾」ではなく「センスを磨く」とした。同社においてセンスとは、何もいわれなくても、自然に掃除や挨拶ができることを指す。

○**「無理をせず」、「無理をさせず」**

　安全活動を進めるうえで、「何が何でも災害をゼロにすること」を目標としたのではなく、「１件でも減らそう」、「無理をせず」、「無理をさせず」にやってきたことが、結果的に作業者の協力と理解を得ることとなり、今日の操業環境を維持している。

第3章　安全衛生管理の進め方

1　安全衛生計画のたて方

⑴　安全衛生計画の必要性

　安全衛生管理は、職場からけがや病気などの労働災害をなくし、安全・快適で働きやすい職場をつくることが狙いです。

　しかし、我々がただ災害をなくしたいと願うだけでは労働災害は防止できず、また、ただやみくもにやっていてもその目的は達成できません。目的達成のためには職場の中に存在する多くの災害要因（リスク）を見つけだし、その背景を考えながら、一つずつ確実につぶしていく活動が必要になります。

　安全衛生活動が単なる活動ではなく、管理が必要だといわれているのはこのためです。

　安全衛生のために必要となる管理を企業・事業場、あるいは職場全体の問題として、組織だった活動として長期的、短期的にまとめたものが安全衛生計画です。安全衛生計画の必要性と意義をまとめると次のようになります。

⑺　安全衛生ニーズを把握すること

　安全衛生管理に関する課題は企業・事業場・職場の特性によって大きく変わります。安全衛生ニーズとはこれらの特性に応じて必要とされる安全衛生活動の内容を示すものです。例えば設備的欠陥から災害が発生している現状を安全衛生教育のみによって解決しようとしても、安全衛生ニーズに正しく対応しているとはいえないのです。安全衛生計画をたてるときは、まず事業場や職場の安全衛生ニーズ、すなわち「何をやらなければならないか？」をつかむことが前提となります。

⑻　企業・事業場等の管理目標を統一すること

　せっかく安全衛生計画をつくっても企業・事業場・職場の目標が統一されないまま、バラバラに動いていては大きな効果をあげることができません。企業や事業場が示す安全衛生方針や計画目標に向かって一貫性のある活動を行うことによって、初めて組織活動の効果が表れてくるのです。

　ここで注意しなければならないのは管理目標のたて方です。もちろん労働災害防止の目標はゼロにすることが基本なのですが、気持ちだけのゼロ目標では意味がなく、ゼロ目標を達成するための具体的手段が示されたものでなければなりません。

㈫　**管理目標の明確化**

　裏付けのない観念的な目標値を示すよりは、具体的な方策や目指す行動目標を設定することがより有効です。例えば根拠をもたない労働災害半減をうたうよりは、「○○作業のリスクアセスメントの実施」、「安全衛生推進者による週1回の職場巡視の実施」や、「設備の定期点検の実施およびフォローアップ」のような具体的行動を示す方がより有効でしょう。その中に活動の実施回数、実施時期、参加者等を示すことにより、安全衛生計画はより具体性をもつようになります。

(2)　**安全衛生計画のたて方**

　それでは安全衛生推進者としての安全衛生計画のたて方について考えてみましょう。

㈠　**事業者の責任と安全衛生推進者の役割とは**

　労働災害防止の最終責任は事業者にあることはいうまでもありません。したがって、事業者は安全衛生管理の最高責任者として、企業または事業場の安全衛生に関する基本方針を明確に示さなければなりません。もし、まだ示されていなかったとしたら、安全衛生推進者は事業者に対し、日ごろ第一線で把握している安全衛生上の現状および問題点、各種の安全衛生情報や社会の動向等を事業者に十分説明して基本方針を示すように要請し、あるいはアドバイスすることが重要です。なぜならば、事業者は職場で起きている種々の安全衛生問題のすべてを知っているわけではないからです。そこで、事業者が示した基本方針に基づいて具体的計画をたて、作業主任者等の安全衛生管理体制を整備して推進する必要があります。すなわち、安全衛生推進者は事業者のもつ安全衛生責任が適切に果たされるよう、第一線にいて、職場の担当者として安全衛生を推進する立場にあるのです。

㈡　**現状を把握する**

　みなさんの職場の安全衛生の実態はどうでしょうか？　安全衛生計画をたてるときには、まず次のような職場の現状を把握することから始めなくてはなりません。

　①　職場では過去にどのような災害が発生しましたか。

　②　安全衛生点検や職場巡視ではどのようなことが指摘されましたか。

　③　日常の仕事の中で問題になっているような行動はありませんか。

　これらは自分の目で見るばかりでなく部下の意見を聞く等、全員参加で進めることが望ましい姿です。安全衛生計画ではまず職場の実態を把握し、それに対する適切な対応手段を考えることがスタートです。

　ところで、この段階で重要なことがあります。それは現状把握に際しては危険（リスク）の大きさを知ることです。そしてリスクの大きいものから直ちに対策を講じることが必要です。現状把握は安全衛生計画の基本となるものであり、把握されたリスクの大きさがわからなければ適切な労働災害防止対策を講ずることができません。この手法はリスクアセスメントと呼ばれていますが、危険性または有害性等の調査等としてその実施が努力義務化されています。

　リスクアセスメントの基本は、リスクを客観的に把握すること、つまり起こる可能性のある労働災害のリスクについて大きさと発生頻度、可能性との組合せで客観的にみることです。例えば、その職場で起こりうる労働災害が死亡に至る墜落災害なのか、あるいは材料による小さな切り傷なのかによっては対応のしかたが異なりますし、大きな災害でも百年に一度起こるのか、毎月のように起こるのかでも対応が異なります。ですから、大きさと発生頻度とを数量化して組み合わせれば、ある程度リスクを定量化することが可能になります（第2編で詳述）。

㈡　安全衛生以外にも配慮する

　安全衛生計画だからといって、安全衛生だけに限定することはありません。なぜなら、安全衛生推進者は同時に職場の責任者として品質・コスト・人事管理、（地球）環境問題等多くの課題を抱えていることも多いからです。職場の安全衛生計画をたてるに当たっては部下の心の健康や地球に優しい環境づくり、品質・コスト等広い角度で考えることが大切です。

㈢　目標を設定する

　安全衛生計画では目標を定めることが必要ですが、できるだけ実現性のある具体的目標を示すことが大切です。目標の種類と特徴は次のとおりです。

①　テーマだけを示したもの

　「職場巡視の強化」、「4Sの徹底」といった方向だけを示したものです。何をやろうとしているかはわかりますが、具体的な内容が示されていません。

②　実行内容を示したもの

　「クレーン・フォークリフトの定期点検の強化」等具体的な行動内容を示すものであり、「1日1回始業点検・週1回設備点検」等回数を示すことにより、さらに具体性をもったものになっています。この場合にはその目標が職場のニーズにマッチしているか、見逃している要因はないかを確認することが重要です。

③　達成時期を示したもの

　「○月○日までにすべての安全カバーの見直しを完了する」というように、対

策の実施期限を明示したものです。これも具体的ですが職場の安全衛生ニーズとの関連を見ておく必要があります。

④　達成水準を示したもの

「休業災害ゼロ、不休災害半減」、「健康診断受診率100％」というように、達成水準を示したものです。ただし、これも目標達成の手段を示したものにしておかないと、単なる希望に終わってしまうかもしれません。

㈠　**実行することが前提**

目標が明確になったら達成する手段を考えて安全衛生計画をたてます。

実行を伴わない安全衛生計画は百害あって一利なしです。目標の達成手段を広い角度から考えて、実施方法、実施時期、責任者を定め、具体的行動に入ってください。

㈢　**結果をチェックする**

安全衛生計画の実施状況を目標と突き合わせ、チェックすることが重要ですが、このチェックは年度の終わりだけでなく、年度の途中でも行う必要があります。

そして、もし目標に達成していなければその原因を調べ、年度の途中であっても見直しを行う必要があります。

安全衛生推進者は第一線の職場の安全衛生管理の担当者として、PDCA（Plan（計画）、Do（実施）、Check（評価）、Act（改善））のサイクルを回し、自ら安全衛生計画を立案・実施し、職場の安全衛生レベルを引き上げる努力をすることが最も重要です。

(3)　**安全衛生計画の具体例**

㈠　**A社**（輸送用機器製造業　従業員数110名）（例）（**表1-4参照**）

中長期計画として３カ年計画の形で作成されており、明確な方針に基づいた密度の濃い計画になっています。

①　社会的背景も含め、現状の把握が行われています。

②　基本方針が事業場トップより明確な形で示されています。

③　安全衛生の現状把握が行われており、それに基づいて重点方針が示されています。

④　過去の実績に基づいた目標値が示されています。

⑤　目標達成のための具体的手段が、幅広く計画されています。

⑥　実績が示され、それに基づき次年度につながる問題点が把握されています。

表1-4　A社における安全衛生活動３カ年

1.背　　　景

1. 低成長期・産業空洞化問題
2. 労働時間短縮や高齢化問題
3. 同業他社の快適職場環境づくりの改善がすすんでいる。
（ユーザーの要望も強い）

2.基本的な考え方

従業員一人ひとりが安全と健康を大切にして生き生きとして働ける明るい快適な職場環境づくりを全員参加で進める。

3.現状の問題点

1. 労働災害の発生にまだ歯止めがかかっていない（'20年度は初の年間無災害達成）
2. 油漏れ、切りくず飛散、物の置き方など５S活動が弱い。
3. 管理・監督者の安全意識が弱い。

4.活動の重点

1. 安全衛生意識の高揚と「決めたこと・決められたこと」を「教え・守る」活動の推進・展開
2. ５S活動の推進・展開

5.主な活動計画

図I　年度別災害発生状況

年　度	'21年度（'21/4～'22/3）		
ね　ら　い	・安全衛生管理体制の見直し改善 ・「決めたこと・決められたこと」を「教え・守る」活動の推進 ・５S活動の導入		
主な実施事項	安全衛生活動の推進・強化	・安全衛生管理体制の見直し、改善（関係基準・ルールの見直し改善） ・安全衛生委員会の開催（1回／月） ・安全衛生委員会によるパトロールの実施 ・有資格者充足計画の作成と実施 ・作業要領書（安全ポイント）の見直し改善 ・異常処置時の安全作業ルールの確立 ・ヒヤリ・ハット活動の導入 ・社長安全パトロールの導入	
	５S活動の推進・展開	・２S活動の推進（不要品の一掃） ・配電盤・分電盤の責任者名貼付 ・５Sマニュアルの制定と理解活動 ・５S診断チェックシートの作成（製造部門・事務部門） ・５Sモデル職場の選定と活動（２グループ）	
	管理・監督者のレベルアップ	・社外講師による管理・監督者の安全衛生研修会 ・職長等の安全衛生教育の受講（1名） ・ユーザーによる安全衛生研修会への参加 ・安全衛生管理体制の勉強会 ・ヒヤリ・ハット活動導入に伴う勉強会	
効　果	1.全従業員の努力で「２年連続の無災害」が達成された 2.安全衛生活動の重要性が認識され、積極的な活動が実践された ・安衛活動の考え方、取り組み方が明確にされた（管理規定・活動計画・しくみ図等30項目） ・安衛委員会（1／月）を通じて月次推進方策の確認フォローが実施された ・忙しい中で有資格者の充足が計画以上に進んだ（24名） ・５Sモデル優秀職場として２グループが認定された		
問　題　点	1.残念ながら私傷病により1名の方が亡くなられた 2.日常の安衛活動に対する理解や指示・指導は強化されたが教えたあとを見るフォローが弱い ・安全ポイントによる「教え・守る」活動が不足している ・保護具の着用が一部守られていない ・昨年に比べ疾病欠勤日数が増加又健康診断後の有所見者のフォローが不足している		

計画（輸送用機器製造業　従業員数110名）

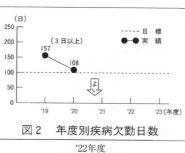

図2　年度別疾病欠勤日数

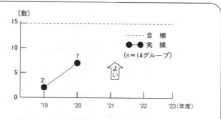

図3　年度別5S優秀職場認定数

'22年度 ('22/4〜'23/3)	'23年度 ('23/4〜'24/3)
・「決めたこと・決められたこと」を「教え・守る」活動の展開 ・5S活動の推進・展開	・「決めたこと・決められたこと」を「教え・守る」活動の定着 ・5S活動の定着（維持・改善活動）

【安全衛生活動の推進・強化】	
・ヒヤリ・ハット活動の推進・展開 ・作業要領書（安全ポイント）による教え込みの徹底 ・異常処置（含むチョコ停）時の安全作業ルールの徹底 ・新設・改善設備の安全検収制度の導入 ・安全衛生パトロールの活性化と充実 ・朝礼　安全唱和の推進展開「今日も1日安全作業で頑張ろう」ヨシ！ ・健診と有所見者のフォロー100％（産業医の指導） ・社長安全パトロールの推進 ・安全優秀職場社長表彰制度の導入	・「決めたこと・決められたこと」を「教え・守る」活動の定着フォロー（安全ポイントによる教え込み） ・ヒヤリ・KY活動と対策実施の定着 ・異常処置時の安全作業ルールの定着化フォロー ・重筋作業の洗い出しと改善対策の実施 ・安全衛生パトロールの定着と対策実施状況のフォロー ・健診と有所見者のフォロー100％（産業医の指導） ・受動喫煙防止対策の推進 ・社長安全パトロールの充実定着 ・安全優秀職場社長表彰（評価）の実施

【5S活動の推進・展開】	
・5S優秀職場認定制度の導入 ・5S優秀職場認定活動 　（5Sマニュアル・5S診断チェックシートの活用） ・ミーティングコーナーの整備（5グループ） ・5S改善活動の写真展示による相互研修	・5S優秀職場の維持・改善活動 　5Sレベル評価診断の実施（全職場） 　5S優秀職場認定診断の再受診（評価総点79点以下） 　5S改善活動優秀職場社長表彰制度の導入 　（改善活動優秀・評価総点95点以上） ・快適職場づくりの検討・導入

【管理・監督者のレベルアップ】	
・社外講師による管理・監督者の安全衛生研修会（2回／年） ・職長等安全衛生教育の受講（2名） ・ユーザーによる安全衛生研修会への積極的参加 ・異常処置時の安全作業ルールの勉強会 ・新設・改造設備の安全検収ルールの勉強会 ・5S優秀職場認定要領の勉強会	・社外講師による管理、監督者の安全衛生研修会（2回／年） ・職長等安全衛生教育の受講（2名） ・ユーザーによる安全衛生研修会への積極的参加 ・ヒヤリ・KY活動の勉強会 ・重筋作業の改善対策に伴う勉強会

1.県労働局長より進歩賞を受賞した（7/1） 2.全従業員の努力で「3年連続の無災害」が達成された 3.疾病欠勤日数についても年度目標が達成された 4.年度計画に基づく月次方策が着実に推進された 　（P-D-C-Aが回るようになった） 5.5S優秀職場の認定が計画以上に進んだ（12グループ）	
1.残念ながら交通事故（私有車）が1件発生した 2.安全作業ポイントの「教え込み」は定着してきたが「守らせる」ためのフォローが不足している 3.月次方策推進計画の活用が弱い	

⑴　**F社**（機械器具製造業　従業員数100名）（例）（**表1-5参照**）

PDCAのステップに従った安全衛生計画になっています。

①　昨年度の実績に応じた目標値が定められています。

②　PDCAのステップに応じて計画がたてられています。

③　重点事項ごとに目標（値）が定められています。

④　重点事項ごとの責任部署、実施時期が明示されています。

⑤　重点事項に応じて評価を行うことが準備されています。

⑷　労働安全衛生マネジメントシステム（OSHMS）

平成11年に「労働安全衛生マネジメントシステムに関する指針」が公表されました（令和元年7月改正）。マネジメントシステムというとちょっと難しく感じるかもしれませんが、これはみなさんが日常進めている仕事の流れを系統的にまとめたものと理解してみるとよいでしょう。なぜマネジメントシステムが重要なのか少し考えてみましょう。

「あなたの職場の安全衛生管理状況はどうですか？」という質問を受けたとき、あなたはどう答えますか？「昨年の安全成績は休業災害はゼロでしたが不休災害が3件ありました」というように答えていませんか？

これまで安全衛生管理状況は、労働災害の災害件数や度数率・強度率のように起きた災害の結果で表すことが普通でした。しかし、この結果からでは、その事業場でどのような安全衛生管理が行われているかを知ることができないばかりでなく、「何もやらなかったが災害が起きなかった」、「一生懸命やっていたが災害が起きてしまった」というように安全衛生管理の問題を見逃してしまう危険がありました。

OSHMSは、事業者が労働者の協力のもとに、労働災害防止活動に関する方針や目標の達成のためにPDCAのサイクルを実行し、継続的な安全衛生活動を自主的に行うものであり（**図1-10参照**）、世界的な流れになっています。国際標準化機構（ISO）でOSHMSの国際規格化（ISO45001）がなされ、それに対応するJIS（日本産業）規格も制定されました。災害の発生に一喜一憂する前に安全衛生管理が適切に動いているかをみることが大切なのです。このOSHMSについては、第2編で詳しく説明します。

表1-5　Ｆ社における安全衛生計画（機械器具製造業　従業員数100名）

事業所安全衛生計画

作成○年３月31日

事業所	○○工場

	事務局担当者	事務局長	衛生管理者	安全管理者	工場長
計画時					
上半期終了時					
下半期終了時					

全社目標
総労働災害件数＝０件 休業災害(永久障害災害を含む)＝０件

前年度事業所実績
総労働災害件数＝０件 休業災害(永久障害災害を含む)＝０件

事業所目標
総労働災害件数＝０件 休業災害(永久障害災害を含む)＝０件

昨年度の問題点
KYTを活用しての危険予知活動、及び設備機械、棚等の転倒防止対策が出来なかった。

事業所計画Ｐ

P					D						C	D						C
実施事項	実施項目	具体的方策	目標	主管部署	4	5	6	7	8	9	評価	10	11	12	1	2	3	評価
1.安全作業の整備	(1)ルールの見直し	安全心得と現状作業との比較による見直し、改善	実施	各職場	○	○	○											
	(2)ルールの把握と周知、徹底	変更箇所の読み合わせ等により周知、徹底	実施	各職場				○				○			○			
2.職場環境の整備	５Ｓの推進	①通路、白線、機械塗装等の補修	実施	事務局		○	○											
		②工場外周りの整備（ペンキ剥げ等）	実施	事務局					○	○								
		③作業スペースの確保（S-1、2等）	実施	各職場	○	○												
		④安全衛生パトロールによる指導の実施	２回/年	事務局				○				○						
		⑤５Ｓ運動の更なるレベルアップ	実施	各職場	○													
3.安全衛生教育	(1)新入社員教育	公的機関と社内マニュアル書に基づいての教育実施	４回/年	事務局	○	○	○					○						
	(2)その他教育	①KYTを活用しての危険予知活動の実施	実施	事務局									○	○				
		②法定作業の資格取得 （衛生管理者、プレス機段取り者）	対象者取得 衛生3、プレス1	事務局														
4.設備機械対策	(1)新設設備の安全対策	①５者点検の完全実施	100％	事務局														
		②プレス機の安全対策の整備	完備	Ｓ－２	○	○				○								
	(2)老朽設備のリスト化	年度毎別修繕計画書の作成と実施	100％	事務局	○	○												
5.防災対策	設備機械の防火、防災対策の強化	①防火管理者による計画書に基づく点検の実施	実施	防火管理者	○	○												
		②設備機械、棚等の転倒防止対策の実施	100％	各職場								○	○					
		③協力企業への防火、安全管理体制の実態把握と指導の実施	実施	事務局									○	○				
6.健康管理	健康管理体制の充実、健康の保持、増進	①法定に準じた健康診断の実施	100％	事務局	○				○	○		○	○					
		②結果に基づく二次検査、フォローの実施	100％	事務局														
		③中高年層の健康増進の為、計画書の作成と実施	100％	事務局	○			○										

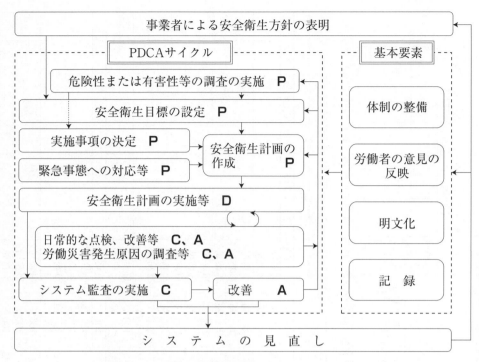

図1-10　労働安全衛生マネジメントシステムの流れ

2　安全衛生点検の実施

⑴　なぜ点検が必要か

　安全衛生点検は安全衛生管理において基本となるものです。

　本来、機械設備は設計段階、試作段階で法令に定める基準に合致し、安全衛生が確保されていなければなりません。また、据付け、試運転時に安全衛生点検を行って、危険性の事前評価を実施しても、据付け時や試運転時には予想もしなかった不具合が発生して機械設備の改造・手直し等が行われることもあります。その結果、設計段階では思いもしなかった危険が明らかになるなどといった事態が発生します。そのような事態から生じる災害を防止するためには、試運転時、初期生産活動時の安全衛生点検は欠くことができません。

　さらに、初期生産活動段階で安全を確認しても、それで終了とすることはできません。安全衛生点検を行って適正に使用していても、時間の経過により劣化や故障が起きます。そのうえ、日常の改善活動の中で改造を重ねるうちに不安全箇所が発生することもあります。

　機械設備が順調に稼働するためには、その付属設備をも含めた全体が常に正常に稼働できるように維持されていなければなりません。また、異常を放置したために

起こる故障は、長時間の運転停止を招き、経済的損失ばかりでなく、時として尊い人命を失うことになりかねません。

　点検整備の目的は、機械設備等の正常な運転を維持するとともに、故障の発生やそれに伴う各種の災害の発生を防止することにあり、最も基本的な業務です。特に法令で定められている安全衛生点検は必ず実施しなければなりません（**表1-6、表1-7参照**）。

　機械設備だけでなく作業方法についても点検することが必要です。作業標準等に基づいて教育し、そのとおり実行しているかを日常の職場巡視等で確認していても、初めに決められたとおりの方法でいつまでも実行されているとは限りません。むしろ、日常の作業の中で作業方法が変更され、日々新しくなっているのが現状です。このように機械設備・作業方法・人がそれぞれ変化していくのが生産の現場であり、そのような変化の中で安全衛生が確保されているかどうかを確認するのが安全衛生点検です。このように安全衛生点検は欠かすことができないものです。

⑵　点検の実施者

　安全衛生点検はライン各層の者により行われることが望ましいのですが、それぞれ生産業務に忙殺され、ともすれば安全衛生点検がなおざりに終わることがあります。安全衛生推進者はライン各層の者が実施した安全衛生点検状況を確認し、適切に点検が実施されるようにすることが大切です。

⑶　安全衛生点検制度の確立

　次の事項に留意した安全衛生点検制度を確立しましょう。

① 　点検の責任者を定める。
② 　点検内容と点検方法・判定基準を定める。
③ 　点検時期を設定する。
④ 　点検結果に基づく是正を確実に行う。
⑤ 　点検結果を記録・保存する。

⑷　点検・検査の種類

　ボイラー等の特定機械等については、製造時、輸入時、設置時、変更時における行政機関等による検査のほか、使用過程においても、行政機関または性能検査代行機関が一定期間ごとに検査を行うことにより、その安全性能の保持について確認す

表1-6　法令に基づき定期自主検査を行うべき機械等一覧（製造業関係）

（労働安全衛生法45、同施行令15）

対象機械等	実施時期	根拠規定
ボイラー	1月以内ごと・使用再開時	ボイラー則32
第一種圧力容器	〃	〃　67
第二種圧力容器	1年以内ごと・使用再開時	〃　88
小型ボイラー	〃	〃　94
つり上げ荷重が0.5t以上のクレーン	1年以内・1月以内ごと・使用再開時	クレーン則34・35
つり上げ荷重が0.5t以上の移動式クレーン	〃	〃　76・77
積載荷重が0.25t以上のエレベーター	〃	〃　154・155
積載荷重が0.25t以上の簡易リフト	〃	〃　208・209
○動力により駆動されるプレス機械	1年以内ごと・使用再開時	安衛則134の3・135の3
絶縁用保護具	6月以内ごと・使用再開時	〃　351
絶縁用防具	〃	〃
活線作業用装置	〃	〃
活線作業用器具	〃	〃
○フォークリフト	1年以内・1月以内ごと・使用再開時	〃　151の21・151の22・151の24
動力により駆動されるシヤー	1年以内ごと・使用再開時	〃　135
動力により駆動される遠心機械	〃	〃　141
化学設備及びその附属設備	2年以内ごと・使用再開時	〃　276
アセチレン溶接装置又はガス集合溶接装置	1年以内ごと・使用再開時	〃　317
乾燥設備及びその附属設備	〃	〃　299
電気機関車等	3年以内・1年以内・1月以内ごと・使用再開時	〃　228・229・230
局所排気装置、プッシュプル型換気装置、除じん装置、排ガス処理装置及び排液処理装置	1年以内ごと・使用再開時	有機則20・20の2、鉛則35、特化則30、粉じん則17、石綿則22
特定化学設備又はその附属設備	2年以内ごと・使用再開時	特化則31
ガンマ線照射装置で、透過写真の撮影に用いられるもの	1月以内・6月以内ごと・使用再開時	電離則18の5・18の6

注）○印を付した機械等についての、1年以内ごとに1回及び使用再開時の自主検査は、特定自主検査となるので、一定の資格を有する労働者または検査業者が行わなければならない。

表1-7　法令に基づき点検を行うべき機械等一覧（製造業関係）

（労働安全衛生法20・22・23・27）

対象機械等	実施時期	根拠規定
クレーン	その日の作業開始前・暴風後（屋外のもの）・中震以上後	クレーン則36・37
移動式クレーン	その日の作業開始前	〃　78
エレベーター	暴風後又は中震以上後（屋外のもの）	〃　156
簡易リフト	その日の作業開始前	〃　210
玉掛用具であるワイヤロープ等	〃	〃　220
ゴンドラ	その日の作業開始前・悪天候後開始前	ゴンドラ則22
安全装置等	規定なし	安衛則28
研削といし	その日の作業開始前	〃　118
プレス機械及びシャー	〃	〃　136
産業用ロボット	作業開始前	〃　151
フォークリフト	その日の作業開始前	〃　151の25
ショベルローダー等	〃	〃　151の34
構内運搬車	〃	〃　151の63
貨物自動車に使用する繊維ロープ	〃	〃　151の69
貨物自動車	〃	〃　151の75
コンベヤー	〃	〃　151の82
軌道装置	〃	〃　232
化学設備又その附属設備	はじめて使用のとき・分解修理等を行ったとき・1月以上使用しなかったとき・用途の変更後使用するとき	〃　277
移動式又は可搬式の防爆構造電気機械器具	その日の使用開始前	〃　284
溶接棒のホルダーその他安衛則352条の表に掲げる電気機械器具等	〃	〃　352
電気機械器具の囲い及び絶縁覆い	毎月1回以上	〃　353
貨車の荷掛けに使用する繊維ロープ	その日の使用開始前	〃　419
足場	悪天候、中震以上、組立て、変更等後の作業開始前	〃　567
つり足場	その日の作業開始前	〃　568
常時就業場所の照明装置	6月以内ごと	〃　605
局所排気装置、プッシュプル型換気装置、除じん装置、排ガス処理装置及び排液処理装置	はじめて使用したとき・分解して改造若しくは修理等を行ったとき	有機則22、鉛則37、特化則33、粉じん則19、石綿則24
特定化学設備又はその附属設備	はじめて使用のとき・分解して改造若しくは修理等を行ったとき・1月以上使用休止後使用のとき・用途の変更を行ったとき	特化則34
透過写真撮影用ガンマ線照射装置	はじめて使用のとき・分解して改造若しくは修理等を行ったとき・放射線源を交換したとき	電離則18の8
放射線源	機器の移動使用後直ちに及びその日の作業終了後	〃　19
空気呼吸器等・要求性能墜落制止用器具等・要求性能墜落制止用器具等の取付設備等（人員）	その日の作業開始前 （酸素欠乏危険作業場所への入退場時）	酸欠則7 （〃　8）
酸素欠乏危険作業に使用する避難用具等	その日の作業開始前	〃　15
燃焼器具	使用するとき毎日	事務所則6
機械による換気設備	はじめて使用のとき・分解修理等を行ったとき・2月以内ごと	〃　9

ることとされています。その他の危険または有害な作業を必要とする機械等についても、一定の規格または安全装置を具備しなければ譲渡、設置等をしてはならないこととするなどの法規制があります。

　さらに、以上のほかにもこれらを使用する事業者自らが、一定の期間ごとに、次の自主検査・点検を実施しなければなりません。

> 　労働安全衛生法では、検査と点検を次のように使い分けています。
>
> **1　検査とは**
>
> 基本的に分解や測定をしながら行う精密で定量的な点検です。
>
> 　所定の装置、設備等は検査項目や頻度が定められており、定期自主検査と呼ばれています。
>
> **2　点検とは**
>
> 主として、外観検査を中心とする定性的な定期点検のことです。
>
> 　点検は主として作業主任者などの職務として位置付けられています。

㋐　**始業点検（作業開始前点検）**

　毎日の作業開始時には機械設備を点検する必要があります。短時間であっても毎日確実に実施することが大切です（**表1-8、図1-11参照**）。

　連続運転が行われている場合でも、先番からの引継ぎを受けた後に点検を実施することが必要です。先番のときに気づかなかった振動等を発見することがあります。

　始業点検は、作業者と機械設備の対話の始まりといえます。

表1-8　安全プレスの作業開始前の点検項目（例）

　　事業者およびプレス機械作業主任者の方は、必ず労働安全衛生規則第136条等にある次の作業開始前の点検を実施してください。特に安全装置については、備考の通達に基づいて点検してください。
(1)　クラッチおよびブレーキの機能点検
　　・「寸動」運転の定義どおりに運転できるかを確認してください。
(2)　クランクシャフト、フライホイール、スライド、コネクチングロッドおよびコネクチングスクリューのボルトの緩みの有無の点検
(3)　一行程一停止機構の機能点検
　　・「安全一行程」運転時に、設定点から約165°までの間は「寸動」運転ができ、それ以降は「運転」ボタンを押し続けても離しても、設定点で停止するかを確認してください。
(4)　急停止機構および非常停止装置の機能点検
　　・運転中にインターロックNo.1〜No.3のいずれかのランプが消灯したとき、および運転中に「非常停止」ボタンを押したとき、スライドが急停止するかを確認してください。
　　・インターロックNo.1〜No.3のいずれかのランプが消灯しているとき、および「非常停止」ボタンを押し、手を離したとき、スライド起動操作ができないことを確認してください。
(5)　スライドによる危険を防止するための機構の機能点検
　①　ガード
　　・ガードを閉じると危険限界に手が届かないことを確認してください。
　　・ガードを閉じロックしなければスライド起動操作ができないことを、「安全一行程」運転で確認してください（ただし、ボルスター幅1300mm以内のプレスでは、「微速」、「寸動」および「安全一行程」以外の運転で確認してください）。
　②　光線式
　　・光線遮光の状態で、スライド起動操作ができないことを確認してください。
　　・「安全一行程」および「連続」運転で、スライド下降中に光線を遮光したとき、スライドが急停止することを確認してください。
　③　両手押しボタン
　　・「運転」ボタン2個を両手で同時に押さなければ、スライドが起動しないことを確認してください。（ただし、「微速」、「寸動」の場合を除く。）
(6)　金型およびボルスターの状態の点検
　　・金型の状態を点検してください。また、金型の上に工具が置かれていないことを確認してください。
　　・ボルスターの上に工具や部品等が置かれていないことを確認してください。

備考：作業開始前の点検および定期点検は、「プレス機械の安全装置管理指針」（平成27年9月30日付け基発0930第11号）

（フォークリフト）

始業点検記録

月度

工程	設置場所又は名称	容量	号機

点検担当者

点検項目	(1)フォーク	(2)マストストレーン	(3)マストチェーン	(4)タイヤ	(5)ガスボンベ	(6)エンジンオイル	(7)ブレーキ油	(8)冷却水	(9)バッテリー	(10)バックレスト	(11)サイドブレーキ	(12)フートブレーキ	(13)クラッチ
点検内容	曲がり・亀裂	油漏れ	左右差	キズ・摩耗ナット緩み	取付金具接続ゆるみ	オイルレベル	オイルレベル	液レベル	液レベル	上下作動	効き具合	踏みしろ	踏みしろ
判定基準	有・無	有・無	良・否	良・否	良・否	ゲージF〜L間	ゲージF〜L間	コア以上	極板上5mm以上	全ストローク引掛かり無し	良・否	40〜70%	40〜70%

点検項目	(14)ハンドル	(15)ウインカー	(16)前照灯	(17)ストップバックランプ	(18)ホーンバックブザー
点検内容	遊び	点滅	点灯	点灯	音量
判定基準	10〜45	良・否	良・否	良・否	良・否

点検時の注意

1　エンジンを必ず停止して行うこと。
2　フォークは床におろす。
3　サイドブレーキは、必ず引くこと。
4　冷却水点検は停止後30分以上待つこと。
5　ボンネットの開閉は、静かに行うこと。

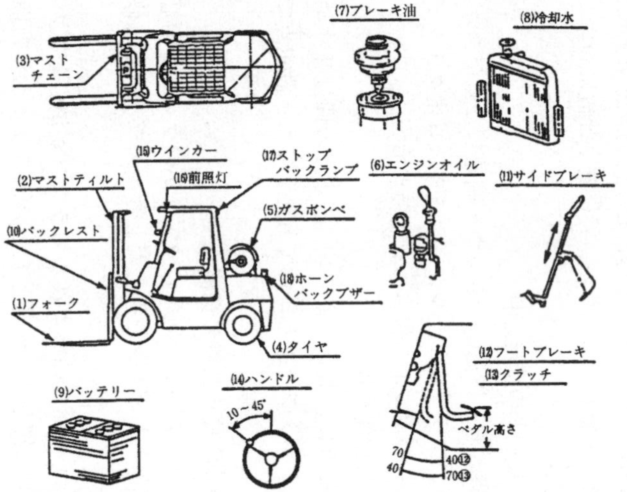

1．点検者は、フォークリフト運転技能講習修了者とする。（※例）

2．始業点検に不合格のものは、必ず補修完了後でなければ使用してはならない。

点検者記入		職長記入		応急処置		確認	
月/日	異常内容	恒久内容	応急処置	日	担当	実施月日	確認(主任)

異常処置記録

	確認			
点検者サイン	1直 2直 3直			
職長サイン	1直 2直 3直			
主任サイン（1回/週）				

（日付欄）1 2 3 4 5 6 7 8 9 10 11 12 13 14 15 16 17 18 19 20 21 22 23 24 25 26 27 28 29 30 31

図1-11　フォークリフト始業点検表（例）

㈦　**終業時点検**

　　１日の作業が終わり、職場を離れる前に行う点検です。次の作業開始まで静止状態においておくのに必要な作業がすべて終了しているかどうかをチェックする点検で、翌日の安全運転のために行うものといえます。

㈧　**日常点検・パトロール（巡視）**

　　職長等管理監督者が受持ち区域内の物、人の両面にわたって点検します。主に、点検者の五感を働かせて行う始業点検、終業点検を補うもので、大型の設備で連続運転の場合には、欠くことができない点検です。

　　始業点検が運転前の段階を対象にしているのに対して、日常点検やパトロールは機械設備に実際の負荷がかかった状態で行います。五感だけでなく携帯型の計器等を使用して行い、異常の発見を目的としています。

　　日常点検（**表1-9**参照）は、機械設備の使用条件等を判断して、毎日のほか、週１回、月１回などの周期を定めて行うことが大切です。

㈨　**定期点検**（法定のものは定期自主検査（表1-6参照）という。）

　　定期点検は周期を決めて行う点検です。定期自主検査は、一定の機械設備の主要構造や機能の安全性について、機器等を用いて法定の期間内ごとに定期的に行う検査で、検査項目は具体的に定められています。

　　定期自主検査の対象機械等のうち、特に検査が技術的に難しく、また、一度事故が発生すると重篤な災害をもたらすおそれのある機械については、一定の資格を有する労働者または登録を受けた検査業者による特定自主検査が義務付けられていて、的確な検査が行われるようになっています。

　　法定外も含め定期点検では、定められた使用期間を過ぎた部品の交換などのほか、発見された不具合箇所は、早急に修理、整備して運転を再開することが求められるので、定期点検は定期修理を伴うことがあります。

表1-9　プレス機械の日常点検の具体例

☆印の項目は、プレス機械作業主任者が必ず行ってください。

1	プレス機械まわりおよび床面を、整理、整頓、清掃します。
☆2	各オイルタンク油面計または容器の指定範囲の下限以上に、オイルがあることを確認してください。不足している場合は補給してください。 また、油漏れがないか確認してください。
3	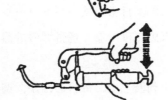 手動オイルポンプを10ストローク操作してください。 ダイクッション（オプション）のクッションガイドのグリースニップルに、1〜2gのグリースを給脂してください。
4	オートドレーンフィルタが、汚れていないか確認してください。 汚れている場合は、フィルタを清掃してください。毎週の定期的な清掃をお薦めします。
5	オイルフィルタの目詰まりインジケータが、緑色のシグナルになっているか確認してください。赤色のシグナルのときは、エレメントを清掃または交換してください。
6	エア供給口のストップバルブをゆっくりと開きます。 空圧機器および配管に空気漏れ等がないか、音などで確認してください。
☆7	クラッチの圧力が、圧力計の白色（または緑色）の目盛りの範囲内にあること、およびバランサの圧力が、上型重量に合った圧力であることを確認してください。
8	ドレーンコックを開いて、ドレーンが出ないことを確認してください。エアコンプレッサも同様に点検してください。
☆9	供給電源を「入」にします。「電源」ランプの点灯を確認してください。
☆10	「操作電源」スイッチにキーを差し込み、右に回して「1」（入）にします。操作電源を投入すると、「オーバーラン」ランプが点灯後すぐに消灯することを確認してください。また、この状態でキーが抜けないことを確認してください。
☆11	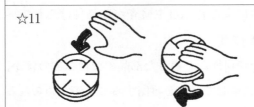 「非常停止」ボタンを押し、手を離すと押されたままの状態となり、リセット方向に回すと、元に戻ることを確認してください。

☆12　「外部操作選択」スイッチ（オプション）にキーを差し込み、右に回して「ボタン」にします。セット後キーを抜き、そのキーをプレス機械作業主任者が管理してください。

☆13　スイッチ類が次の状態であることを確認します。
　　　また、すべての安全装置が有効に作動するようにセットしてください。
　　　①「スライド調節」スイッチ……………………「切」
　　　②「光線式安全装置」キースイッチ…………「入」（有効）にセット後キーを抜き、そのキーをプレス機械作業主任者が管理してください。
　　　③「停止位置切替スイッチ」…………………「設定点」または「上死点」
　　　④「ダイリフタ」スイッチ……………………「下降」（ダイリフタアームが閉じていること）
　　　⑤上型・下型クランプの各スイッチ………「クランプ」
　　　⑥「メインモーター正転・逆転」スイッチ…「正転」
　　　⑦ミスフィードコンセント…………………ミスフィードプラグまたはショートプラグを差し込む。

☆14　「運転選択」スイッチにキーを差し込み、キーを右に回してから「寸動」の位置にします。

15　インターロックNo.1〜No.3および「プレス運転OK」の各ランプの点灯を確認してください。

☆16　「運転」ボタン2個を両手で同時に押し、離し、クラッチブレーキ電磁弁の排気音が歯切れのよい音であるか、およびマフラから排気され続けていないかを確認してください（プレス機械作業主任者が、プレスの後側で音を聴いてください）。

17　「運転選択」スイッチを「切」にします。

18　速度設定器を最低（ゼロスピード）にします。

19　「メインモーター起動」ボタンを押して、メインモーターを起動させます。「メインモーター運転」ランプの点灯を確認してください。

☆20　速度設定器を右に回し、無負荷連続ストローク数の仕様内の所要値にします。プレス機械の後側で、フライホイールの回転方向を確認してください。回転方向は銘板に矢印で示してあります。また、Vベルトのスリップ音および異常振動がないかを確認してください。

21　「運転選択」スイッチを「寸動」にします。
　　　インターロックNo.1〜No.3および「プレス運転OK」の各ランプの点灯を確認してください。

22	「運転」ボタン2個を両手で同時に押すと、スライドは起動します。 ただし、「操作電源」スイッチを「入」にした最初のときのみ、インターロック確認のため急停止機構が作動し、スライドが次の位置で急停止します。 　（1）下死点から始動した場合は、設定点手前約30°付近 　（2）設定点から始動した場合は、オーバーラン監視装置設定位置付近 どちらの場合も、「オーバーラン」ランプが点灯しますので、「リセット」ボタンを押してランプの消灯を確認してください。 その後、「運転」ボタンを押している間のみスライドが動き、ボタンから手を離すと直ちに停止することを確認してください。
23	「寸動」運転にてスライドを2～3ストローク作動させて、スライド等から異音がしないことを確認してください。
24	設定点までスライドを動かします。
☆25	「運転選択」スイッチを「安一」（安全一行程）にします。 次の点検を実施してください。 ①インターロック№1～№3および「プレス運転OK」の各ランプの点灯を確認してください。 ②「運転」ボタンのどちらか一方だけを押した場合、「プレス運転OK」ランプが消灯し、スライドが起動しないことを確認してください。 ③「運転」ボタン2個を両手で同時に押し、スライドを起動させます。 　設定点から約165°までの間は、「運転」ボタンを離すとスライドが停止し（「寸動」運転）、それ以降は「運転」ボタンを押し続けても離しても、必ず設定点で停止することを確認してください。 ④数回「安全一行程」運転し、停止位置のばらつきは、10°以内か確認してください。 ⑤「プレス運転OK」ランプが点灯状態で「非常停止」ボタンを押し、手を離したとき、スライドの起動操作ができないことを確認してください。 ⑥運転中に「非常停止」ボタンを押したとき、スライドが急停止することを確認してください。 　〈再起動手順〉・「非常停止」ボタンをリセット方向に回します。 　　　　　　　・「寸動」運転で設定点までスライドを動かします。 ⑦光線遮光の状態では、インターロック№2、№3および「プレス運転OK」の各ランプが消灯し、スライド起動操作ができないことを確認してください。 ⑧スライド下降中に光線を遮光したとき、スライドが急停止することを確認してください。
☆26	ガード（オプション）付の場合、「安全一行程」運転で次の点検を実施してください。 ただし、ボルスター幅1300mm以内のプレスでは、「微速」、「寸動」および「安全一行程」以外の運転で実施してください。 ①ガードを閉じると危険限界に手が届かないことを確認してください。 ②ガードを閉じロックしなければ、インターロック№2、№3および「プレス運転OK」の各ランプが点灯せず、スライド起動操作ができないことを確認してください。 ③運転中にガードのロック装置（ピン等）を解除したとき、スライドが急停止することを確認してください。
☆27	「連続」等の運転（オプション）が選択できる場合は、各々のスライドの作動を確認してください。

☆28	光線式安全装置の作業開始前の点検を、光線式安全装置の取扱説明書の手順に従って実施してください。
☆29	作業開始前の点検を実施してください。
☆30	安全ブロック（オプション）付の場合、安全ブロックのプラグを抜いたとき、「運転選択」スイッチで選択できる各運転モードで、スライドの起動動作ができないことおよびメインモーターが起動できないことを確認してください。
☆31	「運転選択」スイッチを希望する運転モードの位置にして、「プレス運転OK」ランプの点灯を確認してください。その後、「運転選択」スイッチのキーを左に回して抜き、そのキーをプレス機械作業主任者が管理してください。
☆32	作業の途中で停止位置を変更した場合、作業に入る前に確認してください。

以上で点検は終了です。

㈹　**特別点検**

　暴風、地震、大雨や停電（落雷等）の発生後、作業再開時に機械設備の異常の有無を調べる点検です。

(5)　チェックリスト

　各種の点検業務においては、その項目は極めて多く、範囲も広くなっています。したがって、点検漏れ、点検ミスを防ぐためには、点検基準に基づいたチェックリストを作成し、それによって点検を行うようにすることが必要です（**表1-10参照**）。

　チェックリストには、以下の内容を盛り込むようにしてください。

①　点検箇所

②　点検方法

③　判定基準

④　判定

⑤　判定が異常の場合の措置

⑥　点検月日、点検者名、作業責任者名

(6)　点検の実施に当たって

㈠　職場の安全衛生点検の際は職場や作業者の「あら探し」と受け取られるような態度や方法は避け、よい点はほめること、それが点検に対する理解を深める道です。

㈡　関係者に安全衛生点検の意義をよく理解させ、協力を求めましょう。ただ指摘するだけでなく、関係作業者から機械の不具合や異常の有無、改善の意見などを聴いてください。

㈢　過去に災害が発生した機械設備では、講じた改善措置の状況や改善箇所の不具合などを作業者に聴くとともに自ら確認してください。

㈣　点検者は服装、態度、行動ともにその職場の模範にならなければなりません。

㈥　前回の点検以後の運転中の不具合、異常、故障などについてチェックしましょう。

㈦　機械設備や作業行動から発見された不安全な行動や不安全な状態が、他の同種の作業・設備にもないかチェックしてください（類似災害防止）。

㈧　発見された不安全な状態などについて、不安全な状態がなぜ生じたのかその原因を除去する根本的対策をたて、応急対策だけでなく、根本原因を除去するようにしましょう。

表1-10　機械設備についてのチェックリスト例

旋盤についてのチェックリスト例

					課長		係長		主任	

機械名	旋　　　盤		設置場所			点検者の所属氏名			
型　式		機械№			点　検　日（　　年）				

点　検　項　目	/	/	/	/	/	/	/	/	/	/
(1)　作業前点検										
①　作業服装等										
1　作業服装（帽子、履物を含む）は適正か。										
2　保護めがねを使用しているか。										
②　作業場所										
3　敷板（踏台）の高さ、大きさは適正か。損傷、破損はないか。										
4　材料、製品等の置き場所が確保されているか。置き方はよいか。										
5　機械周辺の整理・整頓がされているか。										
③　機械本体										
6　機械本体に変形、損傷、鋭い角はないか。										
7　機械の上に工具、材料等の物を置いていないか。										
④　動力伝導部分										
8　ベルト、歯車等の動力伝導部分に適切な覆い、囲い等があるか。										
9　覆い、囲い等に変形や損傷がないか。取り付け部分に緩みがないか。										
10　ベルトに損傷はないか。張りぐあいはよいか。										
11　各部の給油状態はよいか。										
⑤　運転・操作装置										
12　各種スイッチ、レバー等に操作機能が明確に表示されているか。										
13　各種スイッチ、レバー等に損傷や破損がないか。										
14　計器類に損傷、破損はないか。										
⑥　電気装置										
15　電気配線に損傷、破損はないか。接続部分に緩みがないか。										
16　配線接続口は絶縁被覆で十分に保護されているか。										
17　アースが必要なものには適正なアースを取り付けているか。										
⑦　加工部分										
18　切削屑飛散防止の覆いがあるか。覆いに変形や損傷がないか。										
19　照明は適正か。局所照明にはガードがあるか。										

判定：良〇　要注意△　不良×

(ク)　ささいなことと思っても見逃さずに指摘しましょう。作業者に不必要な同情や弱気は禁物です。本来、作業者は従来からやってきたやり方で仕事をしたがるもので、個々の事情に惑わされず作業者に現行の方法の危険性を理解してもらうべきです。

　ただし、安全を強調するあまり、生産性、特に作業者の「仕事のやりやすさ」や品質を犠牲にしてもよいとはいえません。三位一体（安全、作業性、品質）を目標にしないと改善案を支持する人がいなくなります。

(7)　安全衛生点検後のフォロー
(ア)　改善案の実施
　安全衛生点検の結果発見された不安全な状態や不安全な行動は、その職場で改善できるものは、直ちにその職場の管理者の責任で改善をしなければなりません。

　また、他職場や事業場全体にかかわる事項については、それぞれ関係者に伝え委員会や会議で改善案を検討し実施する必要があります。その際必要なことは必ず実施時期を前もって決め上司に報告させることです。もし、改善案の検討に時間を要するものがあれば、すぐに実施可能な暫定案を立案実施すべきです。本来の改善は改善案がまとまり次第実行に移します。対策を検討中に同種災害が発生したという例もあります。

(イ)　報告
　これらの立案・実施については、必ず安全衛生委員会などで審議をするとともに、上司に報告しなければなりません。

(ウ)　連絡・教育
　改善案の実施に当たっては、作業者の意見を聴くことはもとより実施前に作業者の教育を十分に行うことが必要です。とかく朝のミーティングなどで連絡しただけで、「事足りた」と思いがちですが、10年手を出してきた箇所で「今日から手を出すな」といわれても、頭では納得しても身体は動いてしまうということがありがちです。この種の教育はやりすぎるということはありません。

(エ)　確認
　対策の徹底度の確認を必ず改善実施計画の中に組み込まなければなりません。対策が新しい作業行動ならば新しい習慣ができるまでには時間を要します。また、機械設備の改善では、使ってみたらダメだったなどと点検前の状態に戻ってしまっていた例もあるので、改善後1〜2カ月期間をおいて確認することも必要です。

3　労働衛生関連設備の点検（局所排気装置を中心として）

⑴　労働衛生関連設備の点検・検査の目的

　労働衛生に関する点検も基本的には安全に関する点検と変わりはありませんが、その内容には労働衛生的な特徴もあります。ここでは局所排気装置を中心に考えてみましょう。

　労働衛生関連設備の点検の目的は、当然労働衛生管理の目的と一致します。すなわち職場に存在する化学物質等の有害物による健康障害を防止し、併せて快適で働きやすい職場環境を実現することです。そのためには局所排気装置等の労働衛生関連設備は常に最良の状態に保つことが何よりも重要です。

⑵　労働安全衛生法で定められた点検・検査

　表1-11は労働安全衛生法で定められた労働衛生関係の定期自主検査等をまとめたものです。詳細については表に示した規則等の条文を調べてください。

⑶　局所排気装置等の定期自主検査の具体的進め方

　法で定められた局所排気装置等に対する定期自主検査については、局所排気装置、プッシュプル型換気装置および除じん装置の定期自主検査指針のなかで、検査項目、検査方法、判定基準等が詳細に決められていますので、指針には必ず目を通してください。

㈠　何について検査を行うのか

　局所排気装置等の検査の目的はその性能を維持することにより、有害物を除去することによって健康障害を防止し良好な作業環境を作り上げることにあります。具体的な検査項目を表1-12で示します。

　基本的には各部分の性能を確保することにより、最終的な性能を維持するために行うものであることが理解できると思います。

㈡　誰が検査を行うのか

　検査を進めるためにはまず法で定められた検査項目を知らなければなりません。そして検査に必要な器具、チェックリスト、検査技術も必要です。特に局所排気装置等の定期自主検査を行うには、法令に基づく自主検査指針に関する公示の中に示されている検査方法や判定基準等について事前に十分学習しておくことが必要です。

㈢　どのような期間で検査を行うのか

　法で定められた定期自主検査の期間については表1-6で示したとおりですが、作業主任者等が行う日常点検では、点検期間が決められているもの以外では対象設備

表1-11　定期自主検査・点検に関する一覧表（労働衛生関係）

定期自主検査を行うべき機械等	3年以内ごと	2年以内ごと	1年以内ごと	6月以内ごと	1月以内ごと	作業開始前（含む使用前）	強風・大雨・大雪・地震・大雨	初使用時組立時	分解・改造・修理
令15⑨　局所排気装置			鉛35 特30 粉17 有20 石22					鉛37 有22 特33 粉19 石24	鉛37 有22 特33 粉19 石24
〃　プッシュプル型換気装置			有20の2 石22					有22 特33 石24	有22 特33 石24
〃　除じん装置			鉛35 特30 粉17 石22					鉛37 特33 粉19 石24	鉛37 特33 粉19 石24
〃　排ガス処理装置、排液処理装置			特30					特33	特33
令15⑩　特定化学設備（第二類、第三類物質）		特31						特34	特34
令15⑪　ガンマ線照射装置（透過写真撮影用）				電18の6	電18の5	電19		電18の8	電18の8
事　機械による換気設備				2月以内 事9					
事　燃焼器具						事6		事9	事9
酸　空気呼吸器等、要求性能墜落制止用器具等、要求性能墜落制止用器具等の取付設備等、入退場人員、避難用具等						酸7 8 15			
高　ボンベ、流量計				高34					
高　水中時計				高34（3月）					
高　空気清浄装置・電路及び圧力・水深計					高22 34				
高　自動警報装置・空気圧縮機等					高22 34（1週）				
高　送排気管・避難用具、通路・冷却装置等						高22（1日）			
高　潜水器・圧力調整器等						高34			
高　送気設備								高22の2	高22の2
高　再圧室					高45			高45	
四　四アルキル鉛用保護具						四16			
鉛　鉛装置等およびその内部の作業						鉛42			
特　塩素化ビフェニール等の容器等および場所						特38の5			
特　臭化メチル等の燻蒸作業						特38の14			

注）　高＝高気圧作業安全衛生規則　　酸＝酸素欠乏症等防止規則　　鉛＝鉛中毒予防規則　　石＝石綿障害予防規則
　　　令＝労働安全衛生法施行令　　四＝四アルキル鉛中毒予防規則　　事＝事務所衛生基準規則　　電＝電離放射線障害防止規則
　　　特＝特定化学物質障害予防規則　　有＝有機溶剤中毒予防規則　　粉＝粉じん障害防止規則　　数字は関係条文を示す。

表1-12　定期自主検査項目（局所排気装置等）

ア　局所排気装置

装置の部分の名称	検査項目
フード、ダクト、ファン ダクトおよび排風機 電動機とファンを連結するベルト 吸気および排気能力	摩耗、腐食、くぼみ、その他の損傷およびその程度 じんあいのたい積状態、ダクト接続部の緩みの有無 作動状態（たるみ、滑り、切断、部分的な摩耗、擦りきれなど） 適否
以上のほか性能を保持するために必要な事項	

イ　除じん装置、排ガス処理装置および排液処理装置

装置の部分の名称	検査項目
構造部分 除じん装置・排ガス処理装置 ろ過除じん方式の除じん装置 処理薬剤 洗浄水の噴出量 内部充塡物等 処理能力	摩耗、腐食、破損の有無およびその程度 装置内のじんあいのたい積状態 ろ材の破損またはろ材取付部等の緩みの有無 適否 適否 適否 適否
以上のほか性能を保持するために必要な事項	

ウ　特定化学設備または附属設備

設備の部分の名称	検査項目
設備の内部	損壊の原因となるおそれのある物の有無
内面および外面	著しい損傷、変形および腐食の有無
ふた板、フランジ、バルブ、コック等	変形、腐食、もれ等の状態
安全弁、緊急しゃ断装置その他の安全装置および自動警報装置	機能
予備動力源	機能
配管の溶接継手部	損傷、変形および腐食の有無
配管のフランジ、バルブ、コック等	変形、腐食、もれ等の状態
配管に近接して設けられた保温のための蒸気パイプの継手部	損傷、変形および腐食の有無

資料出所：「衛生管理者の実務」中災防

の種類、性能、重要度等に応じて点検期間を設定してください。

(エ)　**どのような機器・服装が必要か**

　定期自主検査については指針の解説書の中で必要な機器について解説されていますが、主なものはスモークテスター、熱線風速計等の性能測定機器と、テストハンマー、キサゲ等の工具類に大別されます。

　服装については有害物による汚染を考慮してすき間の少ない「つなぎ」で、浸透性のないものを選ぶことが必要です。

　そして最も重要なのは保護具で、保護帽や安全靴はもちろんのこと、保護手袋や保護めがね、場合によっては防毒マスクや防じんマスクも必要になります。

(オ)　**どのように記録するか**

　正確な検査が行われてもそれが正確に記録されなければ意味がありません。労働安全衛生法でも定期自主検査の記録は3年間保存しなければならないと定められています。

　したがって検査には使いやすく、内容に漏れのないチェックリストを準備することが何よりも重要です。**表1-13**には、局所排気装置定期自主検査の点検項目の一例を示しています。

(カ)　**検査結果のフォロー**

　検査の目的はあくまでも良好な作業環境を作ることですから、検査によって異常が発見された場合には直ちにその原因をつかんで必要な措置を取らなければなりません。良好な作業環境が維持できなければ作業を中止することが必要かもしれないのです。

(4)　点検・検査に当たっての留意点

(ア)　**設備の異常ばかりでなく、作業環境の異常に注目する**

　局所排気装置の設置目的はあくまでも良好な作業環境の維持にあることを考えて、「現在の状況により、本当によい作業環境が維持できるか？」という点に注目してください。例えば設備的には異常がなくても正しい使い方をしていないために作業環境に問題を起こしているケースもあるのです。

(イ)　**次回の点検までの性能を確保する**

　点検を実施したときに問題がなかっただけでは十分とはいえません。点検は職場の人たちが安心して作業が行えるようによい作業環境を作るためのものですから、次の点検日までに問題が発生しては意味がないからです。したがって点検したとき

表1-13　局所排気装置定期自主検査記録表（例）

検査実施日　　年　月　日（　）

部	課	係		所　属　長	検査責任者

装置名 _____

結果の欄に次の記号を付けて下さい。
異常なし　○　　異常あり（ラインで補修）…△　　異常あり（保全部署へ依頼）…×

装置名		点検項目	方法・器具	結果	内容（異常）	処置内容および処置年月日	摘要
A フード	1	摩耗、腐食、くぼみ等の状態	目視				
	2	吸込み気流の状態およびそれを妨げる物の有無	目視：スモークテスター				
	3	レシーバ式フードの開口面の向き、大きさ等	目視				
	4	塗装用ブース等のフィルター等の状態	目視：スモークテスター				
	5	外面の摩耗、腐食、くぼみ等の状態	目視				
B ダクト	6	内面の摩耗、腐食、くぼみ等の粉じん等のたい積の状態	目視：キサゲ、テストハンマー				
	7	ダンパーの状態	目視、作動テスト：スモークテスター				
	8	接続部および支持金具等の緩みの状態	手で動かしてみる：スモークテスター				
	9	点検口および掃除口の状態	目視				
C ファン・電動機	10	ケーシングの表面の状態	目視				
	11	ケーシングの内面、インペラーおよびガイドベーンの状態	目視				
	12	ベルト等の状態	目視、停止時手で押してみる				
	13	ファンの回転方向	目視				
	14	軸受け（発熱、異常音、注油等）の状態	目視：表面温度計、聴音器				
	15	安全カバーおよびその取付部の状態	目視、手で動かしてみる				
	16	電動機の状態	絶縁抵抗計、表面温度計				
D 電気設備	17	制御盤の状態	目視				
	18	ファン、ダクトおよび電動機等のアースの状態	目視：絶縁抵抗計				
E 吸気・排気の能力	19	ファンの排風量	熱線風速計、マノメーター				
	20	制御風速	熱線風速計				
	21	抑制濃度					
その他							

資料出所：「局所排気装置の管理早わかり」労働衛生技術委員会編　神奈川労務安全衛生協会

には異常がなくても、次の点検日まで異常が起きないよう、ちょっとした変化にも注意する必要があります。

㈡　点検作業時の安全確保

　機械設備の安全装置は機械設備を完全に停止すれば安全に行えますが、局所排気装置については、装置を停止したからといって有害物がなくなるわけではないので、健康障害防止に関する配慮が必要です。

　局所排気装置等の定期自主検査では多くの有害物質に汚染される危険があり、またファンの回転数のチェック等では回転物に接触したり、感電する危険もあります。正しい検査方法を守り、必要な安全衛生保護具を使用してください。

㈢　異常に対する緊急処置と対策

　もし点検結果に異常が発見されたら、まずその異常の大きさと影響を受ける範囲を特定しなければなりません。もしそれが作業環境に重大な影響を与えているとしたら臨時に労働衛生保護具を着用させたり、場合によっては作業を中止させなければなりません。また点検者自身の急性中毒や爆発火災事故、あるいは化学設備等から大気中や水中に大量漏えいするおそれがある場合は緊急処置が必要になります。

㈣　異常に対する対策の横展開

　異常に対する対策はその設備だけではありません。発見された異常の原因は他の同種設備も持っていると考えるべきです。したがって、対策は同種設備に対する点検、いわゆる横展開が重要です。

4　機械設備の安全化

⑴　機械設備に起因する災害とその防止策

　作業現場に存在する危険な状態（リスク）を大別すると人の作業行動に由来するものと、機械設備や取り扱う原材料に由来するものがあります。ただ、作業行動に由来するリスクは突き詰めていくと、機械等の側にリスクの根本原因がある場合が多いものです。したがって、機械自体に安全を作り込んでしまえば作業上の危険がなくなる場合も少なくありません。つまり、最初に手掛けるべきは機械そのものの危険性を低減することなのです。なお、原材料に関しても同様に危険性・有害性を早期に見つけて対策すべきです。

　以前は、職場の安全化では、人の行動における意識レベルを高めて事前に危険を察知して身を守るという人に頼った手法がとられ、それなりに労働災害を低減できたわけですが、近年は労働災害発生件数の下げ止まり傾向が顕著です。その理由の

　ひとつは、「人はミスをする」という厳然たる事実にあります。従来型の人に頼った取組みで災害は減ってきましたが、もうこれ以上大きな低減が無理なところまで来たようです。どんなに頑張って間違えないように作業しても、作業時間のすべてに緊張感を持って臨める人はいません。少なからずミスをするものです。

　そこで、ミスをしても人に危害が及ばないように、機械そのものに安全を作り込んでしまおう、どんな状況でもけがをしない機械を実現しようというのが機械安全の根本思想です。

　災害が発生するおそれのある、低減すべきリスクについては何らかのリスク低減措置を施すことが必要ですが、やみくもに安全対策をすればよいというものではありません。その対策（機械安全のJISでは「保護方策」といいます。）が、ターゲットのリスクを的確に低減または除去できるかどうか慎重に検討することが大切です。そのための大前提として、次の3つを十分に頭に入れておかねばなりません。

　　①　人はミスをする

　　②　機械は故障する

　　③　絶対安全は存在しない

　つまり、人はミスが多いために機械に比べると信頼性がたいへん低いのです。したがって、人に頼る安全確保策は機械に委ねる施策よりもかなり劣るのです。それなら機械に任せればよいことになりますが、機械には故障が付きものです。安全装置も機械の一部ですから故障します。これではどうしようもないのでは？　となりますが、ここで知恵を絞ります。安全装置が故障することがわかっているなら、故障しても人に危害が加わらないようにあらかじめ故障を方向付けすればよいのです。これを安全側故障といいます。例えば乗り物のブレーキ故障で考えますと、ブレーキが緩んで止まらなくなるのが危険側故障、ブレーキが締まって動けなくなるのが安全側故障です。

　なお、危険源を完全に除去しない限り、どう頑張ってもその部分の絶対安全が得られることはありませんので、バックアップ措置（例えば非常停止ボタンなど）を併用することで安全をより確かなものにします。

　さて、リスク低減策は4種類に大別されます。①本質的安全設計方策　②安全防護　③付加保護方策　④使用上の情報提供（管理的方策）です。

　丸数字の若いものほど安全を確保する性能が高いので、この順に適用を考えます（図1-12）。なお、当該図中②、③がひとまとめになっているのは、まさに③は②のバックアップ的存在だからです。

① 危険源を取り除く　【本質的安全設計方策】
根本的に危険なものを除去するので最も確実

②-1　停止（保護装置）　　　　【安全防護】
一部の機械を除き、止まっていれば安全
②-2　隔離（ガード）
人と危険源が接近・接触できなければ安全

③　バックアップ措置　　　　【付加保護方策】
非常停止装置、手動のエネルギー遮断措置、
転落防止措置、滑り防止措置

④　使用上の情報提供　　　　　【管理的方策】
（教育訓練、保護具の使用等）

図1-12　保護方策の適用順序

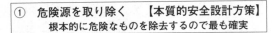

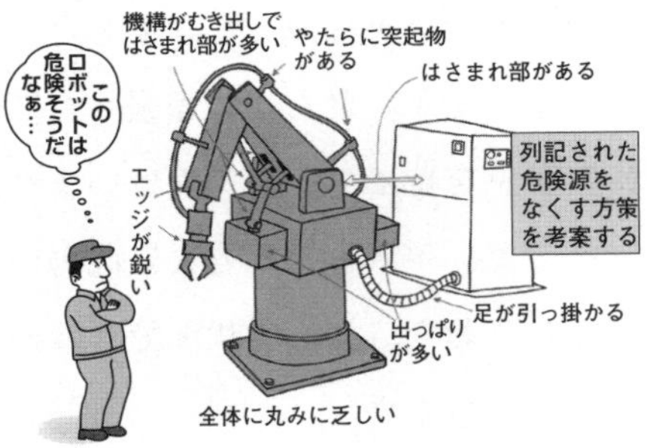

図1-13　本質的安全設計を必要とする例

① 「本質的安全設計方策」

　その名のとおりこの方策の多くは機械の設計段階での対応になります（図1-13参照）。機械ユーザーとして対応可能なことは、機械導入前の仕様決めの際に機械メーカーと協議して安全の作り込みを行うことで、あとは導入された機械設備を見て設計的観点で、ユーザーに可能な範囲で危険な部分を是正することです。例えば不必要に尖っている機械各部の角部を丸める、運転速度を必要最低限まで落として危険源から逃げやすくするなどです。このほかに制御に関する技術的な安全化、例えば使用する電気・電子部品の安全性能に関わる選定なども①に含まれます。一般の機械ユーザーには技術的に荷が重いかもしれませんが、制御についても機械メーカーとの十分な調整が必要です。

　ユーザーとして、機械本来の機能や能力についてはメーカーに適切な要求を出していると思います。作業者の安全確保についても、メーカーと対等の議論ができるように是非勉強してください。

② 「安全防護」

　実務的には主力のリスク低減策と位置付けられ、機械メーカーだけでなくユーザーにも比較的楽に実施することが可能なものです。キーワードは「停止」と「隔離」です。機械は動いている（運動エネルギーを有する）から危険なので、止めれば安全と考えられます。製造業の職場で使う機械で止めるとかえって危険になる場面はほとんどないものと思われます。

　「停止」は、人が機械の危険箇所に進入する前にセンサーを使った安全装置で検出して機械の作動を止めるものです。多くは電源遮断ですが、同時に油圧、空気圧などのエネルギーの遮断も必要です。見落としがちなエネルギーとして、位置エネ

ルギーがあります。機械質量を支えている他のエネルギーがなくなると機械の一部が重力で落ちてくることがあります。リフト装置やプレス機械ではスライドと呼ばれる上昇下降ユニットが重力に抗しきれず落下してくるおそれがあります。

　人の進入検出用のセンサーとしては、光線式安全装置、マットスイッチ、可動扉の開閉確認用安全スイッチ、エリアセンサー（レーザーセンサー）などがあります。

　「隔離」は、電源を切ってもすぐに冷えない電気ヒーターや、可動部がむき出しであっても人が近づいたからといって安易に止められない箇所に施す方策で、ガードを用いて身体が接触できないように遮ることです。それには、一枚板のカバーやパイプ等で作った柵などを使います。ガードのすきまや上方から手や指など身体の一部が危険箇所に届かないか、形状的な見極めが重要です。そのためには機械安全のJIS規格があります。その一部を**図1-14**に示します。また、押しつぶし回避のすき間の規定の一部を**表1-14**に示します。

　③　付加保護方策

　バックアップ措置としての位置付けです。①、②が適用できれば安全確保性能が高いので安心ですが、万一を考えて、人が意識して安全機能を発揮するタイプの方策、つまり非常停止ボタン等の安全機能を予防的に作り込んでおくことが欠かせません。ただし、自動的に安全を確保する方策ではないので、これを主要な方策としないでください。

　④　使用上の情報提供（管理的方策）

　工学的な方策ではなく、人に依存するものです。大前提に掲げたとおり、人はミ

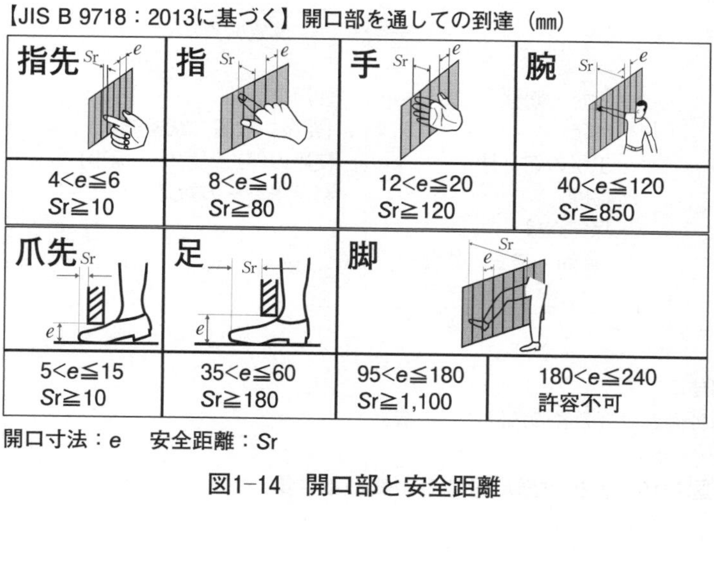

図1-14　開口部と安全距離

表1-14　押しつぶし回避のすき間

【JIS B 9711：2002より】

身体部分	最小隙間
人体	500
頭	300
脚	180
足	120
つま先	50
腕	120
手首	100
指	25

スをしますからこの方策は信頼性に欠けます。したがって、ないよりはある方がよいという程度に捉えるのが本来だと考えられます。方策としては、警告表示等で危険な事項・箇所を明示する、安全面から作業手順を検討してリスクを避ける、どうしても避けられないリスクなら保護具を装着させて対抗する、といったことです。

⑵　機械設備の具体的な安全対策

⑺　機械設備の配置

　工場は通常、製品の加工工程順に機械設備が配置されているものですが、製品・工法などが変更になると加工物の流れの乱れや設備配置の不連続などが生じかねません。安全衛生推進者は日常、労働者の作業内容を考慮し、作業と設備レイアウトの不整合に起因する災害が起きないよう、次の点に注意して安全管理をしなければなりません（**図1-15**）。

① 製造工程や作業の流れに応じた機械設備の配置がされているか。

② 機械設備間またはこれと他の設備との間の通路幅は80cm以上あるか。

③ 構内、構外には安全な通路が設けてあり、標識等で作業場所との区分が明確になっているか。

④ 原材料や製品の倉庫・置き場には十分なスペースを取り、狭いからといって荷を何段にも積み重ねるなどの無理な置き方をしていないか。

⑤ 保守点検のためのスペースが十分にあるか。

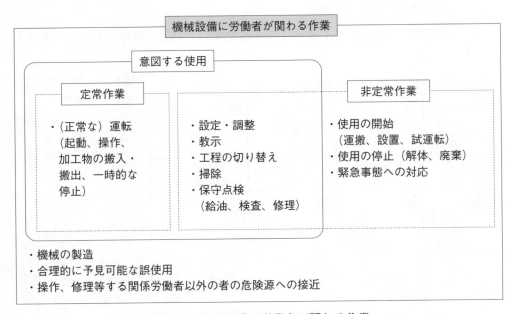

図1-15　機械設備に労働者が関わる作業

⑥　産業用ロボットその他の電子制御装置を使っている機械設備に、誤作動の原因となるノイズ発生源（電動機、高圧電路、開閉器など）を近接させていないか。

⑦　職場パトロールで整理整頓状態を適宜チェックしているか。

㈡　隔　離

　現実的には、機械の危険源は本質的に安全化を図れない部分が大半を占めます。危険な刃部があるからこそ切削機械として機能するのであって、危険だからといってこれを取り去ることはできません。そこでこのような、災害が発生するおそれがある危険源には人を近付けなくしようとするのが隔離です。

　人と機械の危険源の接近接触状態を模式的に示したのが**図1-16**です。この図で2つの楕円の重なった部分が危険区域（危険な作業点）となります。

　隔離では、安全域との境界部にガード（覆いや柵など）を設けます。このとき、1枚板のガードで隔離できれば問題ないのですが、一般に使われる縦さんや網貼りのフェンス（安全柵）は、開口部から危険源に身体が届いてしまう可能性があります。そのため、JIS規格では、安全距離といって、開口部の広さとそこから身体がどのくらい入り込むかの寸法が規定されています（図1-14）。

　また、表1-14は可変するすきまに身体部分がはさまれないための必要間隔を規定したJIS規格です。これによれば、足は120mmの間隔があればはさまれません。また、**図1-17**のように機械のスライド機構にストッパーを設けて300mm以内にはさまらずに止まるようにすれば、頭を潰されることはありません。

　両手押しボタン装置も操作者に危険区域に手や身体を届かせないという点では隔離の一種でよいのですが、これはその機械設備の操作者のみの保護方策であり、他

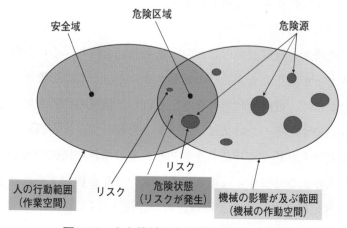

図1-16　人と機械の危険源の接近・接触

a＝300

図1-17 ストッパーの設置

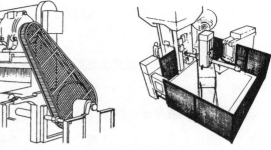

図1-18 覆いや柵の例

の作業者の災害までは防止できません。したがって、他の作業者が入れないガードを取り付けて併用しなければ完全な隔離にはなりません。

　覆いや柵（図1-18参照）による隔離を実施する際に注意すべきことは、柵のさんや金網のすき間から危険源に手が届かないように、開口部（すき間）寸法の厳重な検討が必要です。

　また、可動式の扉も隔離の一種です。これには必ずインターロックを付けて、扉を開けたら機械が停止するように制御します。つまり、次項の「停止」も兼ねた保護方策です。ここでポイントとなるのは、扉の内側で動いている機械が回転体などの場合、惰性回転をしばらく続けることになります。動力源は切れていても大きな運動エネルギーを持っているので危険なことに変わりありません。したがって、このような機械の場合は、施錠タイプのインターロックスイッチを使うことにします。これは、惰性による動きが幾何学的に停止したことをセンサーが確認したあと、自動または手動で解錠するタイプのスイッチなので、錠が外れるまでは可動扉が開かないため安全性が大きく向上します。

㈅　停　止

　工場などで使用する機械設備のほとんどは可動部を持ち、それが動くことで大きな運動エネルギーが発生します。その運動エネルギーが人に影響すると危害が発生します。したがって、危険な状態になったら直ちに機械の作動を停止させることが安全確保に有効です。そのためには、センサーを使って、人が機械の危険な領域に近づいた（または入り込んだ）ことを検知し、その情報を機械の制御装置に送って自動的に機械を停止させます。このような、人の存在を検知する装置としては、光線式安全装置（光線を人が遮ると機械設備が停止する）、安全バー（バーに人が接触すると機械設備が停止する）、マットスイッチ（マットを人が踏むと機械設備が

停止する）などがあります。なお、いずれの装置も、検出範囲は限られていますから、人の行動を考えて、進入のおそれのある箇所で進入者をくまなく検出できるように配置する必要があります。また、いずれの装置も人を検出してから実際に機械の可動部が停止するまでの所要時間を勘案して、危険箇所とセンサーの設置位置との距離を定めなければなりません。なぜなら、柵などと違って進入を物理的に阻止することができないからで、機械が止まるまでの時間との勝負です。さらに、これらの安全装置の性能が維持されているかの日常点検も欠かさず実施しなければなりません。

㈎　バックアップ措置

非常停止ボタン、非常停止ワイヤ、足蹴り板、膝蹴り板など緊急の際に人が操作して機械設備を停止させるものです。これは、人の自発的な行動で機械を停止させるものであり、手をはさまれた人が自分で操作する場合もありますから、人が近づくと自動的に止まる方式よりも安全確保性能はかなり低くなります（図1-19参照）。しかも、手をはさまれているにもかかわらず、とっさに、もう一方の手で非常停止ボタンを押すことは、困難というよりは不可能に近いです。足蹴り板など手以外の身体の部分（足など）を使う方が多少は有利です。このように人の行動に頼る方法は、いかなる場合（立位、中腰、屈んだ姿勢）でも、とっさに操作できるかどうかは確実とはいえません。したがってこれらの手段を過信せず、あくまで「隔離」や「停止」のバックアップ措置なのだと認識しておくことが大事です。

㈏　標識・表示、警報

既存の機械設備に各種の安全装置や柵、囲いを設置するまでには、事務的な手続きなども含めて、ある程度の日数がかかります。設置が完了するまでに災害が起き

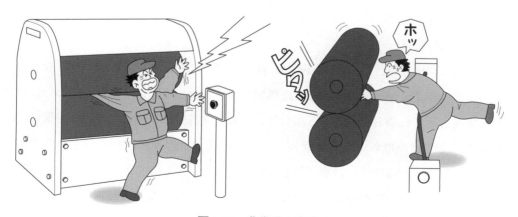

図1-19　非常停止装置

ては大変ですから、必ず暫定対策を実施しましょう。例えば安全柵を設置する予定
はあってもすぐにはできない場合に暫定対策として、とりあえずロープを張る、警
告表示を掲げるなど、安全確保の性能は劣りますが、気づかせの効果を狙って何ら
かの対策を立てておくことが重要です。ただし、この対策は不確かな人間の注意力
に依存するものですから、あくまで暫定対策という位置付けです。なお、暫定対策
が無視されないように、安全衛生推進者や管理監督者が作業者教育や日常の指導の
中で標識・表示を守るように教育することも欠かせません。

　また、標識・表示に作業者が気づかなければ意味がありません。人が見ようとし
なくても自然と目に入るような位置に、目立つように工夫を凝らした表現・色遣い
で設置することが大切です。

　警報は標識・表示と違い、自然と耳に入ってきます。つまり、緊急を要するとき
にいち早く危険を知らせることができます。ただし、人間は音に関してあまり敏感
ではなく、警報がどこから聞こえてくるのか、どの場所なのかピンポイントでは特
定できません。さらに周囲の騒音に紛れて明確に警報音を認識できない場合も考え
られますので、これに頼り切ることは避けなければなりません。

　いずれにせよ、標識・表示、警報は、危険情報を提供するというレベルなので、
これらが実施されているからといって安心してはなりません。前記の工学技術的な
諸方策を適用して、より確実性の高い安全装置を設置したうえでのバックアップと
して追加するのが本筋です。

(3)　機械設備の個別の保護方策

　次に、これまでに述べた工学技術的な保護方策を念頭に置いて、主要な機械設備
へのリスク低減策（これらの方策の多くは労働安全衛生規則などの規定にあるもの
です）を記述します。

㋐　動力伝導機構

　動力伝導機構とは、原動機、回転軸、歯車、プーリー、ベルト、チェーンなどを
いいます。作業者が通常の作業または機械の脇を通行する際に、これらの部分に接
触して巻き込まれるおそれのある場合は、その危険部分にガード（カバーや覆い、
柵など）を設けなければなりません。ガードの構造上の要件はいくつもあります
が、第一にガードは簡単には取り外せない構造となっていることです。原則、溶接
固定するか、工具を使わないと外せないようにしなければなりません。

⑷　機械形状の安全性

　機械設備の可動部に生じるすき間など（**図1-20参照**）に作業者がはさまれないように覆いや柵を設けて、接近を防止しなければなりません。また、回転部への絡まれ・引き込まれを防ぐカバーは必須です。回転軸、歯車などを固定するボルトの頭やキーなどが回転時に作業者の衣服や手袋を巻き込むことが考えられるので、これらは埋頭型にするか覆いをしなければなりません（**図1-21参照**）。

⑺　作業点

　機械設備に対して人が仕事をする部分を作業点と呼びます。作業点は作業者が自ら手を出して作業する所ですから災害が起こりやすいのです。

　押ボタンスイッチ（特に起動ボタンなど機械を動かすためのボタン型スイッチ）は埋頭型とするか保護リングをまわりに設け、人が不用意にスイッチを押すことがないようにしなければなりません。

　また、機械の作動調整や刃部の掃除、検査、修理などの作業を行う場合は機械設備の運転を停止しなければなりません。この場合、**図1-22**のように、起動装置に施錠をするか「点検中」などの表示板を取り付けることが必要です。また、丸のこ盤ののこ歯には**図1-23**のような覆いを常時設けていなければなりません。

　加工が終った後で、製品を取り出すために作業点に手を出すような作業では、インターロック付き可動式ガードや、光線式安全装置を組み込んで、まだ動いている可動部に手を出せば設備が停止する機構（インターロックによる安全化機構）を設けることが必要です。

　さらに、機械設備の前面や側面に光線式安全装置を設け、周囲の作業者が光線を遮ると可動部が停止する安全装置もプレス機械など危険な機械設備には広く使用さ

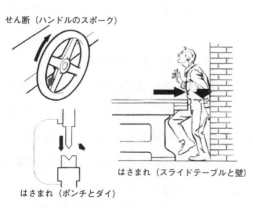

図1-20　せん断、はさまれの危険

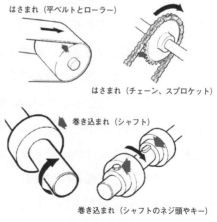

図1-21　はさまれ・巻き込まれの危険

図1-22　点検中等の表示、施錠

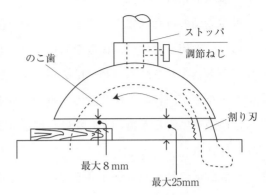

図1-23　丸のこ盤の覆い

れています。なお、制御回路を適切に構成しないと、安全装置の取り外しや、機能の無効化が容易にできるので注意が必要です。

㈇　電　気

　人体の電気抵抗は手足間の内部抵抗でほぼ500Ωです。皮膚抵抗は印加電圧や接触面の濡れ具合で変化しますので、最悪状態を考えて内部抵抗と同じく500Ωと見なすのがよいと考えます。また感電の危険性は、電流が体内のどこを流れるかによっても異なりますが、当然、心臓に直接電流が流れると危険性は極めて大きくなります。電流が大きいと心室細動を起こして死に至ります。条件にもよりますが、例えば、500 mA以上の電流が10ミリ秒体内に流れると死に至り、50mAでも1秒以上通電すると心室細動が発生し始めるなどと言われています。

　現実問題、体内にどのくらいの電流が流れるかはわかりにくいので、一般的に電圧値で安全か否かを判断します。金属に触れているまたは身体が著しく濡れている状態では25V以下を安全電圧としています。これは金属製品加工業や夏場で汗をかいて作業している状態です。もっと条件のよい工場でも50Vを安全電圧としています（許容接触電圧。日本電気協会 JEAG8101より）。

　感電の災害には、感電そのものと、電撃ショックによる高所からの墜落などの二次災害が含まれ、死亡率が高いのが特徴です。感電を防ぐには、やむを得ない場合を除き、充電部を露出させないことが鉄則です。つまり、露出している部分には必ず絶縁覆いを施さなければなりません。移動式または可搬式の電動工具類および湿潤場所で使用する電動機械器具は、漏電による感電を防止するために、電源回路に感電防止用漏電遮断器を挿入し、かつ機械器具本体を接地することが必要です。

(オ)　**静電気**

　機械設備の各部にプラスチックが多用され、また、製造する製品にもプラスチックが多く利用されるため、静電気災害も少なくありません。これには、静電気放電で引火性物質または可燃性粉じん等に着火し、爆発火災が発生する場合と、作業者が電撃におどろいて転倒あるいは墜落・転落するなどの二次災害を受ける場合とがあります。静電気の発生を防止するには次の方法があります。

① 機械設備の金属部分を接地する（機械表面に出ている金属部分に人が接触可能なものは、コンクリート床にアンカー固定してあっても、別途アースを取り付ける）。

② 室内を乾燥状態にしない。適正な湿度を保つ。

③ 導電性の低い引火性液体をタンクなどから送入、抜き取りなどを行う場合は流速を制限する。

④ 静電気を除去する除電装置を取り付ける。

⑤ 作業者は静電気帯電防止用の作業衣および作業靴を着用する。

⑥ 床面を絶縁体にしない。コンクリート床には、必要に応じて散水する。

(カ)　**化学設備**

　ここでいう化学設備とは、「化学設備（危険物を製造し、もしくは取り扱う設備または引火点が65℃以上の物を引火点以上の温度で製造し、もしくは取り扱う設備で定置式のもの）、特殊化学設備（化学設備のうち、発熱反応が行われる反応器など異常化学反応またはこれに類する爆発火災等を生ずるおそれのあるもの）」のことです。これらの設備はひとたび火災などが発生すると被害が広範囲にわたるので爆発火災の防止は非常に重要です。主な対策は次のとおりです。

① 化学設備を構成する資材は、製造し取り扱う物質の温度、圧力、性状などに応じた適切なものとする。

② 調節弁・緊急遮断弁などはフェールセーフな（安全側に故障する）機構を持つものとする。

③ 自動警報装置付きの計測器を設ける。

④ 異常事態が生じた場合に備えて緊急遮断装置などの安全装置を設ける。

⑤ 動力源が中断した場合に、安全状態を保つための予備動力源を設ける。

⑥ 操作のミスを防ぐため、バルブの開閉ハンドルには「開」、「閉」、「常時開」などの表示を行い、配管にはそこに流れる流体の内容表示をする。

⑦ 電動機、開閉器、照明器具などを防爆構造のものとする。

㈠　**ロール機**

　ゴムや合成樹脂などを練るロールのほか、紙、布、金属箔などを通すロールは、ロールの間に加工材を供給するものですが、加工材を手で挿入する場合に、手だけでなく身体までロールに巻き込まれる危険があります。しかしながら、加工材を正常に供給するため「安全囲い」を設置できない場合が多く見られます。このような場合には前記の危険点に身体の一部が近づいた場合に機械設備を停止させる緊急停止バー（ワイヤ）、マットスイッチ、光線式安全装置などの設置が必要です。

⑷　**機械の包括的な安全基準に関する指針**

　使用される機械設備は技術革新に伴って、その機能や構造が多岐にわたってきたため、法律で機械ごとに安全化措置を規定する手法では追いつかなくなってきました。そこで平成13年に「機械の包括的な安全基準に関する指針」が公表され、すべての機械設備に共通して適用できる機械安全の原則的な考え方が指針のかたちで示されました。平成19年には、リスクアセスメントの法制化や、国際的な機械安全の動向、すなわち国際規格の整備状況を踏まえた改正が行われ、現在、日本の機械安全の原典ともなっています。特に、指針の別表に掲載されているリスク低減策は詳細に記述されていて実務に役立ちます。

　この指針では、**図1-24**のように、リスクアセスメントを実施し、その結果に応じてリスクの低減を図ることを求めています。また、図中の太めの矢印で、機械メーカー、ユーザーがリスクに関する情報を共有すること（リスクコミュニケーション）も求めています。機械安全に大いに寄与する指針ですので、一読することをお勧めします。

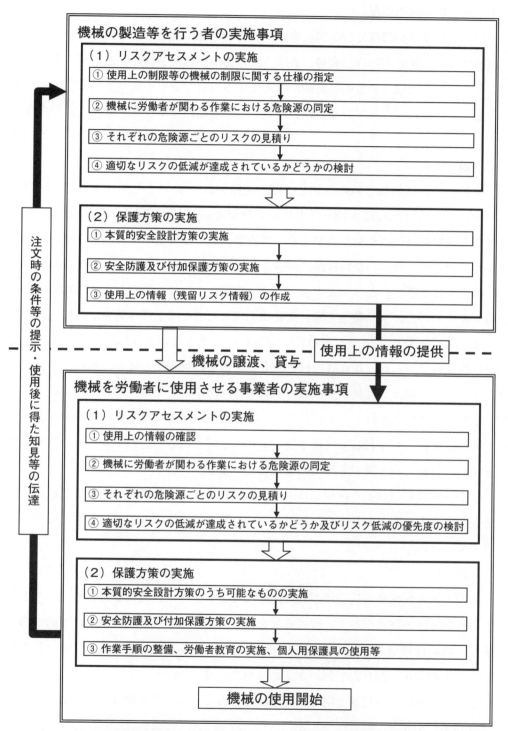

図1-24　機械の包括的な安全基準に関する指針に基づく機械の安全化の手順

5   機械設備の配置と通路の確保

⑴   安全な通路の確保

　作業者の通路や階段での転倒災害はすべての業種に共通して発生しています。表面的には、作業者の動作、姿勢、衣服、履き物が問題視されていますが、突き詰めると、通路や階段そのものに危険が潜んでいる場合が少なくありません。災害を起こしやすい構造になっていないか、設備としての通路や階段を見直す必要があります。

㈠   通　路

　機械間または機械と他の設備との間の通路幅は80cm以上とすべきこと、屋内通路では、通路面から高さ1.8m以内に障害物がないことが定められています。さらにその通路面は凹凸や突起物がなく、周辺領域から危険物の飛び出しなどがなく、かつ、滑り等の危険のない状態に保持されていることが必要です。通路での転倒原因の大半は「滑り」と「つまずき」です。床面に水・油・砂などがこぼれていると滑りやすいので、食品製造工場、金属加工場など水や油を扱う職場は特に注意を要しますし、一般の工場でも雨の日の床濡れを見逃さないようにしてください。また、作業靴はゴム底、革底等の材質のものを適切に選択するほか、靴底のパターンによってもグリップ性能が異なるので職場の状況に応じた選定が必須です。

　また、床面の水濡れとともにわずかな段差も危険源となりますので職場パトロール時には床面にも注目して見逃さないようにしてください。わずか数㎜の凹みにつまずいて骨折という災害も現実に発生しています。

　また、降雨時のパトロールでは床面で水のたまりやすい場所を把握して適切に対応策を考える必要がありますし、滑りやすい靴を禁止するなどの対策も実施するべきです。

㈢   階　段

　階段からの転落は重篤なけがの原因となります。また統計によると上るときよりも下りるときの災害が多く、特に荷物を持って下りるときに転びやすい傾向があります。階段は建築基準法のほか、JIS規格においても、蹴上げの高さ（h）、踏み板（g）などの寸法（**図1-25参照**）が定められています。

　その他、床面での注意と同様な配慮はもちろん、次のような安全のための条件に留意しましょう。

　　a　手すりは両側、少なくとも片側には必ずつける。労働安全衛生規則では高さ
　　　　85cm以上と規定されているが、より安全性を向上させるためにはJIS規格に規

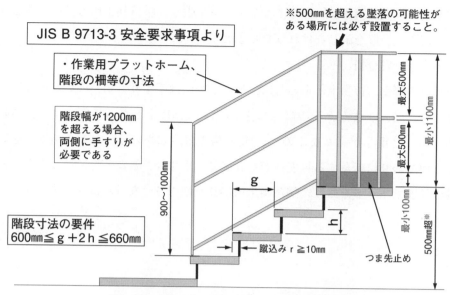

図1-25　階段、作業床の寸法・形状の要件

定されている90～100cmを採用するのがよい。

b　長い階段には踊り場を設ける。

c　勾配は30～38°の範囲がよい。

d　寸法・形状は図1-25に基づけばよいが、女性・中高年齢者の場合は蹴上げの高さ（h）は180mm以下がよいとされている。

e　暗いと危険なので、JIS Z 9110では、150ルクス以上の照度が推奨されている。

f　蹴上げの寸法は等間隔でなければならない。やむを得ない場合は最下段で調整する。

(2)　高所作業の安全確保

　高所（2m以上）からの墜落は階段からの転落以上に重大な災害になる可能性が高いものです。災害は高所作業床の端、はしご、脚立、屋根など多様な場所で発生しています。高所作業を行う場合はそれぞれの場所に応じて次の危険防止策を講じなければなりません。

(ア)　作業床

　高さ2m以上の場所で作業を行わせる場合、墜落による危険防止措置として作業床を設置しなければなりません。

　作業床は、機械の点検作業などのために設けられた床のみならず、その上で作業者が作業することが想定されている床です。

作業床の設置が困難な場合は、安全ネットを張り、墜落制止用器具を使用させる等、墜落防止措置を講じなければなりません。

(イ) **手すり、安全柵**

作業床の端や、荷物上げ下ろし口、ピット等には手すり、柵、囲い等を設けなければなりません。また、その高さは法定では85cm以上となっていますが、荷物を抱えていると重心が高くなるので、JIS規格の規定にあるように110cm以上ないと柵から前のめりに転落する可能性があります。手すり、柵などを設けることが困難な場合は安全ネットを張り、墜落制止用器具を使用させなければなりません。

第4章　労働衛生３管理（作業環境管理、作業管理、健康管理）の進め方

1　危険有害物の安全衛生対策（作業環境管理）

⑴　まず相手を知ろう（SDSの活用）

㋐　SDSとは？

　職場には実に多くの化学物質が使われていますが、その多くは人に対し、危険性または有害性を持っています。これらの原材料の危険性や有害性を知らなければ危険なばかりでなく、適切な対策を講じることもできません。

　労働安全衛生法第57条、第57条の２により、労働者に健康障害を生じるおそれのある化学物質について、それを譲渡提供する際に、名称、人体に及ぼす作用、取扱い上の注意事項等を表示したり、文書を交付することが義務付けられています。さらにその他の危険・健康障害を生ずるおそれのある化学物質等については努力義務となっています。安全データシート（SDS）とラベルについては、絵表示や注意喚起語を含むラベルやSDSを作成・交付すること等を内容とする国際連合の勧告「GHS（化学品の分類および表示に関する世界調和システム）」制度が取り入れられています。

　労働安全衛生法の表示・文書交付制度の対象になっている物質は、労働安全衛生法施行令第18条、第18条の２で定められています。

　それらの物質は容器に入れ、または包装して譲渡・提供するときには、ラベル表示、危険有害性情報等を記載した文書であるSDSを添付しなければならないことになっています。

　これらの記載内容については、JIS Z 7253：2019「GHSに基づく化学品の危険有害性情報の伝達方法-ラベル、作業場内の表示及び安全データシート（SDS）」にもラベルへの危険有害性を表す絵表示の記載などが示されていますが、労働安全衛生法で求められるラベルの内容は次のとおりです。

---

①名称　②人体に及ぼす作用　③貯蔵又は取扱い上の注意　④表示をする者の氏名、住所及び電話番号　⑤注意喚起語　⑥安定性及び反応性　⑦注意を喚起するための標章で厚生労働大臣が定めるもの

なお、GHSの危険有害性に応じた絵表示（標章）には、次のようなものがあります。

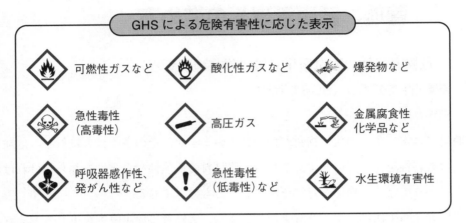

労働安全衛生法で求められるSDSの内容は以下のとおりです。

①名称 ②成分及びその含有量 ③物理的及び化学的性質 ④人体に及ぼす作用 ⑤貯蔵又は取扱い上の注意 ⑥流出その他の事故が発生した場合において講ずべき応急の措置 ⑦通知を行う者の氏名、住所及び電話番号 ⑧危険性又は有害性の要約 ⑨安定性及び反応性 ⑩適用される法令 ⑪その他参考となる事項

このように化学物質については表示・文書交付制度がありますので、ラベルやSDSを確認し危険有害性や人体に及ぼす作用・安定性および反応性等を十分に理解し取り扱うようにしましょう。

化学物質のメーカーや販売者は、法令でSDSの交付対象となっている化学物質はもちろんのこと、それ以外の危険有害性を有する化学物質についても、SDSを交付することが求められています。

なお、SDSの交付が義務付けられている化学物質（令和4年3月現在674物質。令和6年4月から903物質）については、労働安全衛生法第57条の3により、リスクアセスメントの実施が義務付けられています（第2編第1章参照）。

㈡　**ラベル・SDSをどう活用するか？**

　化学物質はまずその危険有害性や性質を知ることがスタートですが、せっかくの情報も活用しなければ意味がありません。「化学物質等の危険性又は有害性等の表示又は通知等の促進に関する指針」(平成24年厚生労働省告示第133号。平成28年4月最終改正)において、化学物質の譲渡提供者による表示とSDSの提供だけでなく、製造または輸入する事業者および譲渡提供を受ける事業者は化学物質を労働者に取り扱わせるときは、容器等へのラベル表示が求められています。

　また、SDSの掲示等による労働者への内容の周知、リスクアセスメントにおける活用、当該化学物質による労働災害防止のための教育への活用、安全衛生委員会での調査審議への活用が求められています。つまり、ラベル表示やSDSによる化学物質の危険有害性情報をもとに、設備、作業、安全衛生管理を見直し、健康障害や事故を予防しなければなりません。

　この化学物質による健康障害や爆発火災の防止のために、「化学物質等による危険性又は有害性等の調査等に関する指針」(平成27年危険性又は有害性等の調査等に関する指針公示第3号)が示されています。この指針に基づき、化学物質で作業者に危険または健康障害を生じるおそれのあるものについて、リスクアセスメントを実施し、リスクを低減させていく化学物質管理が必要です。事業場では次の点に考慮して推進する必要があります。

①　実施内容

　事業場では、化学物質による危険性または有害性を特定し、その危険有害要因により生じるおそれのある負傷または疾病の重篤度および発生する可能性の度合い(リスク)を見積もり、そのリスクを低減するための措置を実施する必要があります。

②　実施体制等

　事業場トップが統括管理し、化学物質の管理を担当する者を指名する必要があります。さらに作業者の参画、安全衛生委員会等を有効活用することとされています。

③　実施時期

　化学設備等の新設・変更時、経年変化や化学物質を新たに導入・変更する場合などリスクが変化する時期に実施します。

④　対象

　調査は、事業場におけるすべての化学物質であり、過去に化学物質による労働災害が発生した作業や負傷や疾病が予想されるものも対象です。

⑤　情報の入手

情報はSDS、作業標準・作業手順書、作業環境測定結果等、可能な限り活用できる情報を使用します。さらに現場の実態を踏まえ、定常的な作業だけではなく、非定常作業に関係するものが必要です。

⑥　危険性または有害性の特定

事業者は作業標準等に基づき化学物質に関連する作業を洗い出し、SDSなどの情報をもとに各作業における危険性または有害性を特定します。

⑦　リスクの見積り

化学物質を危険有害要因により負傷または疾病の発生の可能性やその重篤度を考慮しリスクを見積ります。

⑧　リスク低減措置の検討および実施

法令に定められた事項は必ず実施し、リスクが高い化学物質等については、「危険性または有害性のより低い物への代替化等、化学反応プロセス等の運転条件の変更等、化学物質等の形状の変更等、またはこれらの併用」、「工学的対策（防爆構造化、安全装置の二重化）、衛生工学的対策（機械設備の密閉化、局所排気装置の設置等）」、「管理的対策（作業手順の改善、立入禁止措置等）」、「化学物質等の有害性に応じた有効な保護具の使用」の順にリスク低減措置をとることが必要です。

⑨　記録

事業者は、調査した化学物質、洗い出した作業または工程、特定した危険有害要因、見積もったリスク、低減措置等の内容を記録する必要があります。

(2)　有害物質はどのようにして発散するのか

図1-26は有害物質がどのように発散し、拡散し、健康障害に結びついていくかを表したもので、これについて説明します。

有害物質があり(1)、それを使って作業を行ったとき(2)、有害なガスや粉じんが発散し(3)、拡散して(4)、職場の環境空気を汚染します。この汚染が高濃度の場合は(5)、この汚染された空気が呼吸器、皮膚、あるいは消化器から人体に入り(6)、人体の代謝反応によって排出された残りが体内に蓄積され(7)、健康障害を引き起こします(8)（図1-27参照）。

したがって、化学物質管理は、この連鎖関係を、できるだけ根本から断ち切ることにより、健康障害を防止するものであるといえます。

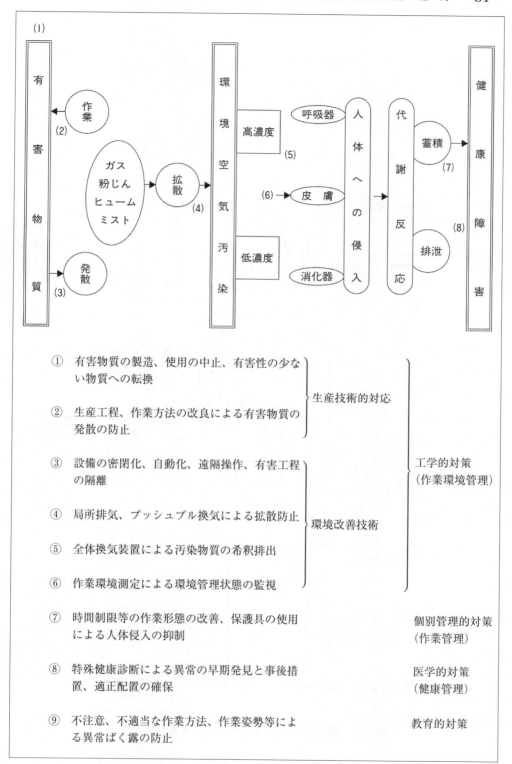

①　有害物質の製造、使用の中止、有害性の少ない物質への転換 ⎫
　　　　　　　　　　　　　　　　　　　　　　　　　⎬　生産技術的対応
②　生産工程、作業方法の改良による有害物質の発散の防止 ⎭

③　設備の密閉化、自動化、遠隔操作、有害工程の隔離

④　局所排気、プッシュプル換気による拡散防止 ⎫
　　　　　　　　　　　　　　　　　　　　　⎬　環境改善技術
⑤　全体換気装置による汚染物質の希釈排出 ⎪

⑥　作業環境測定による環境管理状態の監視 ⎭

工学的対策
(作業環境管理)

⑦　時間制限等の作業形態の改善、保護具の使用による人体侵入の抑制　　　個別管理的対策
　　　　　　　　　　　　　　　　　　　　　　　　　　　　　　(作業管理)

⑧　特殊健康診断による異常の早期発見と事後措置、適正配置の確保　　　医学的対策
　　　　　　　　　　　　　　　　　　　　　　　　　　　　　(健康管理)

⑨　不注意、不適当な作業方法、作業姿勢等による異常ばく露の防止　　　教育的対策

図1-26　有害物質による健康障害の発散経路とその防止対策

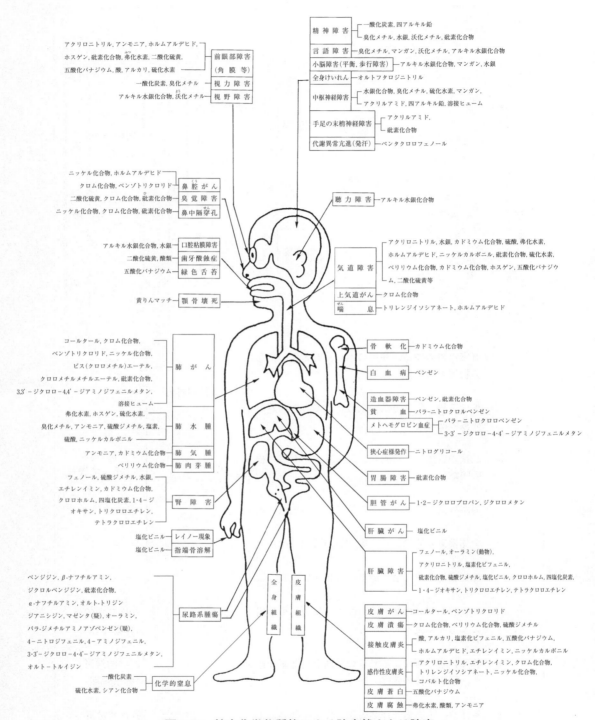

図1-27　特定化学物質等による諸症状または障害

(3)　主な危険有害物対策

　図1-26の順序を見るとその流れに応じて安全衛生対策がたてられることがわかります。これにしたがって危険有害物対策を考えてみましょう。

(ア)　無害・低毒性材料への変更（「有害性のより低いものに代替」）

　化学物質による健康障害の原因は、そこに有害物質があることに根本原因があります。したがって、職場の中にある有害物質を無害なものや、より有害性の低い物質に切り替えることが最も根本的な対策といえます。もちろん化学物質を使用するにはそれなりの理由があり、簡単には代替できない場合も多いと思われます。しかし技術的な問題や品質等の問題をいかに解決するかを考えながら、このことに取り組んでください。危険有害性に関する情報はSDSによって知ることができ、有害性は管理濃度、ばく露限界が高いものがより有害性が低く（定められていないものもあるが、それが安全とは限らない。）、危険性については引火点や発火点が高いものを選べばより安全ということになります。

注）管理濃度　　作業環境管理の良否を評価するための判定基準

　　ばく露限界　化学物質による人体に対する影響の評価基準

　　引火点　　　火源があるときに物質に引火するときの温度

　　発火点　　　物質そのものが発火するときの温度

(イ)　工程・作業方法の変更

　有害な化学物質であっても、密閉された設備等の内部のみで取り扱われていれば健康障害は起こりません。しかし、これらの物質が、開放された状態で使用されると、有害なガス、粉じん等を職場の中に発散します。したがって、有害物質が発散しにくい工程や作業方法を採用することが重要になります。

(ウ)　設備の密閉化・自動化・隔離

　有害物質による健康障害は、作業者が有害物質やそれらのガス・蒸気等に接触することにより起こります。したがって、設備を密閉化したり、自動化したり、隔離することで作業者の有害物質へのばく露防止が可能となります。

(エ)　局所排気装置・プッシュプル型換気装置・全体換気装置

　有害物質が発散したとき、それが作業場全体に広がらないよう、汚染された空気を機械の力で屋外に排出する設備を機械換気装置と呼んでいます。代表的なものは有害物質の発生源で汚染空気を吸引して排出する局所排気装置であり、さらにフードを有し、一方向から新鮮な空気を供給し、他方からフード外（屋外）へ排気する形式のプッシュプル型換気装置（開放式プッシュプル型換気装置）もあります(**図1-28①②**

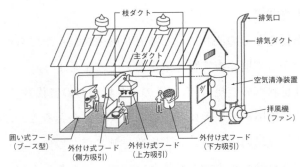

（「新　やさしい局排設計教室」沼野雄志　中災防）

図1-28-①　局所排気装置

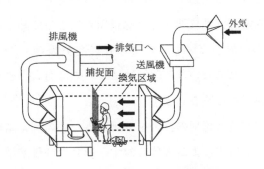

図1-28-②　開放式プッシュプル型換気装置（水平流）

参照）。

　また、作業場にたまった有害物質を希釈して屋外に排出する全体換気装置もありますが、有害物質が一旦拡散してしまうため局所排気装置等よりは効果が劣ります。

⑷　作業環境測定と評価による管理状態のチェック

㋐　作業環境測定はなぜ行うのか？

　有害物質や有害エネルギーなどに労働者ができるだけさらされないようにするためには、作業環境の状態を正確に把握することが重要です。

　一般に労働衛生の分野で作業環境測定と呼ばれているものの中には、①作業環境の有害性の程度を監視するための定期的な測定、②健康診断の結果などから作業環境の実態あるいは特定の労働者のばく露量を再検討する必要が生じた場合に行う測定、③立入禁止などの措置を決めるための測定、④局所排気装置の性能を点検するために行う測定などがあります。

　有害物質を取り扱う作業場など一定の作業場については、労働安全衛生法第65条に基づいて、一定の方法により定期的に測定を行い、その結果を記録しておくこと

が義務付けられています。また、これらの作業場のうち、粉じん、特定化学物質、石綿、鉛または有機溶剤に係る作業場および放射性物質取扱作業室（指定作業場）の測定は、厚生労働大臣の登録を受けた作業環境測定士が行わなければなりません。事業場内にいない場合には作業環境測定機関に委託します。

(イ)　何を測定するか？

　表1-15は労働安全衛生法で定められた10種類の作業環境測定をまとめたものです。測定回数は対象により異なるので注意が必要です。

(ウ)　誰が測定をするのか？

　表1-15の中で○印がついた作業環境測定を行うためには作業環境測定士の資格が必要です。その他の項目は特に資格を必要とはしませんが、正確に測定するためには一定の測定技術を身につけることが必要です。

(エ)　測定結果の評価（管理区分）

　測定結果はあらかじめ示されている作業環境評価基準に従って作業環境の状態を3つの管理区分のいずれかに分類されます。管理区分が第3管理区分であれば第2へ、そして第1管理区分のいずれかに改善することが作業環境管理の中心となります（**表1-16**参照）。

　なお、有害物質の気中濃度は、多くの要因の影響を受けることから、通常大きな変動を伴っています。したがって、評価のための基準値と単純に比較し、個々の測定値が基準値を上まわっているか、下まわっているだけで、作業環境がよく管理されているかどうかを判断するには問題があります。このため、作業環境測定基準や作業環境評価基準に基づいて測定し評価することが大切なのです。

(オ)　測定結果をどう活用するか？

　作業環境測定は作業環境が良好か否かを判定する手段です。作業環境は常に良好な状態を保つ必要があり、測定結果を評価して問題があれば直ちにその原因を調べ、適切な処置を取らなければなりません。また、測定結果はそのときばかりでなく、毎回の測定結果を継続的に記録し管理することが重要です。さらに、測定結果は安全衛生委員会などに報告して管理状況および改善措置等を全員で確認することも重要です。

　なお、作業環境測定結果に問題がなくても、健康管理、作業管理は適切に行わなければなりません。例えば、気中濃度の測定結果の評価が良好でも、素手で材料を取り扱うことで皮膚から化学物質が吸収されるなど健診結果に異常があらわれるような問題も発生しています。

表1-15　作業環境測定等を行うべき作業場一覧

作業場の種類 （労働安全衛生法施行令第21条）	関連規則	測定の種類	測定回数	記録の保存年
○1　土石、岩石、金属、鉱物又は炭素の粉じんを著しく発散する屋内作業場	粉じん則第26条	空気中の粉じん濃度、遊離けい酸含有率	6月以内ごとに1回	7
2　暑熱・寒冷又は多湿の屋内作業場	安衛則第587条第607条	気温、湿度、ふく射熱[*1]	半月以内ごとに1回	3
3　著しい騒音を発する屋内作業場	安衛則第590条第591条	等価騒音レベル	6月以内ごとに1回[*2]	3
4　坑内の作業場 　①炭酸ガスの停滞場所	安衛則第592条第603条第612条	空気中の炭酸ガス濃度	1月以内ごとに1回	3
②通気設備のある作業場		通気量	半月以内ごとに1回	3
③28℃を超える作業場		気温	半月以内ごとに1回	3
5　中央管理方式の空気調和設備を設けている建築物の室で、事務所の用に供されるもの	事務所則第7条	CO濃度、CO_2濃度、室温、外気温、相対湿度	2月以内ごとに1回[*3]	3
6　放射線業務を行う作業場 　①放射線業務を行う管理区域	電離則第53条第54条第55条	外部放射線による線量当量率又は線量当量	1月以内ごとに1回[*4]	5
○②放射性物質取扱作業室 　○③事故由来廃棄物等取扱施設 　④坑内核原料物質掘採の業務を行う作業場		空気中の放射性物質濃度	1月以内ごとに1回	5
○7　特定化学物質等のうち第1類物質・第2類物質を製造し、又は取り扱う屋内作業場など	特化則第36条	空気中の第1類又は第2類物質の濃度	6月以内ごとに1回	3（特別管理物質については30年間）
石綿を取り扱い、若しくは試験研究のため製造する屋内作業場若しくは石綿分析用試料等を製造する屋内作業場	石綿則第36条	空気中の石綿濃度	6月以内ごとに1回	40
○8　一定の鉛業務を行う屋内作業場	鉛則第52条	空気中の鉛濃度	1年以内ごとに1回	3
9※　酸素欠乏危険場所において作業を行う場合の当該作業場	酸欠則第3条	空気中の酸素濃度（硫化水素発生危険場所の場合は同時に硫化水素濃度）	その日の作業開始前	3
○10　有機溶剤を製造し、又は取り扱う屋内作業場	有機則第28条	空気中の有機溶剤の濃度	6月以内ごとに1回	3

注）1．○印を付した作業場（指定作業場）における作業環境測定は、作業環境測定士又は作業環境測定機関が行わなければならない。
　　2．※を付した作業場の測定は、酸素欠乏危険作業主任者に行わせること。

＊1　ふく射熱については、安衛則第587条第1号から第8号までの屋内作業場。
＊2　施設、設備、作業工程又は作業方法を変更した場合には、遅滞なく測定する。
＊3　室温及び相対湿度については、1年間基準を満たし、かつ、今後1年間もその状況が継続すると見込まれる場合には、春又は秋、夏及び冬の年3回。
＊4　放射線装置を固定して使用する場合において使用の方法及び遮へい物の位置が一定しているとき、又は3.7ギガベクレル以下の放射性物質を装備している機器を使用するときは6月以内ごとに1回。

表1-16　管理区分と管理区分に応じて講ずべき措置

管理区分	作業場の状態	講ずべき措置
第1管理区分	当該単位作業場所のほとんど（95％以上）の場所で気中有害物質の濃度が管理濃度を超えない状態（作業環境が適切であると判断される状態）。	現在の作業環境管理の継続的維持に努める。
第2管理区分	当該単位作業場所の気中有害物質の濃度の平均が管理濃度を超えない状態（作業環境になお改善の余地があると判断される状態）。	施設、設備、作業工程または作業方法の点検を行い、その結果に基づき、作業環境を改善するため必要な措置を講ずるように努める。 参考　作業環境測定の結果の評価　有機則28の2①、鉛則52の2①、特化則36の2①、粉じん則26の2①、石綿則37①。厚生労働省令の定め　有機則28の3、28の4、鉛則52の3、52の4、特化則36の3、36の4、粉じん則26の3、26の4、石綿則38、39。厚生労働大臣の定める作業環境評価基準　63労告79、結果の記録　有機則28の2②、鉛則52の2②、特化則36の2②③、粉じん則26の2②、石綿則37②
第3管理区分	当該単位作業場所の気中有害物質の濃度の平均が管理濃度を超える状態（作業環境管理が適切でないと判断される状態）。	①　施設、設備、作業工程又は作業方法の点検を行い、その結果に基づき、作業環境を改善するために必要な措置を講ずる ②　有効な呼吸用保護具の使用 ③　（産業医等が必要と認める場合には）健康診断の実施その他労働者の健康の保持を図るため必要な措置を講ずる

（安衛法第65条の2）（有機則　第28条の2〜28条の4）
　　　　　　　　　（鉛則　第52条の2〜52条の4）
　　　　　　　　　（特化則　第36条の2〜36条の4）
　　　　　　　　　（粉じん則　第26条の2〜26条の4）
　　　　　　　　作業環境測定基準

⑸ PDCAサイクルによる効果的な進め方

作業環境管理では作業環境の現状を把握して、問題があれば直ちに作業環境改善を実施しなければなりません。作業環境改善の基本的進め方については先に述べた管理の流れ、すなわちPDCA（Plan〔計画〕－Do〔実施〕－Check〔評価〕－Act〔改善〕）のサイクルで進めることが効果的です（**図1-29**参照）。

㈠ 問題点をとらえる

職場における作業環境の現状を把握し、問題点を明らかにするためには、作業環境測定、職場巡視、提案制度を行い、活用することが必要です。

㈡ 何が原因なのかを知る

問題となっている原因をつかまえる段階です。例えば職場の中の有機溶剤の濃度が高濃度であった場合、その原因は次のようにいろいろ考えられます。

① 局所排気装置が設置されていない、または性能が不十分。

② 有機溶剤の発散源とフードの位置が離れているなど、局所排気装置が正しく使用されていない。

③ 有機溶剤が所定の場所以外の場所で取り扱われている。

④ 有機溶剤がこぼれている、または容器のふたが開け放しになっている。

⑤ 設備や局所排気装置から有機溶剤の蒸気が漏れている。

原因となっているものが正確にわからなくては適切な作業環境改善は実施できません。

㈢ 改善計画をたてる

PDCAのP（計画）の部分です。

問題となっている原因が判明したら、いよいよ改善計画に着手します。改善計画の基本は原則として次のように5W1Hを明確にしてください。

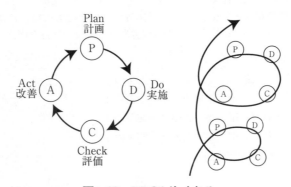

図1-29　PDCAサイクル

What　（何を）何を改善するのか？　　　→対象を明確にする

Where （どこを）どこを改善するのか？　→具体的な場所を特定する

Why　　（なぜ）なぜ改善を行うのか？　　→理由を明確にする

Who　　（誰が）誰が担当するのか？　　　→担当者を明確にする

When　 （いつ）いつまでに改善するのか？→時期を明示する

How　　（どのように）どのようにして改善するか？→改善手法を明確にする

　なお、最近ではさらにもう一つのH、すなわちHow much （いくらかかるのか？）を加えた5W2Hという言葉が使われることもあります。

㈎　改善を実施する

　PDCAのD(実施)の部分です。この段階は当然安全衛生推進者だけでは無理があり、技術担当者、ラインの管理監督者等が参加するチームプレイで行うことが重要です。

㈺　改善結果を確認する

　PDCAのC（評価）の部分です。改善によって良好な作業環境が達成されたか？作業の阻害要因となっていないかなどの新しい問題が生じていないか？　等を評価し（C）、必要に応じて見直し（A（改善））を行います。

㈻　事前の対応の重要性

　これまでは作業環境測定等で問題が発見された場合の改善が中心でしたが、実際には新たに設備が導入され、作業が開始される前に計画段階から対策を打っておくことが重要です。これはアセスメントと呼ばれており、上手に行えば始めから良好な作業環境をつくることができます。

⑹　環境の安全化と整備（整理・整頓・清掃・清潔（4S））

① 　4Sとは何か

　整理・整頓・清掃・清潔のローマ字頭文字である4つのSをとって「4S」といいます。

　整理：要るものと要らないものを区別して、要らないものを処分すること。

　整頓：必要なものを、使いやすく安全な状態にしておくこと。

　清掃：掃除をして、ごみ、汚れのない状態にすること。

　清潔：整理・整頓・清掃を実行し身のまわりや服装のきれいな状態を保つこと。

② 　なぜ4Sは必要か

　安全衛生管理は4Sに始まり、4Sに終わるとよくいわれます。職場の整理整頓を進め、きれいにすることは労働災害の防止に役立つばかりでなく、4Sの推

進は職場のムリ・ムダ・ムラをなくし、安全衛生ばかりでなく、品質や生産性の向上、コストの低減など仕事を進めるための基本的条件です。

③　4Sの進め方

4Sの具体的な進め方について述べます。

a　トップの方針の中で4Sの推進を明確にする

4Sは一見、企業に直接的なメリットをもたらすようには見えませんが、前述のように安全衛生、品質、生産性等の基本要件です。トップは自らその重要性を認識し、企業・事業場の方針の中で明確に示すことが重要です。

b　職場の中で4Sについての教育を行い、話し合いをする

4Sは安全衛生推進者やラインの監督者だけでは進められず、全員参加で進めることが重要です。職場の人たちに4Sの重要性や進め方を説明し、次に全員参加で話し合いの場を持つことが重要です。

c　職場の中の4Sの基準を作る

全員参加の4S活動も個人がバラバラに進めてしまってはかえって混乱の元になります。4Sの具体的進め方を基準化し、統一された基準で推進することが必要です。

d　職場の中で分担を決める

職場の全員の分担を決めます。分担は個人別に責任範囲を決め、活動が業務の一環として行われるようにします。そして定期的にラインの監督者を中心にチェックします。

e　適切な事後措置を行う

職場の中にはスペースの不足、多量の材料の搬入等、多くの阻害要因が存在します。4Sが思うように進まないときはその原因を調査し、適切な対策を実施することが重要です。

2　作業管理

(1)　ヒューマンエラー

人間は、もともと感覚器の誤り、過去の記憶による思いこみ、あるいは、判断の間違いなどの誤りをおかす動物で、いろいろなエラーをするのはむしろ当たり前といえます。その不完全な人間の行動特性をできるだけ正しくとらえて、エラーをしないように、また事故につながる前のエラーの段階で防ぐようにしていくことが必要です。KY（危険予知）活動を実施し、事前にエラーのポイントを認識すること

によって、それを減らすことができます。また、発生したヒューマンエラーは隠さず、むしろ集めてみんなで検討することによって、類似のエラーを防止することができます。

⑵　指差し呼称

　意識水準は一日の中でいろいろ変化をしていますが、最もよく活動している状態はせいぜい30分程度しか続かないものです。したがって、声を出しハッキリと指差し呼称を実行し、視覚・聴覚などに訴えることにより、作業者の意識を、注意力が最もよく働く水準に引き上げることができます。

　公益財団法人　鉄道総合技術研究所(現)が行った指差し呼称の効果検定実験によると、なにもしない場合に比べ指差し呼称する場合には誤りの発生率は約6分の1になるとされています（図1-30参照）。

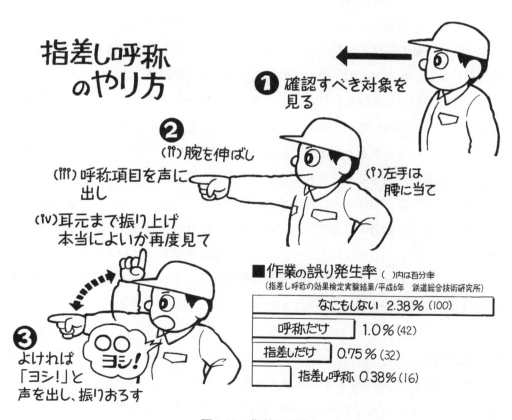

図1-30　指差し呼称

⑶　疲労と休養

　すべての労働者は、どのような作業に従事していても、それを継続することにより疲労を生じます。

　疲労は、休養を求めている状態であり、蓄積すると作業ミスが増加し、結果的には生産効率の低下や自他覚症状となって表に現われてきます。一日のサイクルで回復せず、翌日まで持ち越してしまった疲労は、慢性疲労や蓄積疲労と呼ばれ、回復までに一層長い休養期間が必要になり、さらに休養だけでは回復せず、医学的治療が必要となる場合もありますので、疲労はその日のうちに回復させることが重要です。疲労や休養には、労働者による個人差や生活時間の差なども関係します。労働者ごとに効果的な休養の取り方を工夫することによって、さらに企業の生産性向上に役立つでしょう。

　疲労対策としては、まず疲労の種類に応じた休憩時間の過ごし方がポイントになります。疲労は、①身体的疲労と精神的疲労、②全身疲労と局所疲労、③動的疲労と静的疲労に分類することができます。休憩時間や休養中は、同じ分類の疲労を生じるような活動を避け、むしろ分類上逆の活動をすることです。例えば、一般に情報機器作業は、精神的疲労、眼や手の動的疲労、および腰部の静的疲労を生じますので、休憩時間に効果的な疲労回復を図るには、精神を休めるためにも身体活動が望ましく、その内容は眼や手をあまり使用せず腰部を含めた全身を動かすストレッチングやウォーキングなどがよいでしょう。休憩時間中にパソコンやテレビを見たりすると、就業時間中の疲労を助長させることになります。

　一般に、繰り返し動作の多い作業であれば1時間ごとに5～10分の休憩を取ることが望ましく、労働者の裁量で行う要素が大きな軽作業であっても連続作業は2時間以内にとどめ、一定の区切りをつけて異なる作業を組み合わせる方が望ましいでしょう。また、昼休みなどに15分程度の仮眠を取ることが、精神的作業などに効果的な休養になる可能性も指摘されています。

⑷　交替勤務、夜勤

　人間には、ほぼ24時間をわずかに超える程度にセットされた固有のリズムがあり、眠気を催したり、一日のホルモンの出方を調節したりしています。したがって、夜間に働くことはどうしても社会生活とずれを生んでしまい、健康上の影響を生ずるという研究もあります。生体リズムと作業時間の不整合があると、作業中のミスが増加したり注意力が低下して安全や生産に影響を及ぼすばかりでなく、帰宅後の睡

表1-17　交替勤務に関するルーテンフランツの原則

夜勤はあまり連続すべきではない。

早朝勤務の始業時刻をあまり早くすべきではない。

各直の交替時刻は融通性を持たせる。

各直の長さは、作業の身体的および精神的負荷に応じて決め、夜勤は日勤や夕勤よりも短くすべきである。

短い勤務間隔は避けるべきである。

交替一周期の長さはあまり長過ぎない方がよい。

連続操業型の交替制では、連休を含む週末の休日を置くべきである。

連続操業型の交替制では、直の追い順を日勤→夕勤→夜勤と進む正循環とすべきである。

交替順番はできるだけ規則的に配置すべきである。

眠も浅くなり十分な休養が取れなくなって循環器疾患のリスクファクターになることもあります。また、かつては、夜勤を長く継続すると慣れが生じるのではないかと考えられたこともありましたが、これは現在は否定されています。できるだけ夜勤が短期間となるようなシフトを組むように勤務形態を考えましょう。

ドイツのルーテンフランツらは、交替勤務や夜勤の影響を最小限に抑えるために、**表1-17**のような提言を行いました。これらは原則ですから、実際には作業の性質、通勤手段、あるいは休日の組み方などを考慮しての検討が必要です。

この際、次のことに留意しましょう。

① 東行きの旅行は、一日が実際の24時間よりも早くすぎてしまう。西行きの旅行は、一日が実際の24時間よりも長くなる。国際線のパイロットの経験では、西行きのほうが適応しやすいといわれていること。

② 寄宿生活をしている人は、同室の人々が異なるサイクルにならないように、「就眠時間を異にする二組以上の労働者を同一の寝室に寄宿させない」こと（事業附属寄宿舎規程第21条）。

③ 夜勤者が帰宅した後は、部屋を暗くしたり、玄関のチャイムや電話の着信音を小さくしたりする工夫をし、家族も協力すること。

④ 飲酒により眠気を促そうとする労働者も見られるが、飲酒によりかえって大脳が興奮して眠れなくなってしまったり、毎日飲酒するうちに徐々に飲酒量を増やさないと眠気が生じなくなるので、大量飲酒による肝臓障害などを生じたりしないように注意すること。

⑸　エルゴノミクス（人間工学）

　人の体格は一人ひとり異なりますので、ある労働者にとって最も適した作業場の
デザインが他の労働者にとっては適していない場合があります。すなわち、すべて
の労働者に適したデザインというものは存在しません。したがって、労働者が作業
を開始する際に、長時間使用する椅子や机などはその労働者に適した高さや位置に
調節し、作業範囲の道具や器具も手の届く範囲に配置してから作業を開始するべき
です。無理な姿勢による作業が継続しないようにしなければなりません。

　このように、一定の道具や機械を使用する作業に対して労働者が合わせるのでは
なく、労働者に適合するように作業をデザインする考え方の工学をエルゴノミクス
（人間工学）と呼びます。エルゴノミクスの視点でデザインされた作業は、労働者に
とってやりやすいことから、健康障害や作業ミスを減らし生産性を向上させること
が期待できます。例えば、①よく使用する道具は身近に置き、あまり使用しないも
のは整理して棚にしまう、②工具の改良法として持ち手の部分に曲がりをつけたり、
握りの部分は柔らかい素材で楽に力が入りやすいような太さにする、③椅子の座面
は、長時間座る場合は楽にかかとが床に着く高さまで下げ、立ったり座ったりが頻
繁な作業の場合は高めの位置に調節するようにする、④情報機器作業（従来の「VDT
作業における労働衛生管理のためのガイドライン」にかえて、令和元年7月に「情報機

図1-31　情報機器作業の注意事項表示例

器作業における労働衛生管理のためのガイドライン」(令和元年基発0712第3号)が公表されました。)では、ディスプレイ画面の上端が眼の高さとほぼ同じかやや下になる高さに調節することで、やや下方を見るような角度になれば眼球の表面積が減りドライアイを防止するなどです(注意事項表示例:**図1-31**)。このように、作業方法や作業姿勢については、作業条件によって決められたものと諦めるのではなく、自分にとってより快適な作業ができるように作業を改善しようとする姿勢が大切です。

(6) 照明

作業面や通路などが暗いと、手をはさまれたり、つまずいたりなどの災害が発生します。また、疲れがたまっても災害の発生が起きやすくなります。生産性や品質にも悪影響を及ぼすことはいうまでもありません。

照明については、①適当な明るさ、②明るさにムラがない、③まぶしくないの3

表1-18 主な作業領域・活動領域の照度範囲 (JIS Z 9110:2011)

JIS Z 9110:2011		
		単位:lx
領域、作業又は活動の種類	推奨照度	照度範囲
設計、製図	750	1,000〜500
キーボード操作、計算	500	750〜300
事務室	750	1,000〜500
電子計算機室	500	750〜300
集中監視室、制御室	500	750〜300
受付	300	500〜200
会議室、集会室	500	750〜300
宿直室	300	500〜200
食堂	300	500〜200
書庫	200	300〜150
倉庫	100	150〜75
更衣室	200	300〜150
便所、洗面所	200	300〜150
電気室、機械室、電気・機械室などの配電盤及び計器盤	200	300〜150
階段	150	200〜100
廊下、エレベータ	100	150〜75
玄関ホール(昼間)	750	1,000〜500
玄関ホール(夜間)、玄関(車寄せ)	100	150〜75

(経済産業省資料より抄録)

原則が大切です。明るさの基準は労働安全衛生規則などでも定められていますが、これは最低基準であって、現在は家庭においても相当程度の明るさを保っていますから**表1-18**によることがさらによいと考えられます。

⑺ 安全衛生保護具

㋐ 安全衛生保護具はなぜ重要か？

　職場の中には労働災害や健康障害に結びつく多くの危険有害要因があります。これらの危険有害要因に対しては安全囲い、安全装置、局所排気装置等の種々の対策が講じられていますが、それでもすべてを完全に押さえ込むことは困難です。

　安全衛生保護具はこのような場合、危険有害要因に対する防波堤となって作業者を守ってくれます。しかし、それはあくまでも安全衛生保護具を正しく使用することが前提であり、正しい選択と着用が重要な鍵となります。

㋑ 安全保護具を使用すべき作業

　表1-19は法令に基づく主な安全保護具等をまとめたものです。

　安全保護具とは、労働者の身を守るために用いられる器具の総称です。主な安全保護具には、頭部：保護帽、眼：保護めがね、手：保護手袋、足：安全靴、落下：墜落制止用器具、感電：絶縁用保護具などがあります。

㋒ 労働衛生保護具の種類

　表1-20は労働衛生保護具をまとめたものです。

　労働衛生保護具には、有害物の吸入による健康障害を防止するための防じんマスク、防毒マスク、送気マスク、自給式呼吸器などの呼吸用保護具、皮膚接触による経皮吸収や皮膚障害を防ぐための不浸透性の化学防護服、化学防護手袋等、眼障害を防ぐための保護めがね、有害光線を遮断するための遮光保護具などがあります。

　これらの保護具について物質の物理化学的性質や有害性の情報、作業環境測定の結果、作業時間、健康診断の結果などの情報を参考に、適正な選択を行うことが大切です。

㋓ 保護具の管理

　安全衛生管理の基本は職場の危険有害要因を除去することですから安易に保護具に頼ることは考えるべきです。しかしながら数多くある危険有害要因や緊急時の措置を考えるとやはり保護具は重要な手段でもあります。

　　① 保護具の性能を知る

　　　安全衛生保護具とくに労働衛生保護具は、労働者に装着の負担を強いること

表1-19　主な安全保護具等と使用すべき作業

使用すべき作業	保護具	安衛法令
型わく支保工の組立て		安衛則247、518
地山の掘削		〃　360、518
ずい道等の掘削		〃　383-3、383-5、388、518
土止め支保工		〃　375、518
採石作業		〃　404、412、518
林業架線作業		〃　151の150、518
鉄骨の組立て	保護帽、墜落制止 用器具	〃　517-5、518
木造建築物の組立等		〃　517-13、518
コンクリート造工作物の解体等		〃　517-18、517-19、518
高所作業		〃　518、519、520、521、539
コンクリート橋架設等		〃　517-23、517-24
鋼橋架設等		〃　517-9、517-10
クレーン、デリック、エレベータおよび建設用リフトの組立て、解体		クレーン則33、75-2、118、153、191
貨物自動車（最大積載量5トン以上）、不整地運搬車（同）での荷の積み卸し		安衛則151-74
明り掘削		〃　366
はい作業		〃　429、435
船内、港湾荷役作業		〃　451、464
造林作業	保護帽	〃　484
物体の飛来するおそれのある作業		〃　538
船台の附近、高層階建築場等でその上方から物体の飛来、落下のおそれのある作業		〃　539
ジャッキつり上げ機械により荷のつり上げ、つり下げ等		〃　194-7
高さ2m以上の高所作業(足場及び同組立)		〃　518、563、564、566
高さ2m以上の作業床の端、開口部等での作業		〃　519、575-6
足場の組立て、解体等		〃　564、566
クレーン等の臨時のとう乗設備に労働者を乗せて行う作業		クレーン則27、73
ゴンドラの作業床で行う作業	墜落制止用器具	ゴンドラ則17
酸素欠乏危険作業		酸欠則6、7
高所作業車		安衛則194-22
粉砕機等の開口部		〃　142
ホッパー等内部、煮沸槽		〃　532-2、533
ボイラー据付工事		ボイラ則16
アセチレン及びガスによる溶接、溶断等	保護眼鏡、保護手袋	安衛則312、313、315、316
ダイオキシン類等、有害な光線、粉じん、溶融炉等有害な場所等における作業		〃　592-5、593、596〜598、608
多量の高熱物を取り扱う作業	適当な保護具	〃　255
アーク溶接その他強烈な光線による危険場所		〃　325
腐食性液体の圧送		〃　327
高圧、低圧の活線作業および活線近接作業	絶縁用保護具	〃　341〜343、346〜348、351、352
ずい道等（1,000m以上）、たて坑（深さ50m以上）の建設または圧気工事（ゲージ圧0.1メガパスカル以上）の作業で、ガス爆発・火災が発生した場合の救護活動	空気呼吸器、酸素呼吸器	〃　24-3、583
酸欠危険作業		酸欠則5-2、15、16、21、23-2

表1-20　有害要因に対する労働衛生保護具

有害要因	保　護　具　の　種　類
①ガス、蒸気・粉じん	呼吸用保護具（防じんマスク、防毒マスク、電動ファン付き呼吸用保護具、送気マスク、空気呼吸器、酸素呼吸器）、保護手袋、保護長靴、保護衣、保護めがね
②輻射熱	防熱面、耐熱面
③腐食性の液体等	耐食性を有する材料で作られた保護帽、面覆い、保護めがね、保護前掛け、保護手袋、長靴
④有害光線	遮光保護めがね
⑤騒　　音	耳栓、耳覆、防音ヘルメット
⑥振　　動	防震手袋
⑦酸欠危険作業	空気呼吸器、酸素呼吸器、送気マスク

になりますので、労働者を交替させて一人当たりの作業時間を短縮することも必要です。また、作業性を悪くする場合もありますので、あくまでもばく露防止対策の基本的な考え方に基づくべきで、保護具は最終的な手段あるいは補助的な手段と考えるべきです。

　安全衛生保護具はその種類に応じて性能が異なります。したがって、保護具の選定に当たってはまず保護具の性能を知ることが必要です。例えば絶縁用保護具でも耐えうる電圧は種類によって異なりますし、防毒マスクにおいても種類によって使用できる濃度が異なります。このため、保護具の性能を知らないまま使用することは大きな危険を伴う点に注意してください。

②　適正な保護具を選択する

　危険有害性の種類、程度に応じて適切な保護具を選択しなければなりません。したがって、作業に複数の危険有害性がある場合はそれぞれの性質に応じて保護具を選択しなければなりません。例えば高所における電気工事には絶縁用保護具、保護帽、墜落制止用器具が必要になります。

　また複数の有害物が混在していたり、作業場に酸欠の危険がある場合には通常の防毒マスクは使用できず、新鮮な空気が送られる送気マスクや空気呼吸器でなければ使用することができません。

③　保護具を支給する

　選択した保護具を労働者に支給します。保護具の支給は同時に就業する労働者の数以上備えることが必要です。

④　正しい着用の仕方を教育する

　安全衛生保護具を支給してもそれが正しく使用されなければ意味がありません。保護帽のあごひもを締めていなかったり、すき間がある防毒マスクの着用では非常に危険です。職場の中で教育・訓練を行うことにより、正しい保護具の着用を徹底してください。

⑤　着用状況を管理する

　教育したからよいということではありません。常に着用状況をチェックしてください。厚生労働省では、これらのことを徹底するため、保護具管理責任者を選任するように勧めています。

　保護具管理責任者は、次のことに特に注意してください。

　a　墜落制止用器具について

　　墜落制止用器具は、一度大きな荷重がかかったものは再度使用してはいけません。また、高所で作業を行うときばかりでなく高所への昇降や移動の際も使用が必要です。このような場合の使用の仕方に工夫をして原則として、常にフルハーネス型の墜落制止用器具が使えるようにしてください。

　b　防じんマスクについて

　　マスクは、鼻の横や下あごの下から外気が入らないように装着し、作業終了後は、面体を下にして清潔な場所や専用の保管庫に保存してください。また、定期的にフィルターの汚れを点検し、汚れてきたら交換してください。

　c　耳栓について

　　装着する際は、耳介を後ろに引くようにして挿入すると外耳道にまっすぐに入れることができ、期待した遮音効果が得られます。

　保護具の着用がおろそかになる最大の原因は管理監督者の見逃し、言い換えれば黙認にありますので、未着用の場合はその都度注意し、着用するよう指導しましょう。

⑥　保護具の性能を点検する

　保護具の効果はその性能が維持され、正しく着用されることによって発揮されます。しかし、保護具は使用を繰り返すことにより、また使用しなくても一定の期限がくれば性能が低下していきます。特に防じんマスクは目詰まりにより、呼気抵抗が増して苦しくなります。

　また、防毒マスクについては、次のことに留意してください。

　a　防毒マスクは、空気中の酸素が18％以上あるところ(大気中)で使用するも

ので酸素欠乏危険場所では使用できません。

　b　防毒マスクの吸収缶は、対応するガス等によって使い分けなければ効果はありません。

　c　吸収缶の効力（寿命）は、作業環境中の有害なガスの濃度および保管方法の良否によって失われる（破過する）ので、あらかじめ製造メーカーに取替え時期等を確認しておきましょう。また、使用しなくても一定の期限がくれば取り替えが必要です。

　したがって、保護具を定期的に点検し、常に良好な状態に維持することが重要です。

⑦　適切に保管する

　保護具がいつでも良好な状態で使えるようにするためには、保管の仕方も重要な鍵になります。一般的原則としては、防毒マスク等の保護具は湿気やほこりが入らない保管庫に入れるとともに、直ちに使用できるよう表示をしておくことが必要です。

　また、防毒マスクの吸収缶は使用時以外はふたをしておき、劣化を防ぐことが必要です。

3　健康管理

⑴　有害因子へのばく露と健康障害

⑺　職業性疾病と有害因子

　職場においては労働者の健康に影響を与える種々の有害因子があります。これは、**表1-21**のように物理的因子、化学的因子、生物学的因子および心理社会的因子に大

表1-21　職場における有害因子

物理的因子	気温、湿度、輻射熱、気流、照度、振動、騒音、放射線、重量物、異常気圧、繰り返し作業
化学的因子	粉じん、重金属、有機溶剤、発がん物質、酸・アルカリ、酸素欠乏、有毒ガス、アレルゲン
生物学的因子	害虫、寄生虫、結核菌、大腸菌、破傷風菌、インフルエンザウイルス、肝炎ウイルス、エイズウイルス
心理社会的因子	精神的ストレッサー（人間関係、景気動向、仕事の量・質、仕事の裁量度、社会的支援の有無、転勤、単身赴任、人事考課、失職のおそれ）

きく分類することができます。作業中の労働者は、これら有害因子に吸入、接触等のばく露を重ねることによって健康障害を起こします。

(イ)　ばく露の形態と職業性疾病の起こり方

化学的因子を例にとってばく露の形態をみてみると、**図1-32**のようなばく露の経路によって体内に侵入し、職業性疾病の原因となります。

ばく露は、高濃度ばく露と低濃度ばく露に分けられます。

高濃度ばく露の多くが、①清掃・点検・修理などの非定常作業時、②事故・誤操作などによる設備等からの大量漏洩などの異常時、③換気をしていない室内での塗装時等の際に起き、短時間で大量の有害物質が体内に侵入する結果、急性中毒や死亡事故の原因となります。

これに対して、低濃度ばく露は毎日同じような作業を行っている場合に、濃度は低くても長い間繰り返しばく露して、健康に悪影響を与えます。有害因子別、有害物質別に決められた健康診断(特殊健康診断)を通して労働者の健康状態を把握し(**図1-33参照**)、作業環境や作業との関連を検討することによって、労働者の健康障害を未然に防止することが必要です。

最近の技術革新、サービス経済化の進展等による労働環境、作業形態の変化は、作業の高密度化や繰り返し作業、組織や人間関係の複雑化をもたらし、精神的ストレスによる心の健康問題が新たな課題となっています。

また、化学的因子については、数万種類の化学物質が工業的に用いられるようになり、労働者の体質によってアレルギー症状を引き起こす物質（アレルゲン）やごく微量であっても有害な影響が懸念されるシックハウス関連物質への配慮が必要になる等、職場における労働衛生管理にはさらなる対応が求められるようになりました。

職場内の有害因子に起因して発生する職業性疾病（労働基準法施行規則第35条に規定されている疾病）の防止は、労働衛生行政の最重点であることは言うまでもありません。しかし、最近では、高齢化する労働者の中に、もともと持病がある人、あるいは、仕事以外の環境や生活習慣も原因とする健康障害を有する人が増加しています。このことは、職場における有害因子が病気の発症または増悪の原因の一つになる疾病である作業関連疾患（例えば、仕事の過労が原因の一つと考えられる循環器疾患や精神障害）の予防対策も重要なものとなってきていることを示すものです。

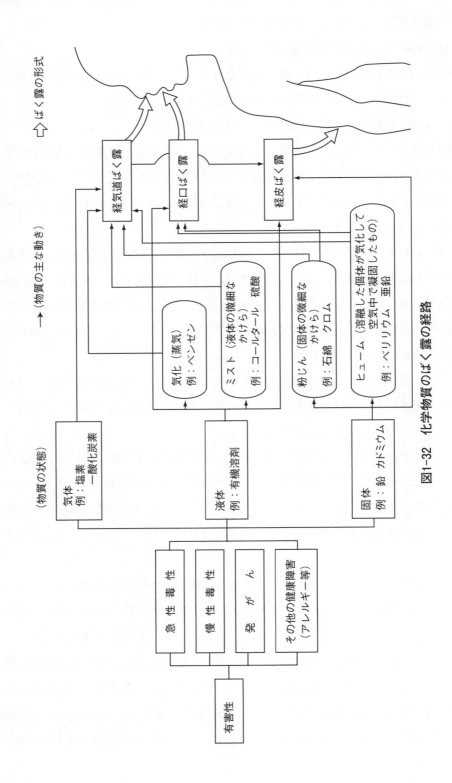

図1-32　化学物質のばく露の経路

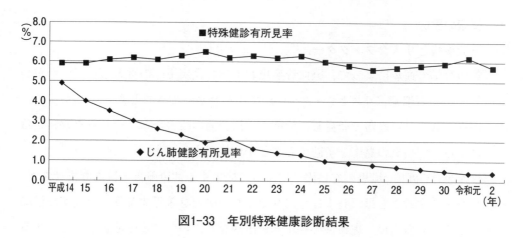

図1-33　年別特殊健康診断結果

(ウ)　健康管理面での安全衛生推進者の職務

　安全衛生推進者は、このような複雑多様な職場の有害因子を適切に管理しなくてはなりません。しかし、有害因子のばく露や健康影響を正確に把握するための手段や測定指標は限られています。そこで、次のようなポイントに留意して職務を遂行するのがよいでしょう。

①　事業場で使用している化学物質の製造者や納入業者からSDS(安全データシート)を入手し、一般名は何か、現在どのような有害性がわかっているか、適用される法規は何かなどを確認し、職場での作業環境改善や作業方法等に活用すること。

②　作業環境が、労働安全衛生法に定める管理濃度(作業環境の良否を判断する基準)や日本産業衛生学会の許容濃度や許容基準(ほとんどの労働者に健康障害が生じない濃度や基準)以下になっているかどうかを確認し、改善が必要な職場についてはリストアップすること。

③　溶剤の入れ替えやタンク内清掃など、まれにしか実施しない作業、故障の修理時などの非定常作業、保全作業などの作業においては、過剰なばく露が起こりやすいので、換気の実施、保護具の着用や教育を徹底し、現場を巡視して指導すること。

④　複雑な作業標準の遵守や労働衛生保護具の着用など労働者に依存した対策よりも、有害因子そのものを取り除く対策を優先させること。なお、保護具を着用せざるを得ないときは、用途等を確認し、適切な保護具を正しく装着させること。

⑤　温熱・騒音・重量物などの物理的な有害因子については、業務上疾病の予防はもちろんのこと、作業者の声を吸い上げ、できるだけ快適な作業環境の形成に努めること。

⑵　健康の確保

㋐　一般疾病とリスクファクター

　近年の医学の進歩によって、脳血管疾患および心臓疾患等の重大な病気にかかわる所見や生活習慣病（リスクファクター）などがわかってきました。したがって、所見がみられる早い段階で発見し、治療や生活習慣の改善などでそれらを改善することによって、病気の発生を予防することが可能です。

　慢性疾患は、直接、職場の有害因子によって発生する健康障害ではありませんが、それらを予防することは、将来にわたり健全な労働力を確保するうえで大切な活動です。また、高血圧症、虚血性心疾患、糖尿病など、いわゆる生活習慣病を有する労働者に対し、職務上の適切な健康管理（配慮）がされない場合、これらの疾病が増悪することがありますので、健康診断と事後措置を適切に実施することが重要になっています。

　労働者は、事業者責任の下で網羅的・計画的・継続的に実施されるさまざまな健康確保施策を受けますので、慢性疾患の予防や早期発見および治療の機会に恵まれています。特に、すべての労働者が受診することになっている一般健康診断の結果を活用すればリスクファクターへの対応が可能です。

　安全衛生推進者は、実施した労働者の健康診断については、事業者がその結果を十分活用できるように、事業者の指示に基づいて健康管理を行う医師等との連絡を密にすることが大切です。その際、健康や病気についてわからないこと、本人の就業予定と健康状態の関連、健康情報のプライバシーが問題となりそうな事例などについては、地域窓口（地域産業保健センター）の医師等に相談して解決することが望ましいといえます。

㋑　老化と疾患

a　生理的な老化

　人間が生き物である限り加齢による心身の老化は避けられません。老化には、加齢によって誰にでも起こる変化がありますが、これは生理的な老化と呼ばれます。例えば、皮膚のしわや色素沈着、歯牙の脱落、心肺機能や免疫力の低下、感覚器の鈍化などは、誰でもある程度起こる生理的な老化です。

　老化は、身体組織を構成する細胞一つひとつが変化するのではなく、組織中の細胞の数が減少することによって起こります。例えば、脳においては、細胞の数だけで比べると40歳代では小学生の半分程度に減少しているといわれています。また、いつも使用している脳細胞は残り、長い間使用されていない細胞が脱落していくと

もいわれます。このため、高年齢者は、長年やっていることは継続して簡単に実施できますが、年をとってから新しいことを始めるのはなかなか難しいのです。

中高年齢者が自覚している衰えをたずねた調査によると、第1位は視力、第2位は記憶力、第3位は瞬発力となっています。また、健康診断やTHP（(6)参照）の健康測定をみると、聴力や平衡感覚などといった感覚器の機能が低下していますので、例えば、暑熱環境において「暑い」と感じるのが遅れることから高年齢者の熱中症では重症者が多くなりがちです。一方、中高年齢者のほうがむしろ優れている機能として今までの経験や学習によって蓄積された知識に基づいた判断思考能力があり、気力や感受性などについても老化の影響はそれほどでもないとされています。

また、生理的な老化は個人差が大きく、心肺機能や筋力にも大きな差が生じます。

したがって、中高年齢者を多く雇用している事業場においては、高年齢者だからといって年齢によって一律に作業制限をするのではなく、一人ひとりの心身の機能の特徴をよく観察し、高年齢者に合った配慮を心掛けましょう。

b　加齢による疾患

昭和31年、加齢により増加する疾患が成人病と呼ばれるようになりました。そのうち三大成人病としては、がん、脳卒中、心臓病があり、その他、老人性白内障、骨粗鬆症、インスリン非依存性糖尿病などがあります。また、中高年齢者は転びやすいなど外傷を受けやすいことも事実です。

生活習慣が成人病等の発生や増悪に関係していることがわかってきたことから、平成8年には生活習慣病という言葉が使用されるようになりました。すなわち、成人病は生活習慣による病であることが明確になるようにしたわけです。これらの疾病は、発生直後には自覚症状がなく、また、一旦発生してしまうと慢性化し、加齢とともに増悪することが多いのが特徴です。

㈽　日常の健康チェック

職場における安全衛生の確保の第一歩は、労働者が万全の健康状態で業務に従事することから始まります。健康診断を定期的に受診し、その結果に基づいて治療を受けるなど適切に対応することはもちろん必要ですが、健康状態は日々変化しています。そこで、毎日の始業前には、健康状態の自己申告や職場で相互のフェイスチェックをすることが必要です。とくに、中高年齢者の健康状態の把握は欠かすことはできません。そのためには、職場で自覚症状や心配事を上司に話せるような人間関係や雰囲気を醸成しておくことが大切です。例えば、前日にお酒を飲み過ぎてしまったという労働者は、単に集中力や持久力が低下しているだけでなく、脱水状態

に陥るリスクが高いことから、当日の暑熱作業や重筋作業などから外すといった対応が望ましいといえますし、少なくとも作業中にはときどき声をかけて体調を確認するといった配慮が必要でしょう。また、過労が一つの原因となって循環器疾患や心の健康問題が発症する事例が見受けられますが、それらの事例の中には、日常の健康チェックを実施し過労に陥っていたり悩んでいたりしたことが事前にわかっていれば、未然に防止できたと考えられる事例もあります。日ごろの状態を把握している職制において、健康チェックを毎日実施した結果は、最も鋭敏な健康指標であると言っても過言ではありません。

㈱　**健康状態の把握**（定期健康診断）

　慢性疾患は、直接、職場の有害因子によって発生する健康障害ではありませんが、それらを予防することは、将来にわたり健全な労働力を確保する上で大切な活動です。このため、労働安全衛生法では、配置および入職後の健康管理の基礎資料とするため、常時使用する労働者の雇入れの直前または直後に行う雇入れ時の健康診断および労働者の健康状態の推移の把握や、潜在する疾病の早期発見などのための定期健康診断の実施が義務付けられています（**表1-22**）。

　有所見率をみると、心疾患や脳血管疾患のリスクファクターである高血圧や血中脂質が高値である労働者が年々増加傾向にあります（**図1-34参照**）。

　これらの理由としては、労働者の年齢が上昇していることや診断基準が厳しくなっていることも影響していると推測されます。

表1-22　定期健康診断項目

　安衛則第44条では、1年以内ごとに1回定期に健康診断を行うことが義務付けられています。

　健康診断項目は次のとおりです。

1．既往歴及び業務歴の調査
2．自覚症状及び他覚症状の有無の検査
3．身長、体重、腹囲、視力及び聴力の検査
4．胸部エックス線検査及び喀痰検査
5．血圧の測定
6．貧血検査（血色素量、赤血球数）
7．肝機能検査（GOT、GPT、γ-GTP）
8．血中脂質検査（低比重リポ蛋白コレステロール（LDLコレステロール）、高比重リポ蛋白コレステロール（HDLコレステロール）、血清トリグリセライド）
9．血糖検査
10．尿検査（尿中の糖及び蛋白の有無の検査）
11．心電図検査

○健康診断項目の省略

　定期健康診断については、以下の健康診断項目については、それぞれの基準に基づき、医師が必要でないと認めるときは省略することができます。

　なお、「医師が必要でないと認める」とは、自覚症状及び他覚症状、既往歴等を勘案し、医師が総合的に判断することをいいます。したがって、以下の省略基準については、年齢等により機械的に決定されるものではないことに留意してください。

項目	医師が必要でないと認めるときに下記の健康診断項目を省略できる者
身長	20歳以上の者
腹囲	1．40歳未満（35歳を除く）の者 2．妊娠中の女性その他の者であって、その腹囲が内臓脂肪の蓄積を反映していないと診断された者 3．BMIが20未満である者（BMI（Body Mass Index）=体重(kg)/身長(m)^2） 4．BMIが22未満であって、自ら腹囲を測定し、その値を申告した者
胸部エックス線検査	40歳未満のうち、次のいずれにも該当しない者 1．5歳毎の節目年齢（20歳、25歳、30歳及び35歳）の者 2．感染症法で結核に係る定期の健康診断の対象とされている施設等で働いている者 3．じん肺法で3年に1回のじん肺健康診断の対象とされている者

喀痰検査	1．胸部エックス線検査を省略された者 2．胸部エックス線検査によって病変の発見されない者又は胸部エックス線検査によって結核発病のおそれがないと診断された者
貧血検査、肝機能検査、血中脂質検査、血糖検査、心電図検査	35歳未満の者及び36〜39歳の者

〇聴力検査

　1,000ヘルツ及び4,000ヘルツの純音を用いるオージオメータによる聴力の検査を原則としますが、45歳未満の者（35歳及び40歳の者を除く）については医師が適当と認める聴力検査方法によることができます。

※雇入れ時の健康診断は労働安全衛生規則第43条に定められています（雇入れ時の健康診断では健康診断項目の省略等はありません）。

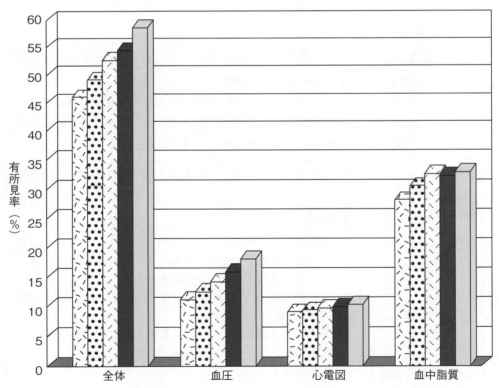

資料出所：「労働衛生のしおり」（中災防）。厚生労働省において一部数値を精査中。

図1-34　定期健康診断の有所見率

(3)　健康診断の的確な実施と事後措置の励行

　健康診断は、健康管理の中核となるもので、この中には現在、労働安全衛生法で定められた健康診断と行政指導による健康診断があります。このほか、健康保持増進措置のために行う健康測定もあります。さらに、高齢者の医療の確保に関する法律に基づく特定健康診査と特定保健指導もあります（**表1-23**参照）。

　事業場では、各種の健康診断を漫然と実施するのではなく、それぞれの実施主体や実施目的をよく確認して実施することが重要です。すなわち、事業者が法令に従って実施している健康診断なのか、事業者が独自に実施している健康診断（あるいは独自に追加している検査項目）なのかが混同されている事例がありますので、それぞれの内容をよく整理し理解しておきましょう。

　なお、「健診」と「検診」という言葉が使用されることがありますが、前者は、全般的な健康状態を把握し適正配置や健康づくりに役立てるもので、検診は特定の疾患の有無を判定するための検査で、○○病検診などという形でよく使用されています。健康診断を実施する機関を選定する際には、委託する業務の範囲、内容、事業場との連携の方法について確認することが必要です。

　健康診断の実務については、企画、広報、名簿作成、会場整備、運営、会計、健診結果管理、監督署報告等一連の実務が発生します。これらのうち、企画、名簿作成、健診記録の管理、監督署報告は、安全衛生推進者が担当するのが望ましいと考えられますので、次の諸点に留意して実施しましょう。

① 　健康診断の企画として、まず行うのは事業場の年間計画に健康診断の予定を入れることです。そして、前述の健康診断の実務に関して事業場内の分担を決

表1-23　健康診断、特定健康診査、健康測定の対照表

	健康診断	特定健康診査	健康測定
根拠法規	労働安全衛生法第66条	高齢者医療確保法第20条	労働安全衛生法第69条
実施主体	事業者	健康保険組合 市町村等の保険者	事業者
対象者	労働者	被保険者、被扶養者等の加入者（40歳以上に限る）	労働者
実施義務	義務	義務	努力義務
種類	一般健康診断 特殊健康診断	特定健康診査	健康測定
費用負担	事業者	保険者	事業者
事後措置	事業者による就業上の措置と保健指導	保険者による特定保健指導等	健康指導（栄養指導、メンタルヘルスケア、生活指導等）

め、安全衛生推進者が窓口となって健康診断実施機関と委託や実務の内容などについて確認し調整しましょう。この際、法的に定められた健康診断の検査項目に追加して実施する項目をどうするかといった点や再検査や精密検査の受診先や受診方法といった点などについてもあらかじめ相談しておくことが大切です。

② 　各労働者がどの種類の健康診断を受診しなければならないかについての名簿を作成することが重要です。例えば、深夜業や重量物取扱い作業など有害な業務に従事している者は、6カ月毎に定期健康診断が必要ですし、トルエン等を使用する有害な業務に常時従事している者は、6カ月毎に有機溶剤等の特殊健康診断を実施しなければならないことが労働安全衛生法第66条により規定されています。

　なお、パートタイム労働者については、特殊健康診断は該当する有害業務を行うすべての者に実施しなければならず、定期健康診断は常時使用するパートタイム労働者(労働時間が通常労働者の所定労働時間の4分の3以上である者)に実施しなければなりません(おおむね2分の1以上である者にも実施することが望ましいとされています)。また、派遣労働者については、定期健康診断は派遣元で、特殊健康診断は派遣先が実施することになります。

③ 　定期健康診断を実施した結果については、その結果を本人に通知するとともに就業上の措置と保健指導を実施しなければなりません。その際、有所見であった労働者について作業内容や担当業務の変更などを行う必要があるかどうかについて、医師等から意見を聴かなければなりませんし、本人には生活改善や精密検査あるいは受診を勧奨しなければなりません。これら一連の措置については指針で定められています(**図1-35**参照)。さらに、健康診断結果の記録は、事業者責任で労働者の同意を得た上で一定期間保存しなければなりません。なお、健康診断結果に基づき事業者が講ずべき措置については、労働者の健康情報の保護に関わってきますので慎重な取扱いが必要です。例えば、作業請負先や共同事業体の事業者から労働者の健康診断記録を求められたり生命保険に加入する際の代用審査の情報として健康診断結果が利用されることがありますが、その際には、必ず労働者本人に対してどの範囲のどのような記録を開示するのかについて了解を得ることが大切です。このように重要書類ですから、安全衛生推進者等が保存責任者となって保管方法に留意しましょう。

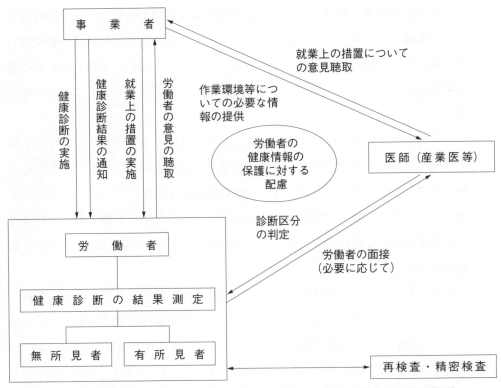

図1-35　健康診断結果に基づき事業者が講ずべき措置に関する指針の概要

④　事業場としての健康診断結果を集計し、所定の様式に記入し、労働基準監督
　　署に報告する義務があります（**図1-36**参照）。定期健康診断については、常時50
　　人以上の労働者数を使用している事業場に対して、特殊健康診断については、
　　すべての事業場に対して報告義務があります。

⑷　就業上の措置と保健指導

　労働衛生における健康管理の目標は、労働者が現在および将来にわたり生き生き
とした就業生活を送ることができるように、労働によって健康障害が発生あるいは
増悪するのを防止し、また、健康を保持増進することです。そのためには、作業に
おける有害因子を制御すること、および労働者の健康障害や生活習慣を改善するこ
とが必要です。

　健康管理の実務を行うに当たっては、次のことに留意してください。

①　事業者が医師等から当該労働者に係る就業区分およびその内容に関する医師
　　等の判断を**表1-24**の区分(例)によって求め、適切な就業上の措置を実施すること
　　　個々の労働者の健康状態を把握し、作業の分担や作業位置あるいは方法を工

様式第６号(第52条関係)(表面)

定期健康診断結果報告書

80311

労働保険番号	府県／所掌／管轄／基幹番号／枝番号／被一括事業場番号

対象年	7：平成 9：令和 → 元号　年 1〜9年は右へ　(　月〜　月分)(報告　回目)	健診年月日	7：平成 9：令和 → 元号　年　月　日 1〜9年は右へ 1〜9月は右へ 1〜9日は右へ
事業の種類		事業場の名称	
事業場の所在地	郵便番号(　　　) 電話　(　　)		

健康診断実施機関の名称		在籍労働者数	人 右に詰めて記入する
健康診断実施機関の所在地		受診労働者数	人 右に詰めて記入する

(＊)労働安全衛生規則第13条第１項第２号に掲げる業務に従事する労働者数(右に詰めて記入する)

イ　人　ロ　人　ハ　人　ニ　人　ホ　人
ヘ　人　ト　人　チ　人　リ　人　ヌ　人
ル　人　ヲ　人　ワ　人　カ　人　計　人

健康診断項目	実施者数	有所見者数		実施者数	有所見者数
聴力検査(オージオメーターによる検査)(1000Hz)	人	人	肝機能検査	人	人
聴力検査(オージオメーターによる検査)(4000Hz)	人	人	血中脂質検査	人	人
聴力検査(その他の方法による検査)	人	人	血糖検査	人	人
胸部エックス線検査	人	人	尿検査(糖)	人	人
喀痰(かくたん)検査	人	人	尿検査(蛋白(たん))	人	人
血圧	人	人	心電図検査	人	人
貧血検査	人	人			

所見のあった者の人数	人	医師の指示人数	人	歯科健診	人 実施者数	人 有所見者数

産業医	氏名
	所属機関の名称及び所在地

年　月　日

事業者職氏名

労働基準監督署長殿

受付印

折り曲げる場合は(◀)の所を谷に折り曲げること

図1-36　健康診断報告様式

表1-24　就業区分およびその内容についての意見

区　分	内　　容	就業上の措置の内容
通常勤務	通常の勤務でよいもの	————
就業制限	勤務に制限を加える必要のあるもの	勤務による負荷を軽減するため、労働時間の短縮、出張の制限、時間外労働の制限、労働負荷の制限、作業の転換、就業場所の変更、深夜業の回数の減少、昼間勤務への転換等の措置を講じる。
要休業	勤務を休む必要のあるもの	療養のため、休暇、休職等により一定期間勤務させない措置を講じる。

夫して、健康障害を生じたり増悪させないように就業上の措置を施すことです。例えば、いろいろな職種がある事業場であれば健康面からより適した業務に配置替えをしたり、作業時間帯の調節が可能な事業場であれば時差通勤や定期通院が考えられます。この際重要なこととして指針の中では、就業上の措置内容の決定に際しては、労働者と十分な話合いを行ったうえで労働者の了解を得る努力をすることや、健康障害の内容に関する事項については医師などから意見を聴取し、また、プライバシーに配慮することがあげられています。特に、就業上の措置によっては、労働者の賃金・労働時間・就業場所といった労働条件が不利になる場合が考えられます。その際、労働者が、自分の健康の保持を優先するのか、それとも多少の健康リスクは容認し、雇用や労働条件の確保を優先するのかについて、迷うこともあると考えられます。このようなときは、できるだけ、医師や職場を知っている産業保健スタッフなどと労働者本人がよく相談をし、理解が得られるようにします。

② 労働者が健康診断結果に基づいて医師等から指導された保健指導を実施すること

　無病ならぬ一病息災という言葉がありますが、労働者が健康状態の弱点を自覚し、それを積極的に治療したり生活習慣を改善して、病気を増悪させないように努めることです。例えば、腰痛持ちの人は、治療をするとともに減量や腹筋トレーニングに励み、重量物は重心の近くを持ち上げるよう心掛けたり、椅子や作業台の高さを微調整して常に姿勢に注意するとよいでしょう。

安全衛生推進者は、事業者によって決められた就業上の措置と保健指導が適切に実行されるよう医師等および作業現場部門との連携を図りつつ、サポートすることが大切です。

⑸　治療と職業生活の両立支援

　近年の診断技術や治療方法の進歩により、かつては「不治の病」とされていた疾病においても生存率が向上し、「長く付き合う病気」に変化しつつあり、労働者が病気になったからといって、すぐに離職しなければならないという状況が必ずしも当てはまらなくなってきています。しかしながら、疾病や障害を抱える労働者の中には、仕事上の理由で適切な治療を受けることができない場合や、疾病に対する労働者自身の不十分な理解や、職場の理解・支援体制不足により、離職に至ってしまう場合もみられます。

　労働安全衛生法では、事業者による労働者の健康確保対策に関する規定が定められており、健康診断の実施結果および医師の意見を勘案し、その必要があると認めるときは就業上の措置（就業場所の変更、作業の転換、労働時間の短縮、深夜業の回数の減少等）の実施を義務付けるとともに、日常生活面での指導、受診勧奨等を行うよう努めるものとされています。

　これは、労働者が、業務に従事することによって、疾病を発症したり、増悪したりすることを防止するための措置等を事業者に求めているものです。また、同法等では、事業者は、心臓、腎臓、肺等の疾病で労働のため病勢が著しく増悪するおそれのあるものにかかった者等については、その就業を禁止しなければならないとされていますが、この規定は、その労働者の疾病の種類、程度、これについての産業医等の意見を勘案してできるだけ配置転換、作業時間の短縮その他の必要な措置を講ずることによって就業の機会を失わせないようにし、やむを得ない場合に限り禁止する趣旨であり、種々の条件を十分に考慮して慎重に判断すべきものです。

　さらに、同法では、事業者は、その就業に当たって、中高年齢者等の特に配慮を必要とする者については、これらの者の心身の条件に応じて適正な配置を行うように努めなければならないこととされています。これらを踏まえれば、事業者が疾病を抱える労働者を就労させると判断した場合は、業務により疾病が増悪しないよう、治療と職業生活の両立のために必要となる一定の就業上の措置や治療に対する配慮を行うことは、労働者の健康確保対策等として位置付けられます。

　そこで厚生労働省は、平成28年に「事業場における治療と職業生活の両立支援のためのガイドライン」を公表し、がんや脳卒中、肝疾患、難病を抱える労働者に対し、治療と職業生活が両立できるよう、業務によって疾病を増悪させること等がないよう、適切な就業上の措置や治療に対する配慮や支援等の取組みを促進することを求めています。

⑹　健康保持増進措置の内容（THP）

　労働安全衛生法（第69条）により「事業者は、労働者に対する健康教育及び健康相談その他労働者の健康の保持増進を図るため必要な措置を継続的かつ計画的に講ずるように努めなければならない。」と定められています。

　この措置の適切・有効な実施を図るため、「事業場における労働者の健康保持増進のための指針」（THP（トータル・ヘルスプロモーション・プラン）指針。昭和63年健康保持増進のための指針公示第1号。令和3年12月最終改正）が制定されています。

　労働者の健康の保持増進には、労働者が自主的、自発的に取り組むことが重要ですが、労働者の働く職場には労働者自身の力だけでは取り除くことができない疾病増悪要因、ストレス要因等が存在しているため、労働者の健康を保持増進していくためには、労働者の自助努力に加えて、事業者が健康保持増進対策（健康保持増進措置を継続的かつ計画的に講ずるための、方針の表明から計画の作成、実施、評価等の一連の取組全体）をPDCA（計画―実施―評価―改善）サイクルに沿って積極的に推進することが必要となります（**図1-37**参照）。なお、生活習慣病予防のために医療保険者との連携も求められています。

　対策の推進に当たっての留意事項は次のとおりです。

①　健康保持増進措置は、主に生活習慣上の課題を有する労働者の健康状態の改善を目指すために個々の労働者に対して実施するものと、事業場全体の健康状態の改善や健康増進に係る取組みの活性化等、生活習慣上の課題の有無に関わらず労働者を集団として捉えて実施するものがあります。これらの措置を効果的に組み合わせて健康保持増進対策に取り組むことが望まれます。

図1-37　健康保持増進対策の各項目（PDCAサイクル）
（厚生労働省「職場における心とからだの健康づくりのための手引き」（2021年3月）より）

②　健康増進に関心を持たない労働者にも抵抗なく健康保持増進に取り組んでもらえるようにすることが重要です。加えて、労働者の行動が無意識のうちに変化する環境づくりやスポーツ等の楽しみながら参加できる仕組みづくり等に取り組むことも重要です。これらを通じ、労働者が健康保持増進に取り組む文化や風土を醸成していくことが望まれます。

③　労働者が高年齢期を迎えても就業を継続するためには、心身両面の総合的な健康が維持されていることが必要です。加齢に伴う筋量の低下等による健康状態の悪化を防ぐためには、高年齢期のみならず、若年期からの運動の習慣化等の健康保持増進が有効です。

　健康保持増進対策を推進させていく体制としては、事業場の実情に応じて、事業者が、労働衛生等の知識を有している産業医等（産業医その他労働者の健康保持増進等を行うのに必要な知識を有する医師）、衛生管理者等（衛生管理者、衛生推進者および安全衛生推進者）、事業場内の保健師等の事業場内産業保健スタッフ（産業医等、衛生管理者等および事業場内の保健師等）および人事労務管理スタッフ等を活用し、各担当における役割を定めたうえで、事業場内における体制を構築することが必要とされています。また、これらのスタッフに加えて、専門的分野のスタッフを養成し、活用すること、事業場外資源（事業場外で健康保持増進に関する支援を行う外部機関や地域資源および専門家）等を活用すること等にもより、体制を整備し、確立することが求められます。

　健康保持増進対策の推進に当たっては、事業者が労働者等の意見を聴きつつ事業場の実態に即した取組みを行うため、労使、産業医、衛生管理者等で構成される衛生委員会等を活用して取り組むとともに、各項目の内容について関係者に周知することが必要ですが、衛生委員会等の設置義務のない小規模事業場においても、労働者等の意見が反映されるようにすることが必要です。

　労働者の健康の保持増進のための具体的措置としては、運動指導、メンタルヘルスケア、栄養指導、口腔保健指導、保健指導等があり、各事業場の実態に即して措置を実施していくことが必要となります。

(7)　メンタルヘルス対策の重要性

　近年、職場の人間関係や情報流通などが複雑化するなかで精神的負荷の大きな作業が増加し、仕事や生活で強いストレスを感じる労働者は、令和2年には54.2%に達しており、メンタルヘルス（精神的健康）のための対策が重要視されています（図

1-38、図1-39参照）。メンタルヘルス対策の目標は、労働者の職場における負荷（ストレッサー）によって発症するおそれがある抑うつ状態やいわゆる神経症などを予防し、明るく活き活きとした職場を形成することです。そのためには、まず、ストレスについて理解しておくことが重要です。

　ストレスとはもともと物体の歪みを意味する言葉ですが、ストレスという言葉が、外部環境の問題を指しているのか、人体への影響を指しているのかを明確にするために、外部環境の問題を「ストレッサー」、それによって生じる人体への影響を「ストレス反応」と呼びます。

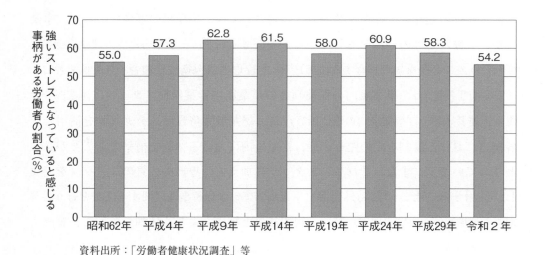

資料出所：「労働者健康状況調査」等

図1-38　職場生活でのストレスの状況

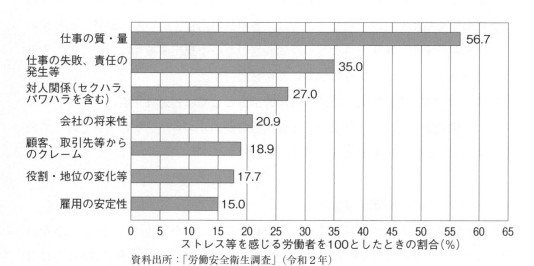

資料出所：「労働安全衛生調査」（令和2年）

図1-39　強いストレスの内容（抄）（複数回答）

　心理社会的なストレッサーには、3つの重要な点があります。第一に、ストレッサーは、ある程度存在した方がよいということ。ストレッサーが全くない生活や仕事は、単調かつ無味乾燥で大脳皮質の活性が低下してしまいます。第二に、一般に喜ばしい出来事と思われることでも外部環境の変化であればストレッサーになり得ます。例えば、昇進や結婚などが原因で抑うつ状態が発生することがあります。第三に、同じストレッサーでもストレス反応には大きな個人差があります。例えば、仕事上の失敗をしても、簡単に気分を切り替えられる人もいれば、いつまでもくよくよしてしまう人もいます。

　さて、仕事上のストレッサーには、次の3要素が重要であるといわれています。

　a　仕事の要求レベルが高い

　b　仕事に裁量が効かない

　c　支援がない

　仕事の要求レベルとは、仕事の量・質・スピード・納期の厳しさなどが関係します。また、仕事の裁量とは、自分で仕事の範囲やペースを調節できるかどうかです。すなわち、「達成困難な仕事や課題をいくつも抱えていて、それらを何としても納期までに達成しなければならないのに、上司はハッパをかけるだけで周囲は競争相手ばかりで家族も誰も助けてくれない」のがストレッサーとしては最悪の状態ということになります。

　多くの人に共通するストレス反応として、心拍数が増加し、血圧が上昇し、手のひらや足の裏に汗をかき、脳や筋肉への血流が増加し、胃腸機能が抑制されるといった自律神経のうちの交感神経が興奮した状態が起こります。また、副腎皮質ホルモンの分泌などで血糖値が上昇しますし、免疫系への影響もあることがわかりつつあります。これらのストレス反応の結果、やる気が湧いてきて、難しい課題を克服しようとするのです。しかし、このストレス反応が強過ぎたり長く持続しすぎると、抑うつ状態や神経症だけでなく、脳・心臓疾患、胃・十二指腸潰瘍、気管支喘息、感染症などが発生してしまいます。これらをストレス関連疾患と総称することもあります。

　職場におけるメンタルヘルス対策としては、厚生労働省より「労働者の心の健康の保持増進のための指針」(平成18年健康保持増進のための指針公示第3号。平成27年11月最終改正)が示されていますので、これを参考にするとよいでしょう。また、衛生委員会等における調査審議事項としてもメンタルヘルス対策は挙げられているので、十分に調査審議することが必要です。

　精神的ストレッサーへの対応としては、まず、管理監督者が、できるだけ、部下

の知識・技術・性格に合った仕事を与えることが望ましく、また、精神的な支援として、日ごろから率直に話し合える人間関係を形成しておくとともに、上司に言えないときや困ったときの対処方法、すなわち、相談するべき担当者や医療機関などをあらかじめ示しておくことも重要です。過度のストレッサーがかかっているときや抑うつ傾向が現れていると思われるようなときには、業務遂行を阻害している要因やストレッサーをできるだけ取り除くとともに、友人や周囲から「激励」の言葉をかけるようなことは避けましょう。まじめな人ほど、激励されることによって自分が超えなければならないハードルを自分で高くしてしまう傾向があるので、要注意です。また、部下や友人から相談された時には、一方的にしゃべらず、相手の訴えをよく聞くことが大切です。一般に職場の中では、労働者のストレス反応に最初に気づくことができるのは上司や同僚です。そこで、安全衛生推進者としては、普段から本人や上司などが気軽に相談できるような雰囲気を醸成し、プライバシー管理も徹底しておくことと、専門的相談を受けられるルートを確保することが重要になります。さらに、メンタルヘルス問題に対する偏見を取り除くような啓発教育も必要です。社外の相談機関としては、地元の専門医療機関のほか、地域窓口（地域産業保健センター）、産業保健総合支援センター、労災病院勤労者メンタルヘルスセンター、都道府県精神保健福祉センターなどが利用できます。

　労働者が心の健康問題によって休業し、医学的に業務に復帰するのに問題がない程度に回復した労働者を対象に、病気休業開始から職場復帰後のフォローアップまでを5つのステップとして示した「心の健康問題により休業した労働者の職場復帰支援の手引き」が厚生労働省より発表されているので、参考にしてください。

　一方、労働者が自らできる簡単なストレス対策もあります。休憩時間や帰宅後まで仕事のストレスを引きずらないようにし、睡眠時間を確保することが重要です。また、バランスのとれた過不足のない規則的な食事や、適度の運動もメンタルヘルスによい影響を与えます。

　なお、ストレスチェック制度（心理的な負担の程度を把握するための検査等。労働安全衛生法第66条の10）が、平成27年12月に施行されました。実施は、労働者数50人未満の事業場については、当分の間、努力義務となっています。この制度は、労働者本人にストレスへの気づきを促すとともに、ストレスの原因となる職場環境の改善につなげ、メンタルヘルス不調の未然防止を図ることを目的としています。1年以内ごとに1回、常時使用する労働者に対して、心理的な負担の程度を把握するための調査票による検査を医師等により行い、申し出のあった労働者に医師による

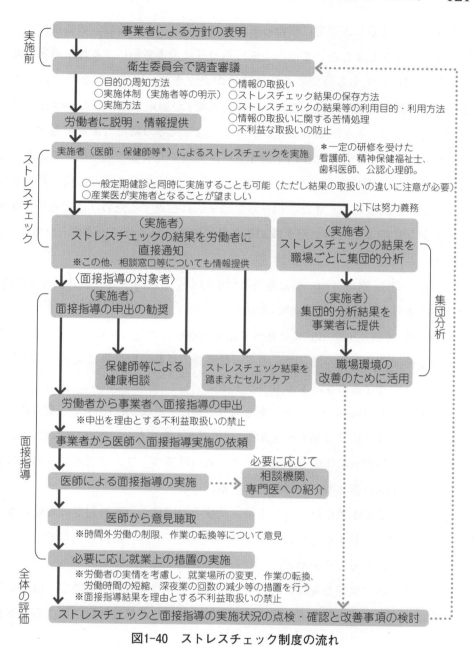

実施前

衛生委員会で調査審議

○目的の周知方法　　　　　　　　○情報の取扱い
○実施体制（実施者等の明示）　　○ストレスチェック結果の保存方法
○実施方法　　　　　　　　　　　○ストレスチェックの結果等の利用目的・利用方法
　　　　　　　　　　　　　　　　○情報の取扱いに関する苦情処理
　　　　　　　　　　　　　　　　○不利益な取扱いの防止

事業者による方針の表明

労働者に説明・情報提供

ストレスチェック

実施者（医師・保健師等*）によるストレスチェックを実施　　*一定の研修を受けた看護師、精神保健福祉士、歯科医師、公認心理師。

○一般定期健診と同時に実施することも可能（ただし結果の取扱いの違いに注意が必要）
○産業医が実施者となることが望ましい

以下は努力義務

（実施者）ストレスチェックの結果を労働者に直接通知
※この他、相談窓口等についても情報提供

（実施者）ストレスチェックの結果を職場ごとに集団的分析

〈面接指導の対象者〉
（実施者）面接指導の申出の勧奨

（実施者）集団的分析結果を事業者に提供

集団分析

保健師等による健康相談

ストレスチェック結果を踏まえたセルフケア

職場環境の改善のために活用

面接指導

労働者から事業者へ面接指導の申出
※申出を理由とする不利益取扱いの禁止

事業者から医師へ面接指導実施の依頼

医師による面接指導の実施　　必要に応じて　相談機関、専門医への紹介

医師から意見聴取
※時間外労働の制限、作業の転換等について意見

必要に応じ就業上の措置の実施
※労働者の実情を考慮し、就業場所の変更、作業の転換、労働時間の短縮、深夜業の回数の減少等の措置を行う
※面接指導結果を理由とする不利益取扱いの禁止

全体の評価

ストレスチェックと面接指導の実施状況の点検・確認と改善事項の検討

図1-40　ストレスチェック制度の流れ

面接指導を行ったり、職場環境の改善につなげようという制度です（**図1-40**）。

(8) 過重労働による健康障害の防止

　近年、労働者が業務上の事由による脳・心臓疾患で死亡に至る、いわゆる「過労死」の労災認定件数が増加傾向にあり、社会的にも大きな問題になっています。

　厚生労働省では専門家による検討を行い、平成13年12月に脳・心臓疾患に関する

労災認定基準を改定し、認定に当たって新たに長期間にわたる疲労の蓄積について
も考慮することとしました。また、平成17年11月に過重労働による健康障害を防止
する施策を整備充実する労働安全衛生法等が改正され、平成18年3月には新たな
「過重労働による健康障害防止のための総合対策」が策定されました（平成18年基発
第0317008号。令和2年4月最終改正）。さらに、過労死等の防止対策を推進すること
で、過労死等がなく、仕事と生活を調和させ、健康で充実して働き続けることので
きる社会の実現に寄与することを目的とし、「過労死等防止対策推進法」が平成26
年6月に公布されました。また、同対策を効果的に推進するため「過労死等の防止
のための対策に関する大綱」が平成30年7月に閣議決定されています（令和3年7
月に変更）。

　総合対策の別添「過重労働による健康障害を防止するため事業者が講ずべき措置」
には、次のような措置が示されています。

(ｱ)　事業者は、労働基準法第36条に基づく協定の締結に当たっては、その内容が「労
　　働基準法第36条第1項の協定で定める労働時間の延長の限度等に関する基準」に
　　適合したものとなるようにするものとする。

(ｲ)　事業者は、労働時間の適正な把握を行う（編注：平成29年1月に「労働時間の適
　　正な把握のために使用者が講ずべき措置に関するガイドライン」が策定されている。）

(ｳ)　事業者は、年次有給休暇を取得しやすい職場環境づくり、計画的付与制度の活
　　用等により年次有給休暇の取得促進を図る。

(ｴ)　労働時間等設定改善指針では、事業主及びその団体が労働時間等の設定の改善
　　について適切に対処するために必要な事項を定めている。同指針に留意しつつ、
　　必要な措置を講じるよう努める。

(ｵ)　健康管理体制の整備や健康診断の実施について、事業者は、労働安全衛生法に
　　基づき、産業医や衛生管理者、衛生推進者等を選任し、健康管理に関する体制を
　　整備する。

　　なお、事業場が常時50人未満の労働者を使用するものである場合には、地域産
　　業保健センターの活用を図る。

(ｶ)　事業者は、労働安全衛生法に基づき、健康診断、健康診断結果についての医師
　　からの意見聴取、健康診断実施後の措置、保健指導等を確実に実施するものとす
　　る。特に、深夜業を含む業務に常時従事する労働者に対しては、6月以内ごとに
　　1回の健康診断を実施しなければならないことに留意する。

(ｷ)　事業者は、深夜業に従事する労働者を対象とした自発的健康診断制度や血圧等

一定の健康診断項目に異常の所見がある労働者を対象とした二次健康診断等給付制度の活用について、労働者への周知に努めるものとする。また、事業者は、労働安全衛生法に基づき、労働者の健康保持増進を図るための措置を継続的かつ計画的に実施する。

(ク)　長時間にわたる時間外・休日労働を行った労働者に対する面接指導等を行う。

(ケ)　事業者は、労働安全衛生法等に基づき、面接指導等の実施後の措置等を実施する。

(コ)　事業者は、面接指導等を適切に実施するために、衛生委員会等において調査審議を行う。また、この結果に基づく必要な措置を講ずる。

(サ)　常時50人未満の労働者を使用する事業場において面接指導等を実施する場合、必要に応じ、地域産業保健センターの活用を図る。

(シ)　ストレスチェック制度を実施する。

(ス)　事業者は、過重労働による業務上の疾病を発生させた場合には、産業医等の助言を受け、又は必要に応じて労働衛生コンサルタントの活用を図りながら、原因の究明及び再発防止の徹底を図る。

(9)　長時間労働に対処する産業医の機能の強化等

　長時間労働の是正、多様で柔軟な働き方の実現、雇用形態にかかわらない公正な待遇の確保等を目的とした「働き方改革を推進するための関係法律の整備に関する法律」により、平成30年7月に、労働基準法、労働安全衛生法等が改正されました。これにより、長時間労働の是正のための労働時間に関する制度の見直し、勤務間インターバル制度（前日の終業時刻と翌日の始業時刻の間に一定時間の休息を確保する制度）の普及促進、産業医の機能の強化等が図られることになりました。

　このなかで、時間外労働の上限については、月45時間・年360時間を原則とし、臨時的な特別な事情がある場合でも、年720時間、単月100時間未満（休日労働を含む）、複数月平均80時間（休日労働を含む）を限度とし、罰則付きで、設定されました。また、一定日数の年次有給休暇の確実な取得についても定められました。

　関連の労働安全衛生法の改正に係る主な内容は、次のとおりです。

①　事業者は、労働時間の状況を把握し、所定の時間を超える労働者に対し、医師による面接指導を行うこと。

②　事業者は、産業医等が労働者からの健康相談に応じ、適切に対応するために必要な体制の整備その他の必要な措置を講ずるよう努めること。

③　事業者から産業医に対し、産業医の業務を適切に行うために労働時間に関する情報等、必要な情報を提供すること。

④　産業医から労働者の健康管理等について勧告を受けた事業者は、これを衛生委員会等に報告しなければならないこと。

⑽　受動喫煙の防止

職場で他の人の喫煙によるたばこの煙を吸引することによる健康への悪影響を受けないよう、労働安全衛生法第68条の2により、事業者は、労働者の受動喫煙（室内又はこれに準ずる環境において、他人のたばこの煙を吸わされることをいう。）を防止するため、当該事業者及び事業場の実情に応じ適切な措置を講ずるよう努めるものとすることとされています。

これに加え、健康増進法（国民保健の向上を図ることを目的とし、国民の健康増進の総合的な推進に関し定めている法律）においても、受動喫煙防止の強化を図るため、罰則付きの義務化を含める改正が行われました。多数の者が利用する施設等（飲食店、事務所、学校、病院、鉄道、バス、航空機等）について、当該施設等の一定の場所を除き（喫煙専用室内や屋外喫煙所のみ喫煙が認められる場合あり）、喫煙を禁止する（一定の規模の既存飲食店には標識掲示により例外として喫煙が認められる場合あり）などとするものです。

また、両法により事業者が実施すべき事項を一体的に示すことを目的として、「職場における受動喫煙防止のためのガイドライン」が令和元年7月に策定されました。

⑾　熱中症対策

高温・多湿の環境は、夏季を中心に、屋外での建設作業、森林伐採、警備、造園、炉前作業や炉内の補修作業、通風のない屋内の作業などで発生します。

こういった環境下で熱中症が多発しており、重篤化して死亡災害となる事例も生じています。熱中症の発生事例をみると、高温・多湿環境下での作業の危険性について認識のないまま、適切な作業環境の管理がなされず、適切な休憩場所・時間が設けられず、水分・塩分等の補給が適時行われず、作業者の健康状態が把握されていないことなどにより発生しています。

このような状況に対し、厚生労働省は、「職場における熱中症予防基本対策要綱」（令和3年基発0420第3号）を公表しました。同要綱では、作業環境管理、作業管理、健康管理からの各対策と、労働衛生教育、救急処置について示しています。

⑿　地域産業保健センター等の活用

　これまで労働者数50人未満の小規模事業場では、産業医や衛生管理者の法的選任義務がないことなどもあり、健康確保対策が遅れがちでした。しかし、産業保健サービスは、事業場規模によらずすべての労働者に提供されるべきであることはいうまでもありません。そこで、小規模事業場の事業者や労働者に対する産業保健サービスを充実させることを目的に、産業保健総合支援センターの地域窓口（地域産業保健センター）が設けられています。また、労働安全衛生法第13条の2により、産業医の選任義務のない労働者数50人未満の小規模事業場についても、産業医学に関する知識を有する医師等に労働者の健康管理等を行わせることが努力義務となっています。さらに、労働安全衛生法第19条の3により、国は、小規模事業場に対し、労働者の健康管理等についての相談・情報提供等の援助に努めることとされています。

　現在、地域産業保健センターは**表1-25**に示すような活動を行っています。もちろん、労働者個人や事業場の秘密は厳守されます。一部では、労働者の便に配慮して夜間休日にも相談に応じています。

　また、都道府県産業保健総合支援センターでは、産業保健に関する専門的相談、産業保健スタッフや管理監督者等への各種研修の開催に産業保健に関する広報啓発等を行っています。小規模企業の経営者のための産業保健マニュアルを作成し、インターネットでも提供していますので、活用するとよいでしょう（詳細は独立行政法人 労働者健康安全機構のホームページを参照）。

表1-25　地域窓口（地域産業保健センター）の活動内容

1. 長時間労働者への医師による面接指導の相談
2. 健康相談窓口
   健康診断結果に基づいた健康管理
   作業関連疾患の予防方法
   メンタルヘルスに関すること
   日常生活における健康保持増進の方法など
3. 個別訪問による産業保健指導
   医師等による健康診断結果に関する指導、助言

　　職場巡視と改善への助言
　　労働者への健康問題に関する相談
　　専門スタッフ（産業保健総合支援センターと連携）による助言・指導
4. 産業保健に関する情報提供
　　日本医師会認定産業医
　　労働衛生コンサルタント
　　医療機関、労働衛生機関等
　　以上の名簿を作成して情報提供

4　中高年齢者等への配慮

⑴　就業上の配慮

　中高年齢者や身体障害者に対して就業上の措置を考慮する際に注意するべきことが4点あります。

　第1点目は、健康障害・機能障害・社会的不利という言葉の違いを認識することです。健康障害とは、自他覚症状や診断の結果で判明する疾病のことであり、機能障害とは、健康障害があることによって心身の機能が障害されることです。ここで、疾病があるからといって直ちに心身の機能が低下しているわけではありません。例えば、高脂血症があるからといっても心身にはほとんど機能障害はみられません。そして、社会的不利とは、健康障害や機能障害があることによって社会的に不利益を被ることです。例えば、老眼は健康障害の一つですが、適切なめがねをかけることにより機能障害をある程度解消することが可能です。したがって、作業に適した照度を確保し、識別しやすい文字に改善することによって、職場では社会的不利が少ない状態にすることが可能です。このように、健康障害や機能障害があっても社会的不利にならないように就業上の措置を講ずることが、仕事と労働者の適合を図るうえで大切なことです。

　特に、身体障害者については、例えば、車椅子による移動が必要であるという機能障害がある労働者には、階段昇降でなくスロープやエレベーターで移動できる場所での作業に従事させる等作業環境を整備することで社会的不利をなくして十分な職能を発揮することができます。

　第2点目は、就業上の措置に関連して健康と仕事のバランスを取ることです。健康障害や疾病のリスクファクターがある労働者について、将来の健康障害の発生や増悪を防止するために就業上の措置を講ずる必要がありますが、就業上の措置は、給与などの処遇面や慣れない仕事へのやりがいなどの面で労働者にとって不利益になることがあります。ここで、将来の健康上のリスクと現在の仕事上の不利益とを調節しなければなりません。そのためには、労働者本人に健康と仕事について予見されるリスクなどを十分に説明し、本人の希望も考慮して判断するのが望ましいでしょう。

　第3点目は、就業上の措置と保健指導のバランスを取ることです。健康障害や疾病のリスクファクターがある労働者については、事業者として就業上の措置を実施するとともに、労働者は保健指導に基づいて生活改善や治療を行います。その際、どちらか一方の対策だけに頼るべきではなく、事業者と労働者の双方が努力して、

仕事と健康が適合するようにするのが望ましいといえます。例えば、血圧の高い労働者は、生活改善に努めたり、治療によって血圧を良好にコントロールできるまでは重量物の運搬や屋外の寒冷環境下での作業は避けるようにします。

　第4点目は、健康情報の管理について配慮することです。一般に、自分の健康状態が他人に知られるのを好ましく思うことはありません。しかし、事業者が実施する健康診断は、事業者がその結果に基づいて就業上の措置や職場改善を実施するために行っていますので、事業者が保存し利用することが前提になって実施されています。そこで、事業者としては、健康情報の保存に際しては、本人の同意なしに第三者に開示されたり、改ざんされたり悪用されたりしないように厳重に管理しなければなりません。また、健康情報の利用に際しては、記録された健康情報の意味や解釈などについて地域産業保健センターの保健医療職に積極的に相談することもよいでしょう。なお、「雇用管理分野における個人情報のうち健康情報を取り扱うに当たっての留意事項」（平成29年基発0529第3号。平成31年3月最終改正）が厚生労働省より示されていますので参考にしてください。

⑵　中高年齢者に特有の機能

　中高年齢者は、心身の機能低下があることから職務への適性が限られることばかりが強調されがちです。しかし、実は、中高年齢者は**表1-26**のような能力を、若年齢者よりも持っていることも多いのです。これらは、長年の経験で培われた知識や技術などです。

　一般的に、中高年齢者は、現在に至るまでの経験を通して、例えば、①今までに遭遇した各種の生産上のトラブルとその対処方法についての知識がある、②いざというときに相談できる人脈や友人との連携、③ミスを起こしやすいポイントを知っているので、適正な注意力の配分、以後にどれくらいの作業時間を必要とするか等、経過の予想が可能です。

　万事に経験豊富ですから、特徴は何か、本質は何か、全体的な推移はどうなってきたかなどについても、直感的に理解できます。また、現状では長年勤務してきた中高年齢者が転職するという事例は少ないことから、組織をよく理解していて、組織に忠実であるといえます。

　中高年齢者の適正配置を考慮するに際しては、このような過去の経験や知識がそのまま役立てられる職務が最適であるといえます。また、中高年齢者だけよりも若年者と組み合わせたほうが、特有の機能を相互補完的に発揮できることでしょう。

表1-26　中高年齢者に特有の能力

古いことをよく知っている
経験が豊富である
人脈がある
他人の間違いによく気づく
忍耐強い
慎重である
無理をしない
落ちつきがある
うかつな行動をしない
忠誠心がある
組織人としての行動ができる
本質を見抜く力がある
全体の中の位置関係を理解している
話の話題が豊富である

表1-27　中高年齢者のために改善を必要とする作業

① 墜落・転落のおそれのある高所での作業（はしご、脚立等における作業を含む）
② 転倒のおそれのある作業
③ 重量物の取扱い作業
④ 急激な動作を必要とする作業
⑤ 不自由な作業姿勢（中腰作業・上向き作業等）
⑥ 低い照度下で視覚を要求される作業
⑦ 複雑な作業
⑧ 特に動作の速さと正確さが要求される作業
⑨ 微細なものの識別能力が必要とされる作業
⑩ 時間に追われる作業（ベルトコンベヤーの流れ作業等）

（出典「安全の指標　平成19年度」中災防）

　なお、高年齢労働者の心身機能の低下や災害発生の傾向から、職場の改善を必要とする作業は**表1-27**のとおりです。

⑶　若年労働者とのコミュニケーション

　今後、ますます老若男女が混在した職場が増加し、親子以上に年齢の離れた労働者同士が同一作業場で働く場合も生じるでしょう。そのような場合は、日常生活における行事や興味が異なることも多く、普段の対話が少なくなりがちです。そのために安全衛生の確保や危険予知に関する知識や経験が伝承されなかったり、連携作業に支障をきたしてはなりません。

　そこで、事業者は、中高年齢者と若年者の間で対話が活性化されるように、中高

年齢者を新入社員の指導者としてペアを組ませてみたり、小集団活動や情操サークル活動などを通して積極的に交流させたりするとよいでしょう。

⑷　高年齢労働者の働きやすい職場への改善

　高年齢労働者が安心して安全に働ける職場環境づくりや労働災害の予防的観点からの高年齢労働者の健康づくりを推進し、高年齢労働者の労働災害を防止することを目的として、厚生労働省により、「高年齢労働者の安全と健康確保のためのガイドライン（エイジフレンドリーガイドライン）」（令和2年基安発0316第1号）が策定されています。同ガイドラインでは、高年齢労働者を使用しまたは使用しようとする事業者および労働者に取組みが求められる事項を示しています（身体機能の低下を補う設備・装置の導入による職場環境の改善の方法等）。

第5章　災害原因分析の方法とその活用

1　災害調査の目的

　労働災害防止に当たっての基本的な姿勢は、安全先取り・全員参加の活動を活発に行い、災害の未然防止と同種災害の再発防止の徹底を図ることです。

　災害事例が物語っているように、職場で発生する災害の多くは、これまで再三にわたって経験したことのある同種の災害によって占められています。

　したがって、災害が起こったときは発生原因の究明に努め、同種災害の発生防止に役立つような適切な対応を実施することが優先課題といえます。

　労働災害は、単一の原因によってひき起こされる例はまれで、ほとんどの場合いくつもの要因が複雑にからみあって災害原因を構成しています。

　再発防止のための効果的な対策を導き出すためには、災害の発生状況をいろいろな角度から調査、分析し、背後にある事実や問題点を正確に把握したうえで、災害の真の原因がどこにあるかを追及する厳しさが必要になります。災害調査は調査することが目的ではなく、責任を追及することでもなく、真の原因を知り、事後の安全対策を適切に講じることです。

　「災害から安全を学ぶな」は、災害が起こってから安全の大切さを教えられる後追いの姿を戒めたことばとされていますが、現実に発生した災害からの情報を貴重な教訓として謙虚に学びとり、同種災害の未然防止のため最大限に活用する姿勢が強く求められています。

2　不安全な状態と不安全な行動

　労働災害は、作業を進める過程で起こります。現場の作業における最優先の課題は、「よい作業」の実現を図ることです。

　現場の作業は、働く人が与えられた作業環境のもとで、機械設備などと密接なかかわり合いをもちながら進められています(図1-41参照)。作業環境、機械設備および人など作業を構成する3つの要素は、時間の経過にしたがって変化しやすい特性をもっているので、変化の中から問題が発生することが少なくありません。

　問題というのは、基準どおりの正常な状態から外れることで、「あるべき姿からのずれ」を意味しています。正常に対し異常という表現が用いられたり、欠陥が生じるともいわれます。作業を進める過程において、異常は作業場所や作業環境、機

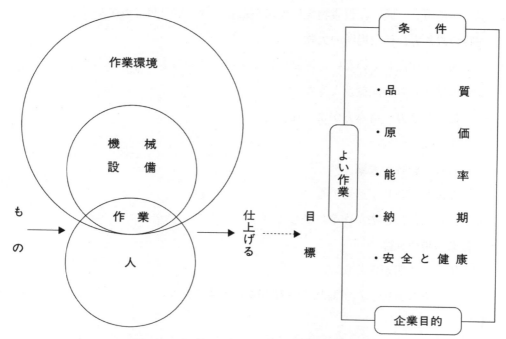

図1-41　作業における環境と人とのかかわり

械設備および人の面に発生し、災害やヒヤリ・ハットをひき起こしたり、品質や効
率の面でもトラブルの原因になります。

　作業現場をあずかる管理監督者は、作業者にも協力を求め異常の早期発見に努め
るとともに、発見した異常には速やかに適切な措置を行い作業が円滑に進むように
しなければなりません。安全衛生推進者は、管理監督者が安全衛生管理上の役割を
進めるに当たって必要な助言をし、支援するよう努めることが必要です。

⑴　**不安全な状態**

　安全衛生管理上、作業環境または機械設備など物の側に異常（欠陥）が生じ、事故・
災害に結びつく危険がある状態を物的な欠陥または不安全な状態としてとらえ、災
害要因の一つにあげています。

　不安全な状態の主なものを例示します。

㈠　**物自体の欠陥**

　①　設計、資材、工作等が不良である。

　②　機械設備が点検、整備されていない。

㈡　**防護措置の欠陥**

　①　無防備となっている。

② 防備覆い、囲い、仮設物等に欠陥があったり、取り外されている。

(ウ) **物の置き方、作業場所の欠陥**

① 通路を確保していない。通路に物品を置いている。

② 機械、装置の配置がよくない。

③ 物の置き方、積み方がよくない。

④ 作業場所が狭い。

(エ) **保護具、服装の欠陥**

① 保護具、防具が適切でない。

② 作業衣、はき物が作業に適していない。

(オ) **作業環境の欠陥**

① 排気、照明がよくない。

② 有害ガス、粉じんが漏れている。酸欠状態である。

(2) 不安全な行動

　作業をする人の行動にあらわれる異常は、不安全な状態と結びついて災害を起こしたり、まれに作業行動の欠陥が単独で災害原因となることがあります。

　人の行動面にあらわれる欠陥を人的な欠陥または不安全な行動として、災害要因の重要な要素にあげています。

　不安全な行動の主な例を次にあげます。

(ア) **安全装置の無効化**

① 安全装置、防護覆いなどを外す。無効にする。

② 安全装置が無効にされているのを知りながら、正常な状態に戻さない。

(イ) **安全基準、作業手順の無視**

① 決められた作業方法を守らない。禁止事項を行う。

② 不適切な機械、工具を使用する。

③ 資格を有しない者が禁止された作業を行う。

(ウ) **作業動作の不良**

① 運転中の機械の危険部分に手を出す。

② 運転中の機械の注油、掃除、修理を行う。

③ 保護具を使用しない。使用方法を誤る。

④ つり荷に触れたり、つり荷の下に入る。

3　安全衛生管理上の欠陥

　労働災害が発生した原因として不安全な状態があったものが全体の約8割であり、一方不安全な行動があったものが全体の約9割にのぼっているという調査の結果があります。

　また、この両方が組み合わされて発生した災害、つまり不安全な状態があったうえに、さらに不安全な行動が重なったために発生した災害が全体の8割を超えているという結果となっています。このことから、労働災害の防止を図るためには作業環境、機械設備など物の側の安全化とともに、作業行動の安全化に努めることがいかに大切であるかがわかります。

　災害が起こると、引き金になった不安全な状態や不安全な行動は、それぞれ災害の物的な原因、人的な原因と呼ばれ、ともに災害の直接原因ともいわれます。

　災害は、直接原因のみによって起こるものではありません。なぜ不安全な状態が生じたのか。なぜ不安全な行動が行われたかを明らかにすることが大切です。災害が発生すると「なぜ気がつかなかったのか」、「なぜ事前に対策をとらなかったのか」が問題になりますが、現実には全く対策をしていないということはありません。何らかの対策は行っているのですが、不十分であったことが多くあります。

　責任者として権限が与えられ現場の作業を任されている管理監督者は、作業全般に目くばり、気くばりし、必要な指図をしながら作業を円滑に進めるための最適な条件をつくり出す管理的な役割を担っています。

　作業を構成するそれぞれの要素に欠陥が生じるのは、管理に異常（欠陥）があることを物語っています。災害の直接原因の背後にひそむ安全衛生管理上の欠陥を災害の間接原因（根本原因ともいう）と呼んでいます。

　安全衛生管理上の欠陥の一例を次にあげておきます。

①　不安全行動を見逃す。
②　作業手順を守らせるための指導をおろそかにする。
③　作業方法を決定しないまま非定常作業を始める。
④　あいまいな作業指示をする。
⑤　資格が必要な作業に無資格者を配置する。
⑥　教育指導を熱心にやらない。

　災害防止の徹底を図るためには、安全衛生管理上の欠陥を明らかにし、それぞれの問題点に直接働きかけ、日常における管理の品質を高めていくのが最も有効な方法といえます。

同種災害の発生が繰り返されることは、安全衛生管理上の弱点が解決されていないことを示すものとして、関係者の自覚が求められるところです。

4　同種災害防止に役立つ災害原因分析

災害発生時には、被害の大小にかかわらず原因分析を正確に、厳しく行い、同種災害を再び起こさないように適切な対策を実施することが重要です。

厳しい姿勢で行う原因分析の目的は、関係者の責任追及のためではありません。災害の直接原因となった不安全な状態や不安全な行動が、どのような組合せによって生じたかを明らかにすることです。どのような安全衛生管理上の欠陥が、原因に至ったのか、その結びつきをつきとめ、適切な再発防止対策を実施するためです。

災害原因分析手法はいろいろありますが、RST講座（労働省（現・厚生労働省）方式現場監督者安全衛生教育トレーナー講座）で用いられている「4段階法」は、基本的な手法といえます。以下、「4段階法」による災害原因分析について紹介します。

(1)　災害分析の手順

4段階の手順で進める災害分析法について述べることにします（**図1-42参照**）。

まずは、原因分析に必要な情報として災害状況の主な事項をありのままに把握しておくことが前提になります。

第1段階　事実の確認

災害状況に基づき、災害の背後にあった事実を明らかにします。人に関すること、物に関すること、管理に関することおよび作業開始から災害発生までの経過の4つの視点から事実をとらえます。

第2段階　問題点の発見

把握した事実から判断して、基準からはずれた事実を問題点として明らかにします。

第3段階　災害要因の評価

把握した問題点について背景要因を探り、管理監督者としての管理責任の所在を評価し、災害原因となる要素を決定します。

第4段階　対策の樹立

評価した問題点および災害原因から同種災害防止対策を、その他の問題点（基準からはずれた事実であるが、この災害の原因にはならなかった事項）から類似災害防止対策を検討します。

　　再発防止対策の実施計画は、5W1H方式（なぜ〔Why〕、いつ〔When〕、どこで〔Where〕、誰が〔Who〕、何を〔What〕、どのように〔How〕）に基づいて具体的に組み立てることが必要です。

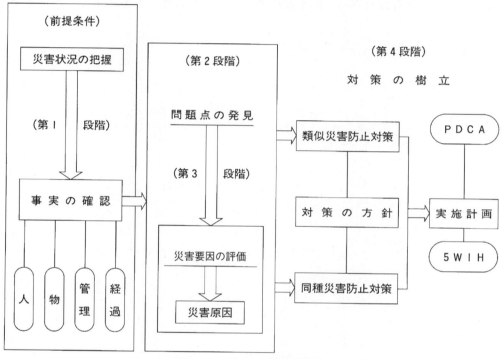

図1-42　災害分析法の手順

⑵　災害原因分析の活用

　　この手法の特徴は、不安全な状態や不安全な行動がどのように組み合わされて災害原因をつくったかを明らかにすることができるほか、その背後にかくれてしまいがちな安全衛生管理上の欠陥を明らかにすることができるところにあります。

　　安全衛生推進者や管理監督者は、この手法を通じ、災害防止についてその時自分ならばどうしたであろうか、また今後どのようにすべきであるかを研究し、その過程で学習した災害防止の原則を今後の安全衛生管理に活用していくことを決意することが大切です。

⑶　再発防止対策などの周知

　　安全衛生委員会を設置していない小規模事業場においては、災害事例の教育や再発防止対策を説明する場がないなどの問題が指摘されています。

　自主的な安全衛生管理を円滑に推進するには、なんらかの会議組織を設けることが必要です。職場安全衛生会議はその一例です。災害防止のために必要な情報の伝達は、会議組織の有無にかかわらず安全衛生推進者等自らが、朝礼やTBM（ツールボックスミーティング：作業開始前の短時間のミーティング。道具箱を囲んで行うことからこう呼ばれる）の場を積極的に活用して行うよう努めることが必要です。

第2編

危険性または有害性等の調査およびその結果に基づき講ずる措置等

第1章　リスクアセスメント

　労働災害を防止するためには、適切な安全衛生管理体制を確立し、法令に定められた最低基準としての危害防止基準を順守することは当然ですが、さらに事業場においては自主的な安全衛生活動が求められています。その活動を促進するために「労働安全衛生マネジメントシステム（OSHMS）指針」が公表されており、OSHMSの推進に当たっては「職場の危険性又は有害性の発見に努め、改善すべき対象（問題点）を特定し、結果に基づき低減措置」を実施することとされています。

　労働災害の発生するおそれのある危険性または有害性を調査し、その結果に基づいて労働者の危険または健康障害を防止するための措置の実施等（これを一般的に「リスクアセスメント」といいます）については労働安全衛生法第28条の2で事業場の規模を問わず努力義務とされるとともに、その詳細については「危険性又は有害性等の調査等に関する指針」（リスクアセスメント指針。平成18年危険性又は有害性等の調査等に関する指針公示第1号）等も公表されており、事業場における実施が望まれているところです。

　なお、一定の危険性・有害性が確認されている化学物質（SDSの交付が義務付けられている化学物質（令和4年3月現在674物質。令和6年4月から903物質））については、業種、事業場規模を問わず、労働安全衛生法第57条の3により、リスクアセスメントの実施が、努力義務ではなく、事業者に義務付けられています。化学物質のリスクアセスメントについては、「化学物質等による危険性又は有害性等の調査等に関する指針」（平成27年危険性又は有害性等の調査等に関する指針公示第3号）が特に示されています。

　また、機械設備のリスクアセスメントに関しては、「機械の包括的な安全基準に関する指針」（平成19年基発0731001号）が公表されています（第1編第3章4(4)参照）。

　これらのリスクアセスメントについては、50人以下の規模の事業場において実施する場合は、安全衛生推進者が中心になってそのあり方、考え方の徹底や効果的な実施を推進することになりますので、これからリスクアセスメントの基本的な考え方や手順について紹介します。

1　リスクアセスメントとは

みなさんの職場では、今まで労働災害が発生していなかったかもしれませんが、

職場に安全対策をとっていない機械設備はないでしょうか。また、安全装置を無効にして放置している機械設備はないでしょうか。そのような状態がありながら、労働災害が発生していないとしてもあなたの職場は「安全な職場」といえるでしょうか。

　職場にある危険または有害な要因を探し出し、どのくらいのけがなどをもたらす災害になるのか、それは本当に起こりうる可能性があるのか調べ、日ごろから対策をとっていくこととしていれば、労働災害を未然に防ぐことになります。それがリスクアセスメントの基本的な考え方です。

　リスクアセスメント指針では、リスクアセスメントを①作業における危険性または有害性（ハザードともいう。）を特定し、②その危険性または有害性によって生ずるおそれのある負傷または疾病の重篤度（被災の程度）およびその発生の可能性の度合い等により「リスク」を見積もり、③そのリスクの大きさに基づいて対策の優先度を決め、リスクの除去または低減の措置を検討し、④そのリスク低減措置を実施することを体系的に進める一連の手法のことをいうとしています（**図2-1**参照）。

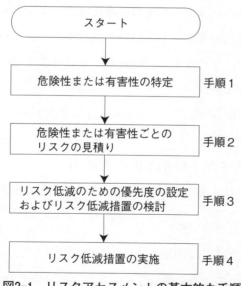

図2-1　リスクアセスメントの基本的な手順

　職場にある潜在または顕在するリスクによって、実際に災害や健康障害が起こったり、生産が中断したり、設備が損傷を受けたりします。また、事業場周辺の環境や公衆にまで災害が及ぶと、被災の苦痛だけでなく、事業活動にも大きな影響が及ぶことになります。事業者は、リスクアセスメントを的確に行い、労働災害を未然に防ぐことにより、事業の円滑な運営を行うことができます。一方従業員は、リスクアセスメントに積極的に参加し、災害発生や健康障害の発生のおそれのある状況を把握し、指摘するとともに、労働災害防止対策を遵守する必要があります。

2　リスクとは

リスクとは、「危険性または有害性によって生じるおそれのある負傷または疾病の重篤度および発生の可能性の度合い」です。

よく出される例ですが、誰もいない大自然の中のライオンは人に危害をもたらしませんが、そのライオンが職場の中でうろうろしていれば人に危害をもたらすリスクになります。その職場にいるライオンが空腹であれば、人を襲う可能性は高く、満腹状態では人を襲う可能性は低くなります。さらに檻に入っていれば襲う可能性はさらに低くなります。

「負傷または疾病の重篤度」とは、そこにある危険性または有害性により労働災害が起きたとき、「死亡」や「重傷」なのか、あるいは「軽傷」、「微傷」なのか、その程度のことをいいます。

一方、「安全対策がなされていない機械」は「安全対策をとっている機械」より発生する可能性は高くなります。また、「かなりの注意深さで作業を進めないとけがをしてしまう」のであれば災害発生の可能性は高くなります。このような度合いのことを「発生の可能性の度合い」といいます（ライオンでいえば、空腹か、満腹か、檻に入っているか、うろうろしているか、ということで可能性の度合いが変化するということになります）。

この「重篤度」「可能性の度合い」によって「リスク」の大きさが決まります。

3　リスクアセスメントの基本的な進め方

リスクアセスメントは、おおむね次の流れに沿って進めます。

> ①　危険性または有害性の特定
> ②　危険性または有害性ごとのリスクの見積り
> ③　リスク低減のための優先度の設定およびリスク低減措置の検討
> ④　リスク低減措置の実施

これらの手順を円滑に進めるため、実施体制、実施時期等について検討する必要があります。

(1)　実施体制

リスクアセスメントの実施体制は、経営者をトップとして、安全衛生推進者が中心となり、現場の管理者をはじめ職長、作業者にも参加してもらい進めることにな

ります。なお、機械設備、化学物質等については専門家に手伝ってもらうこともよいでしょう。

(2)　実施時期

次のようなときに実施することとされていますが、①から④を確実に実施するとともに、その他の既存の設備・作業についても、安全衛生推進者は職場ごと、作業ごと、大きな機械設備ごとに対象を決め、順次または定期的に行うようにしましょう。

①　建物を設置する、移転する、変更する、または解体するとき

②　設備を新規に採用する、または変更するとき

③　原材料を新規に採用する、または変更するとき

④　作業方法または作業手順を新規に採用する、または変更するとき

⑤　その他、次に掲げる場合など、事業場におけるリスクに変化が生じ、または生じるおそれがあるとき

ア　労働災害が発生した場合であって、過去の調査等の内容に問題がある場合

イ　前回の調査等から一定の期間が経過し、機械設備等の経年による劣化、労働者等の入れ替わり等に伴う労働者の安全衛生に係る知識経験の変化、新たな安全衛生に係る知見の集積等があった場合

(3)　情報の入手

リスクアセスメントは潜在化している危険を見つけ出すことにもなりますから、「危険なものを危険と知る」、「有害なものを有害と知る」ことが出発点です。そのためには「危険・有害」かどうかの判断するための情報が必要です。

リスクアセスメントを行うに当たり、次のような情報を事前に入手する必要があります。

①　作業標準、作業手順書、操作説明書、マニュアル等

②　機械、設備等の仕様書および取扱説明書、安全データシート（SDS）

③　機械設備等のレイアウト等、作業の周辺の環境に関する情報

④　作業環境測定結果、作業環境管理、健康診断（一般健康診断および特殊健康診断）結果およびそのフォロー状況の記録

⑤　混在作業による危険性等、複数の事業者が同一の場所で作業を実施する状況に関する情報（同時上下作業、車両の乗り入れ情報）

⑥ 災害事例、ヒヤリ・ハット事例および事故事例（他事業場、他社の事例を含む）、災害統計

⑦ その他、調査等の実施に当たり参考となる資料等
・安全衛生関係教育の記録
・作業管理の記録
・過去のリスクアセスメントの記録
・職場パトロールの記録
・職場の改善の記録
・緊急事態発生時の対応の記録
・改善提案活動の記録およびその具体的内容・危険予知（KY）活動の記録
・整理整頓（4S）活動記録
・その他の職場安全衛生活動の記録

　安全衛生推進者は、このように職場のリスクを的確に判断するため、事前に情報を入手するとともに、日ごろから企業の内外の動向に目を向け、安全衛生に関する情報を積極的に収集するようにしましょう。そしてリスクアセスメント実施の際はその情報をわかりやすくまとめて、経営者をはじめ、ラインの管理監督者、作業者などに提供し、リスクアセスメントを情報提供の面から支えることも重要です。

4　リスクアセスメントの手順

(1)　危険性または有害性の特定

　リスクアセスメントの第1段階として、まず危険性・有害性の特定を行います。

① カバーされていない刃、手の届く範囲にある高温物など労働災害をもたらす具体的な要因になるものを特定します。

② その危険性または有害性にどの作業者が接触することになるか考え、さらにどのような状態のときに、どのように接触するか特定します。

③ そしてどのような負傷または疾病が発生するか特定します。

特定に当たってのポイント

① その作業に関する詳細な安全衛生情報を集めること。

② 作業手順書のステップに従って順に特定すること。

③ その作業に精通した管理監督者も参加させること。

④ その作業に携わっている作業者を必ず参加させその意見（KY、ヒヤリ・ハットの内容も含む）をできる限り活かすこと。

⑤ 対象作業、設備、原材料に関係する作業者を特定すること。

⑥　負傷または疾病にいたるプロセスを明らかにすること。

⑦　危険有害性をもれなく特定するため、**表2-1**の具体的な切り口の例や、危険性または有害性の分類例、事故の型別等を活用すること（**表2-2、表2-3参照**）。

⑧　法令に示す時期だけでなく、非定常作業時（保全・清掃時、検査作業、チョコ停時の復旧作業など）、始業時、作業中断時等あらゆる面を想定し行うこと。

表2-1　危険有害性の特定のための具体的な切り口の例

1　**機械**
　はさまれ、巻き込まれ等の災害の可能性
2　**作業方法と職場のレイアウト**
　鋭いエッジ、高所作業、ムリな姿勢を必要とする作業等による災害の可能性
3　**電気**
　電気、静電気への接触による災害の可能性
4　**危険有害な物質**
　有害な物質による健康障害の可能性、可燃性材料による爆発・火災の可能性
5　**物理的要因**
　電離放射線、騒音、振動等による健康障害の可能性
6　**生物学的な要因**
　微生物等による健康障害の可能性
7　**職場環境**
　不適切な照明、温度、湿度、換気等による健康障害の可能性
8　**職場とスタッフの関係等、人的要因**
　安全衛生情報の伝達方法、スタッフの知識不足等による災害、健康障害の可能性
9　**心理的要因**
　作業のきつさ、単独作業等心理的要因による災害、健康障害の可能性
10　**作業体制**
　作業（連続繰り返し作業、シフト作業等）による災害、健康障害の可能性

表2-2　危険性または有害性の分類例

①　**危険性**
　ア　機械等による危険性
　イ　爆発性の物、発火性の物、引火性の物、腐食性の物等による危険性
　　「引火性の物」には、可燃性のガス、粉じん等が含まれ、「等」には、酸化性の物、硫酸等が含まれること。
　ウ　電気、熱その他のエネルギーによる危険性
　　「その他のエネルギー」には、アーク等の光のエネルギー等が含まれること。
　エ　作業方法から生ずる危険性
　　「作業」には、掘削の業務における作業、採石の業務における作業、荷役の業務における作業、伐木の業務における作業、鉄骨の組立ての作業等が含まれること。
　オ　作業場所に係る危険性
　　「場所」には、墜落するおそれのある場所、土砂等が崩壊するおそれのある場所、足を滑らすおそれのある場所、つまずくおそれのある場所、採光や照明の影響による危険性のある場所、物体の落下するおそれのある場所等が含まれること。
　カ　作業行動等から生ずる危険性

　キ　その他の危険性
　　　「その他の危険性」には、他人の暴力、もらい事故による交通事故等の労働者以外の
　　者の影響による危険性が含まれること。
② 有害性
　ア　原材料、ガス、蒸気、粉じん等による有害性
　　　「等」には、酸素欠乏空気、病原体、排気、排液、残さい物が含まれること。
　イ　放射線、高温、低温、超音波、騒音、振動、異常気圧等による有害性
　　　「等」には、赤外線、紫外線、レーザー光等の有害光線が含まれること。
　ウ　作業行動等から生ずる有害性
　　　「作業行動等」には、計器監視、精密工作、重量物取扱い等の重筋作業、作業姿勢、
　　作業態様によって発生する腰痛、頸肩腕症候群等が含まれること。
　エ　その他の有害性

表2-3　危険性または有害性特定のためのガイドワード（例）

番号	事故の型	内　容
1	墜落・転落	人が樹木、建築物、足場、機械、乗物、はしご、階段、斜面等から落ちることをいう。
2	転倒	人がほぼ同一平面上で転ぶ場合をいい、つまずきまたは滑りにより倒れた場合等をいう。
3	激突	墜落、転落および転倒を除き、人が主体となって静止物または動いている物に当たった場合をいい、つり荷、機械の部分等に人からぶつかった場合、飛び降りた場合等をいう。
4	飛来・落下	飛んでくる物、落ちてくる物等が主体となって人に当たった場合をいう。
5	崩壊・倒壊	堆積した物（はい等も含む）、足場、建築物等が崩れ落ちまたは倒壊して人に当たった場合をいう。
6	激突され	飛来・落下、崩壊、倒壊を除き、物が主体となって人に当たった場合をいう。
7	はさまれ・巻き込まれ	物にはさまれる状態および巻き込まれる状態でつぶされ、ねじられる等をいう。
8	切れ・こすれ	こすられる場合、こすられる状態で切られた場合等をいう。
9	踏み抜き	くぎ、金属片等を踏み抜いた場合をいう。
10	おぼれ	水中に墜落しておぼれた場合を含む。
11	高温・低温との接触	高温または低温の物との接触をいう。
12	有害要因との接触	放射線による被ばく、有害光線による障害、CO中毒、酸素欠乏症および高気圧、低気圧等有害環境下にばく露された場合を含む。
13	感電	帯電体に触れ、または放電により人が衝撃を受けた場合をいう。
14	爆発	圧力の急激な発生または開放の結果として、爆音を伴う膨張等が起こる場合をいう。

15	破　裂	容器または装置が物理的な圧力によって破裂した場合をいう。
16	火　災	建築物、設備、材料等が燃える場合をいう。
17	交通事故（道路）	交通事故の内、道路交通法適用の場合をいう。
18	交通事故（その他）	交通事故の内、船舶、航空機および公共輸送用の列車、電車等による事故をいう。
19	動作の反動・無理な動作	上記に分類されない場合であって、重い物を持ち上げて腰をぎっくりさせたというように身体の動き、不自然な姿勢、動作の反動などが起因して、すじをちがえる、くじく、ぎっくり腰およびこれに類似した状態になる場合をいう。
20	その他	分類する判断資料に欠け、分類困難な場合をいう。

⑵　リスクの見積り

　リスクの見積りは、指針では、「危険性または有害性によって生じるおそれのある負傷または疾病の重篤度」と「発生の可能性の度合い」を考慮して見積もることとされています。

　この見積りの仕方は、リスクアセスメント指針では3つの方法が例示されていますが、ここでは「発生の可能性の度合い」を「危険状態が生じる頻度」と近づいた場合の「危険（有害）状態が生じたときに災害に至る可能性の度合い」に分け、これらと「災害の重大性」を一定の尺度により数値化し、それらを加算（乗算する場合もあります）する方法を紹介します。

㈠　危険状態が生じる頻度について

　ここでいう頻度とは、作業の頻度ではなく、その作業の中でその危険性または有害性に近づく（すなわち、危険状態が生じる）頻度が高いか低いかで判断をします。例えば熱湯をバケツで運搬している場合は、運搬する頻度ではなく、運搬作業の中で湯をこぼし火傷をしそうになる頻度を考えます。ここで作業頻度を「頻度」と考えると、例えばバケツにふた等をして、こぼれにくいものにした場合、安全になったはずでも作業の頻度は変わっていないので見積りは変わらないことになります。これを熱湯をこぼす頻度と考えれば見積りは下がります。このように安全対策がきちんと見積りに反映されるように考えることが必要であり、作業の頻度ではなく、作業の中で危険な状態が起きる頻度と考えます。日常的に危険に近づくことがあるのであれば、頻度は高いことになりますし、週に2～3回程度か、1カ月に1回さらに1年に1回ではその頻度は低くなります。危険性または有害性に近づく頻度をリスクの要素として設定する場合には、作業内容を分析し、危険に近づく頻度

を例えば**表2-4**のように「頻繁」、「時々」、「めったにない」などに区分します。「頻
繁」は「毎日」など例を示しておくと統一性を確保できます。このように、頻度に
ついても事業場内での共通認識のもとで区分や目安を決めておくことが大切となり
ます。

表2-4　危険状態が生じる頻度の区分の設定の例

頻繁	1日1回程度
時々	週に1回程度
めったにない	半年に1回程度

(ｲ)　**危険（有害）状態が生じたときに災害に至る可能性の度合いについて**

　災害に至る可能性については、危険な状態が発生したときにけがをするかどうか
ということになりますが、さまざまな観点から可能性を考える必要があります。

　①　設置されている安全装置や立ち入り禁止措置その他の労働災害防止のため対
　　策が有効に働いているかどうか。

　②　作業がやりにくいということで安全装置をはずし、無効化していないかどうか。

　③　作業手順に従って作業しているかどうか。

　④　操作ミス、意図的・非意図的な誤使用が行われていないかどうか。

　⑤　作業場のレイアウト上、近道行動をするようになっていないかどうか。

　⑥　作業手順等決められたルールを守らせているか。

　⑦　スイッチ類の配置、表示等が不統一であり誤使用を誘発しやすくなっていないか。

　⑧　作業に見合った作業者の熟練度、資格取得状況、教育状況であるかどうか。

などによっても可能性は異なってくることに留意する必要があります。

　可能性については、**表2-5**に例示したように、「確実である」、「可能性が高い」、「可

表2-5　危険（有害）状態が生じたときに災害に至る可能性の度合いに関する区分の例

確実である	安全対策がなされていない。 表示や標識はあっても不備が多い状態。
可能性が高い	防護柵や防護カバー、その他安全装置がない。 たとえあったとしても相当不備がある。 非常停止装置や表示・標識類はひととおり設置されている。
可能性がある	防護柵・防護カバーあるいは安全装置等は設置されているが、柵が低いまたは隙間が大きい等の不備がある。危険領域への侵入やハザードとの接触が否定できない。
可能性がほとんどない	防護柵・防護カバーで覆われ、かつ安全装置が設置され、危険領域への立入りが困難な状態。

能性がある」、「可能性がほとんどない」というふうに分けるとよいでしょう。

㈼　災害の重大性について

①　特定した危険性・有害性および発生する負傷・疾病の内容について、その部位、その内容・程度を具体的に予測します。

②　骨折で入院になるのか、障害が残るのか、障害はないが休業災害なのか、軽傷なのか、また、影響を受ける身体の部分や負傷・疾病の内容を考慮し、何段階かの重大性に区分します（**表2-6**参照）。

　この区分については共通の尺度を使うことが望ましいことから、基本的な考え方として休業日数等を使うことも考えられます。

　また、その段階は4段階にこだわる必要はなく、3段階でも5段階でもよく、事業場で検討し、共通の認識のもとで決めることが重要です。

表2-6　災害の重大性の区分設定の例

重大性	判定の基準	事　例
致命傷	死亡や永久的労働不能になる負傷等、障害が残る負傷等	致死外傷、腕・足の切断、失明等、著しい難聴、視力低下
重傷	休業災害（完治可能な負傷等）	骨折、筋断裂等
軽傷	不休災害	ねんざ、裂傷等
微傷	手当後直ちに元の作業に戻れる微小な負傷等	打撲、表面的な障害、ダストの目への混入等

⑶　リスク低減のための優先度の設定およびリスク低減措置の検討

㈎　リスク低減のための優先度の設定

　この段階では特定したリスクについてその対策をとるための優先度を決めることになります。重大性、頻度、可能性について数値化し、リスクの点数が高いほどリスクが大きくリスクレベルが高いということになります。表2-4〜表2-6を参考にして、次の①〜③、**表2-7**の数値化の例を使って次の例1、例2の場合を考え、リスクポイントの算出をしてみます。

①　危険状態が生じる頻度の区分の配点例

頻度	点数
頻繁	4
時々	2
めったにない	1

② 危険（有害）状態が生じたときに災害に至る可能性の各区分への配点例

可能性	点数
確実である	6
可能性が高い	4
可能性がある	2
ほとんどない	1

③ 災害の重大性の各区分への配点例

重大性	点数
致命傷	10点
重傷	6点
軽傷	3点
微傷	1点

表2-7　リスクレベルに応じたリスク低減措置の進め方例

リスクレベル	リスクポイント	リスクの内容	リスク低減措置の進め方
Ⅳ	13～20	安全衛生上重大な問題がある。	リスク低減措置を直ちに行う。措置を講ずるまで作業を停止する。
Ⅲ	9～12	安全衛生上問題がある。	リスク低減措置を速やかに行う。
Ⅱ	6～8	安全衛生上多少の問題がある。	リスク低減措置を計画的に行う。
Ⅰ	3～5	安全衛生上の問題はほとんどない。	必要に応じてリスク低減措置を行う。

例1　10kgのふたを足に落とし足の甲を骨折

頻　度　　かなり頻繁　　　　　　　　　　　　　　　4点

可能性　　手に持っていて落とし足に当たる可能性は高い　4点

重大性　　骨折する　　　　　　　　　　　　　　　6点

リスクポイント：14点

例2　直置きしていた製品を台車に載せようとして手をはさんで打撲

頻　度　　かなり頻繁　　　　　　　　　　　　　　　4点

可能性　　台車と製品との間に手をはさむ可能性がある　2点

重大性　　打撲する　　　　　　　　　　　　　　　3点

リスクポイント：9点

　配点例に従って点数を加えると、例1が14点、例2が9点になります。この2つのリスクポイントを表2-7にそれぞれ当てはめてみると、例1がリスクレベルⅣで、

例2はリスクレベルⅢですから、例1の方がリスクレベルが高く、先に対策をとる必要があるということが分かります。

　このように職場の危険性・有害性を特定し、数値化することにより、誰にでもリスクの高いもの、低いものがわかるようになり、対策を行う際の優先度をつけることができることになります。

　このことからも、作業に精通する管理監督者や作業者が参加して職場の危険性・有害性を特定し、負傷または疾病の程度や可能性についてみんなが確認することにより、真に効果のある有効なリスクアセスメントができることになります。

(イ)　リスク低減措置の内容検討

　続いて、リスクをなくすための対策（リスク低減措置）を考える段階です。リスク低減措置を考えるに当たっての基本的な考え方は次のとおりです。

①　法令に定められた事項がある場合にはそれを必ず実行すること（安全装置、資格、表示等）。

②　リスク低減措置は「注意させる」や「表示する」、「ルールを守らせる」といった人の行動に頼る対策をまず考えるものではなく、**図2-2**のような本質的対策からはじまる優先順位で対策を行うという考え方で進めること。

③　リスク低減措置は、リスク低減をするためにかかる負担がその効果よりも大きく、また、その低減措置が著しく合理性を欠く場合を除き、可能な限り優先順位の高い対策から実施する必要があること。

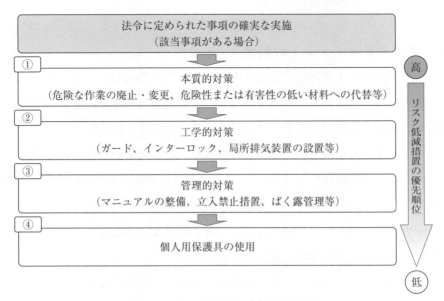

図2-2　リスク低減措置の優先順位

　また、リスク低減措置を検討した場合、その低減措置がそのリスクに対し本当に有効かどうか再度リスクアセスメントを行い、検証してみることも必要です。

　なお、対策について、時間や費用の点からすぐに最も好ましい対策の手配をとることができない場合にあっても、そのまま放置するのではなく、暫定的になんらかの措置をとるようにします。

5　記録

　リスクアセスメントは事業活動の一環として適切に行われ、定期的に見直しを行い、次年度以降にもその決定事項が着実に伝えられていくことが必要です。そのためには、リスクアセスメントの実施状況が書面により記録されていなければなりませんが、その全貌を細部まで記録する必要はありません。あくまでもリスクを低減するための優先度の決定とそれに基づく具体的措置の実施が最も重要です。

　次の事項は必ず記録に残すこととしますが、内容は簡潔なものでもかまいません。

① 　洗い出した作業
② 　特定した危険性または有害性
③ 　見積もったリスク
④ 　設定したリスク低減措置の優先度
⑤ 　実施したリスク低減措置の内容

6　リスクアセスメントの効果

　リスクアセスメントを適切に実施することにより、従来行ってきた事後処置としての同種災害の再発防止では対処できなかった労働災害や健康障害を未然に防止する対策を講ずることができます。さらに、職場に存在する危険性・有害性の特定とそのリスクの見積りを系統的に行うことにより、次の効果が期待できます。

・職場のリスクが明確になり、職場のリスクに対する認識を職場全体で共有できる。

・本質安全化を主眼とした技術的対策への取組みができる。

・安全衛生対策について、合理的な方法で優先順位を決めることができる。

・費用対効果の観点から有効な対策が実施できる。

・残留リスクについて「守るべき決めごと」の理由が明確になる。

・職場全体が参加することにより「危険・有害」に対する感受性が高まる。

第2章　労働安全衛生マネジメントシステム（OSHMS）

　労働安全衛生マネジメントシステム（Occupational Safety and Health Management System、以下「OSHMS」という）とは、事業者が労働者の協力のもとに、労働災害防止活動に関する方針や目標の達成のためにPDCA（Plan（計画）、Do（実施）、Check（評価）、Act（改善））のサイクルを実行し、継続的な安全衛生活動を自主的に行うものです。

　このOSHMSは、安全衛生管理の基本的仕組みともなるものですので、十分理解し、実施できるものから取り組んでいくよう心掛けてください。OSHMSについては、「労働安全衛生マネジメントシステムに関する指針」（以下、「OSHMS指針」。平成11年労働省告示第53号。令和元年7月最終改正）が制定されています。

　なお、OSHMSの国際版、国際標準化機構（ISO）によるISO45001が、平成30年3月に発行され、これにより、OSHMSへの取組みはISO45001が軸となると見込まれます。また、ISO45001の国内での普及のため、同規格のJIS規格化（JIS Q 45001）と、それと併せ、同規格と一体となって運用されることでより高い労働災害防止効果が期待できる、日本独自の追加要求事項（KYT、4S、ヒヤリ・ハット等）を定めるJIS規格（JIS Q 45100）が制定されました。これらの規格化に対応し、OSHMS指針が令和元年7月に改正されました。

1　OSHMSの目的

　OSHMSとは、事業者が労働者の協力の下に、安全衛生方針、目標、計画、実施、監査、見直しのサイクルを回しながら、自主的に安全衛生管理を日常業務の中で行うことにより、事業場の労働災害の防止を図るとともに働く人の健康の増進や快適な職場環境の形成を図り、事業場の安全衛生水準の向上につなげるものです。これは「経営者を始め全員参加による安全衛生管理のライン化の徹底」といえるものです。OSHMS指針にも「事業者が労働者の協力の下に一連の過程を定めて継続的に行う自主的な安全衛生活動を促進することにより、労働災害の防止を図るとともに、労働者の健康の増進及び快適な職場環境の形成の促進を図り、もって事業場における安全衛生の水準の向上に資することを目的とする。」（第1条）とあります。

2　OSHMS導入の背景

　昭和47年に労働安全衛生法が制定され、その結果、事業場においては安全衛生管理体制の整備・充実が進み、長期的には労働災害の発生件数は減少してきました。しかし、今なお多くの労働者が被災し、このところ増加傾向もみられ、次のような安全衛生上の問題が指摘されています。

・長年の経験から安全衛生のノウハウを蓄積したベテランの安全衛生担当者等の退職等により、安全衛生に関する知識、ノウハウがうまく継承されず、ややもすると事業場の安全衛生水準が低下し、労働災害の発生につながるのではないかという危惧があること。

・無災害を継続している事業場であっても、「労働災害のリスクのない職場」であることを必ずしも意味するものではなく、労働災害のリスクが潜在していること。

　こうした問題点が指摘される中で、今後、労働災害の一層の減少を図るには、事業場において、生産管理、品質管理やその他の管理と一体になったPDCAサイクル（**図2-3**）を定め、その過程が連続的かつ継続的に実施できる仕組みをつくり、適切に実施されることが重要であると考えられます。その「管理の仕組み」を示したのがOSHMS指針です。

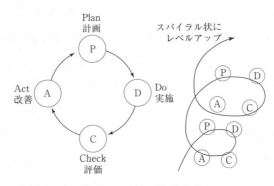

図2-3　PDCAサイクル

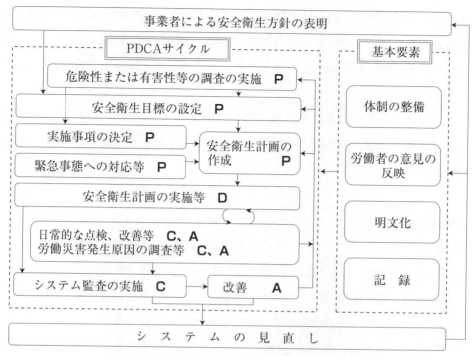

図2-4　OSHMSの流れ（図1-10の再掲）

3　OSHMSの構成

OSHMS指針では、OSHMSを**図2-4**のような流れで展開するとしています。

⑴　安全衛生方針の表明

　OSHMSでは、まず事業場のトップが安全衛生方針を表明することとしています。この方針には、事業者の安全衛生に対する姿勢や理念とともに重要課題への取組みが示されていることが重要です。「安全衛生とは生産性や品質維持の次に考えればよい」とか「安全衛生は労働者の不注意をなくすよう努力することが第一である」ということではなく、「安全衛生は生産と一体である」など、基本的な考え方を示すことが大切です。この表明については、事業場の規模、事業内容、企業文化（社風）、今までの安全衛生活動の実績、安全衛生水準、安全衛生計画の進捗状況、労働災害の発生状況などの実態を踏まえたもので、関係者全員に周知する必要があります。

⑵　労働者の意見の反映

　安全衛生は企業経営の一部であり、安全衛生水準の向上のためにOSHMSを運用していくことは、当然、事業者の責任です。しかし、その運用には労働者の参加、

協力が不可欠であり、その意見を聴くことは基本的な事項です。後述する安全衛生目標の設定ならびに安全衛生計画の作成、実施、評価および改善に当たっては、労働者の意見を反映する手順を定めるとともに、この手順に基づき、労働者の意見を反映することが必要です。

　労働者数が50人未満の事業場においては、労働者の意見を聴く場として例えば職場での安全衛生会議、始業時ミーティングなどがありますが、現場と密着した場面が効果的です。

⑶　体制の整備

　OSHMSは事業場のトップから作業者まですべての人が参加して推進するものです。OSHMSを担当する者として、事業場においてその事業を統括する者および生産・製造部門、安全衛生部門などにおける部長、課長、係長、職長などの管理者または監督者等のシステム各級管理者を決め実施することが効果的とされています。

　労働者数が50人未満の事業場においても、その組織の中で各担当者、安全衛生推進者等の役割と権限を決め、周知し、経営者から作業者まで全員参加で進めることも一つの方法です。また、リスクの除去、低減を始めとして設備改善に要する費用も必要となりますので、予算の確保も重要です。

⑷　明文化および記録の保存

㈠　明文化

　OSHMS指針では、安全衛生活動の進め方等主要な事項について文書により明文化しておくことが必要とされています。これは、手順等を明文化することにより、システム各級管理者等の人事異動があっても後任者にその内容が確実に継承されること、決めたことが確認でき、実施できることなどから規定されています。また、文書によって過去の失敗や成功がわかり、現在と未来への教訓となります。

　文書は、文書管理の手順が定められ、その手順に基づいて保管、改訂、廃棄が確実に行われ、常に最新の文書が閲覧できるようにします。文書化すべきものは、以下のものです。

　　①　安全衛生方針
　　②　安全衛生目標
　　③　安全衛生計画
　　④　システム各級管理者の役割、責任および権限

⑤ OSHMSにおける手順

 a 安全衛生目標の設定および安全衛生計画の作成などに当たり労働者の意見を反映する手順

 b 文書を管理する手順

 c 機械、設備、化学物質、作業方法等の危険性または有害性等の調査を実施する手順

 d 法令などに基づき実施すべき事項および危険性または有害性等の調査結果に基づき危険または健康障害を防止するための必要な措置を決定する手順

 e 安全衛生計画を適切かつ継続的に実施する手順

 f 安全衛生計画を適切かつ継続的に実施するために必要な事項を労働者、関係請負人その他の関係者に周知させる手順

 g 安全衛生計画の実施状況などの日常的な点検および改善を実施する手順

 h 労働災害発生原因の調査、問題点の把握および改善を実施する手順

 i システム監査を実施する手順

（イ）**記録の保存**

 OSHMS指針では、安全衛生計画の実施状況、システム監査の結果、その計画の実施および運用の状況、安全衛生教育の実施状況、労働災害・事故などの発生状況、システム監査の結果、危険性または有害性等の調査結果、安全衛生教育、労働災害、事故等の発生状況等、OSHMSの運用について記録して保管するように規定されています。記録はOSHMSの運用の軌跡を記したものであり、日常的な点検および改善、システム監査、OSHMSの見直しの際の重要な資料となるものです。どの記録を、どれくらいの期間、事業場として保管するのか、または職場として保管するのかを事前に区分し、どのような方法で、誰が責任をもって保存するかのルールを決めておく必要があります。

⑸ **危険性または有害性等の調査および実施事項の決定**

 前章ではリスクアセスメントについて説明しましたが、OSHMS指針には危険性または有害性等の調査および実施事項の決定として第10条で規定しています。

 また、指針第11条、第12条では、安全衛生目標や、安全衛生計画を作成するにあたり、リスクアセスメント結果に基づくことが規定されており、事業場や各職場のどこに危険性や有害性があるのか、その実態を把握して、その対策を盛り込むこととされています。

⑹　安全衛生目標の設定

　安全衛生目標の設定は、その達成手段が明確であり、かつ達成度が評価できることが重要です。そのため、「完全ゼロ災害の達成」や「機械設備の本質安全化の徹底」といったスローガンではなく、具体的に定めることが必要です（**表2-8**参照）。安全衛生方針に基づき、リスクアセスメントの実施結果、過去の安全衛生目標の達成状況、安全衛生水準や労働災害発生の現状などの実態を踏まえつつ、簡潔でわかりやすく、実現可能な高い目標（目標が高すぎず、低すぎないもの）で、できるだけ数値化されたものを設定します。

表2-8　安全衛生目標の例

目標達成の評価が困難な例	具体性が不十分な例	良い例
機械設備の安全化の推進	プレス機械の本質安全化を推進・実施	プレス機械の全数（10台）を自動化する。
作業管理の充実	非定常作業における作業手順書の発行による災害の予防	非定常作業における作業手順書の発行を100％とする。
作業環境の改善	騒音発生機械のカバーの設置等	騒音発生機械のカバー設置等により、全域にわたり85dB以下とする。
安全衛生教育の充実	労働安全衛生マネジメントシステム教育の実施	初年度として、労働安全衛生マネジメントシステム教育を職長20名全員に実施。

⑺　安全衛生計画の作成および実施等

㈠　安全衛生計画の作成

　安全衛生計画は、安全衛生方針、安全衛生目標を達成するための具体的な方策を示す実施計画です。

　安全衛生計画には、次の事項が含まれている必要があります。

① 　危険性または有害性等の調査およびその結果に基づき労働者の危険または健康障害を防止するための必要な措置

② 　労働安全衛生関係法令、事業場の安全衛生規程などに基づく実施事項

③ 　危険予知活動、ヒヤリ・ハット活動、4S活動、安全衛生改善提案活動、健康づくり活動、職場巡視などの日常的な安全衛生活動に係る事項

④ 　安全衛生教育に係る事項

⑤ 　その他（前回のPDCAにおける反省等に基づく事項、実施事項の担当部署および年間、月間の日程等）

⑥　安全衛生計画の見直しに関する事項

(イ)　**安全衛生計画の実施等**

安全衛生計画に基づく活動などを実施するに当たっては、具体的内容の決定方法、経費の執行方法など、手順を決めておく必要があります。

また、実施に当たって、労働者、関係請負人、契約業者などの外部の関係者の理解と協力が必要ですから、この実施や運用に必要な事項についてこれら関係者に周知する手順を定めるとともに、この手順に基づいて周知します。この周知方法は、これらの全員に誰でも簡単に入手できることを心掛けてください。

(8)　**緊急事態への対応**

緊急時に被害を最小に食い止め、かつ拡大を防止するための措置を迅速、的確に措置できるようにするため、緊急時用のマニュアルを作成して関係者に周知する必要があります。緊急時とは大地震・火災・出水等労働災害の急迫した可能性のある状態をいい、事業場がその立地や業務内容に応じて規定しておく必要があります。

この緊急事態が発生した場合の措置には、次の事項が含まれている必要があります。

①　消火および避難の方法
②　被災した労働者の救護の方法
③　消火設備、避難設備および救助機材の配備
④　緊急事態発生時の各部署の役割および指揮命令系統の設定
⑤　緊急連絡先の設定
⑥　想定される二次災害とその防止対策

(9)　**日常的な点検、改善等**

安全衛生計画を円滑に運営するためには、安全衛生計画の実施状況を日常的に点検、評価を行い、把握した問題点について改善を行うことが必要です。

(ア)　**日常的な点検の頻度**

日常的な点検は必ずしも毎日実施する必要はなく、計画期間中の節目節目で実施します。事業場の状況や点検の対象に合わせ、改善の実施内容、方法等も考えると、ある程度の時間を要するので、点検期間を十分検討してください。

(イ)　**日常的な点検、改善等の実施者**

日常的な点検、評価、改善は、安全衛生計画の実施項目の担当部門で行うもので

すが、労働者数が50人未満の事業場では各部門の点検・改善のほか、安全衛生推進者が安全衛生計画の全体的な進捗と到達度（達成度）を把握することが必要です。

㈅　日常的な点検、改善等の手順

点検の結果、問題点が発見された場合、その原因を調査して改善を実施する手順を定め、これに基づき実施することが重要です。

日常的な点検、改善の手順には、点検の担当部門、点検の頻度、問題が発見された場合の原因調査の担当部門、調査方法、改善策への対応等を盛り込む必要があります。

㈆　把握した問題の改善

安全衛生計画は、生産計画の変更、生産方法や人員構成の変化などに伴って変更が必要となる場合があります。また、安全衛生目標や計画の達成が困難となった場合や進行管理が予定どおりに進められなくなった場合に、設定した安全衛生目標や計画が高すぎたのか、それを達成するための方法に無理があったのかなどの問題点を早期に明らかにして、その問題点を改善しておきます。それによって、当初の安全衛生目標や計画の達成を期し、次年度における安全衛生目標や計画の設定、展開につなげることができます。

そのため、少なくとも四半期ごとの頻度（できれば毎月）で点検し、問題点があれば改善します。また、日ごろ必ず行われている法定点検や４Ｓ（整理、整頓、清掃、清潔）など、従来から日常作業として習慣化している安全衛生活動に関する事項についても安全衛生計画に盛り込み、これらについても点検の時に確実に対象とします。

⑽　労働災害発生原因の調査等

㈎　災害調査

労働災害、事故等が発生した場合は、その災害等の調査を行い、問題点を把握して、対策を決め、改善を行う必要があります。

災害調査では、労働災害に直接関係したハード面やソフト面の要因のみならず、安全衛生管理活動やOSHMSの欠陥などの背景要因を明らかにして、類似災害の発生を予防することが重要です。労働災害の現象面のみを捉えて、単に労働者の「うっかりミス」であるとか、操作ミスであるとか、安全装置が有効に作動していなかったなど、表面的に見ただけの結論を出して決着すべきではありません。災害調査は、労働災害の現象面の要因の調査にとどまることなく、管理的な原因まで掘り下

げて分析し、真の原因を追究し、具体的な対策の検討を行うことが大切です。

(イ)　**類似災害の防止**

　災害調査がある程度進んだ時点、あるいは災害調査の結果がまとまった時点など、適切な時期に災害発生原因とその再発防止対策の全容を全従業員に周知し、類似災害が発生する可能性はないかどうかを全社的に再点検し、可能性が認められれば危険箇所を特定してその改善を求め、併せて、全員の安全衛生意識を高めます。

　事業場全体の取組みとしては、災害調査結果が十分に審議され、OSHMSの導入や運用などを含めて根本的な安全衛生対策が講じられる必要があります。類似災害の防止のための改善が確実に実施されるためには、その実施責任者が選任され、その改善の方法、改善の結果の確認、改善の評価などを行う手順を定め、この手順に基づいて、必要な改善等を進める必要があります。改善は直接原因や間接原因に対する設備改善やマニュアル等の見直しだけではなく管理的原因を追究し、管理的な問題がある場合には仕組みの見直しを行うことが重要です。

⑾　システム監査

　OSHMSが適切に実施されているかどうかを評価するものとして、システム監査の実施を求めています。システム監査は、年1回以上、また、安全衛生計画の期間中に少なくとも1回は実施することが必要です。

　システム監査は、安全衛生方針や安全衛生目標の達成状況、安全衛生にかかわる法令、基準、作業規定などが遵守されているかどうかなど、システムに従って行う措置が適切に実施されているか、安全衛生活動が適切に実施されているか、安全衛生活動の欠点や優れている点などについて、文書や記録の調査、作業場の視察、関係者との面接などによって実施評価するものです。

⑿　OSHMSの見直し等

　システム監査の結果を踏まえ、OSHMSを見直しを行います。OSHMSの取組みがなされていても、安全衛生目標が達成されていない、安全衛生計画が確実に実施されていない、労働災害が多発している場合などは、OSHMSの運用方法、現場への浸透度、日常の安全衛生活動の内容などに何らかの問題を抱えていると考えられます。

　このため、システム監査の結果、さらに災害調査の結果やリスクアセスメントの結果などでOSHMSの欠陥が判明した場合や、トップによるOSHMSの見直しが提

案された場合などには、OSHMSを適宜に見直す必要があります。

　また、事業場の安全衛生水準の向上の状況、社会情勢の変化などを考慮して事業者自らがシステムの妥当性および有効性を評価し、その結果を踏まえて必要な見直しを行うことも必要です。事前にOSHMSの定期的な見直しをスケジュールに入れておくと、その見直しが容易になります。見直されたOSHMSは、直ちに全従業員に周知することが重要です。

　以上がOSHMS指針の概要ですが、そのポイントをまとめると次の4つがあげられます。
　①　全社的な推進体制であること
　②　リスクアセスメントを実施すること
　③　PDCAサイクルの自律的システムであること
　④　手順化、明文化および記録化すること
　OSHMSは、大手企業を中心に導入され構築されていますが、今後、より多くの企業に広く普及し定着すると考えられます。

第3編

安全衛生教育

第1章 安全衛生教育の方法

1 安全衛生教育の意義

職場における安全衛生教育のねらいは、「安全衛生の基本原理」を理解させることであり、具体的には基本動作、正しい手順、行動を職場で実践・定着するよう指導していくことです。教育目標に向け部下を「教え」、「育てる」ことといえます。

教育は「教える」だけにとどめず、「学ばせる」段階まで継続的に進めなければ、確実な効果を望むことができません。いかに動機づけるかが大きな課題になります。

「学ばせる」過程では、管理監督者は部下の仕事ぶりなどから教えたことが実行されているかを点検し、教えたとおり行っていないところがあれば見逃すことなく指導しなければなりません。

また、身近な問題に対しては、既得の知識や経験を活かして自主的に解決できるように、部下の問題解決能力を高める学習指導が必要になります。

なお、新型コロナウイルス感染症の流行により、教育方法については、オンライン化といった大きな課題の渦中にあります。

2 安全衛生教育の種類と内容

(1) 法定教育の対象者による区分

労働災害を防止するため、事業者が実施しなければならないと労働安全衛生法で定めている安全衛生教育は、次のとおりです。

① 新規に採用された労働者に対する教育

② 労働者の作業内容を変更した時の教育

③ 一定の危険有害業務につかせる労働者に対する特別教育（アーク溶接の業務、つり上げ荷重が1トン未満のクレーンの玉掛けの業務、粉じん作業にかかわる業務など）

④ 新任の職長その他現場監督者に対する教育

また、労働安全衛生法で事業者が行うように努めなければならないと定められている安全衛生教育は次のとおりです。

① 安全衛生業務従事者に対する能力向上教育（安全管理者、衛生管理者、安全衛生推進者、作業主任者など）

② 一定の危険有害業務従事者に対する安全衛生教育（玉掛け作業者、フォークリフト運転者など）

これらの安全衛生教育の受講者に対し、事業者は受講の前後に必要な動機づけを行い、教育の成果が職場の安全衛生管理に反映されるよう配慮することが大切です。

⑵ 教育内容からみた安全衛生教育の種類

教育内容の面から安全衛生教育をみると知識教育、技能教育、態度教育および問題解決学習に区分できますが、主な内容は**表3-1**に示すとおりです。

表3-1 教育内容からみた安全衛生教育の種類

種　類	主 な 内 容
知 識 教 育	・作業手順、作業マニュアルを用いて作業に必要な知識を与える。 ・取り扱う機械設備の操作方法、構造、機能、性能などを理解させる。 ・災害および不安全行動が起こる仕組みと防止方法を理解させる。
技 能 教 育	・安全で正確な作業のやり方、機械設備の操作技能を習得させる。 ・点検の仕方、異常発生時の対処の仕方を習得させる。
態 度 教 育	・危険に対する心がまえ、身がまえづくりを進め、自己管理意識を育てる。 ・職場規律、安全規律を身につけさせる。 ・仕事に取り組む意欲を育てる。
問題解決学習	・職場の現状の中から事実のとらえ方、問題点の発見、原因の究明、対策樹立の手順や方法を学び、思考力、判断力、創造力を育成する。

⑶ 職場で行う安全衛生教育

㈎ 自主的な教育の推進

事業者は法定教育を実施するだけにとどまらず、階層別の安全衛生教育を自主的・計画的に行い、災害防止活動の質的な向上を図ることが期待されています。経営首脳者層、現場の管理監督者、技術者、一般作業者に対する安全衛生教育はその一例です。

① 日々の安全衛生教育

　教えたことが実行されるためには、上司による日々の教育が鍵になります。作業や安全衛生活動の体験を通じて学習させ、災害防止に対する価値意識を刺激し、行動の変容を起こさせる働きかけが日々の教育の中心課題となります。

　日々の安全衛生教育は指導という形で行われ、集団を対象とする指導と個人を対象とする指導の両面から行い効果を上げるのがよいでしょう。

　a 集団を対象とする指導は、集団で取り組む安全衛生活動の場を活かして行います。朝礼、TBM（ツールボックスミーティング）、危険予知活動、ヒヤリ・ハット活動、職場安全衛生会議、職場巡視、安全当番、安全宣言、

　　　　　４Ｓ活動などは一例です。

　　　ｂ　個人を対象とする指導のねらいは、集団における個人差をなくすことに
　　　　あります。作業指導等の場を活かして実施します。

　② 作業標準等、災害事例の教育

　　　職場の安全衛生教育の中で特に大切にしなければならないのは、作業標準や
　作業手順書と災害事例による生きた教育です。

　　　ａ　作業標準等の教育

　　　　作業標準等は、作業の秩序維持を図るために定められたルールです。管理
　　　監督者にとって作業上の秩序が保たれるか否かは、安全衛生の確保をはじめ
　　　品質、効率の面からも最大の関心事です。

　　　　作業標準等が励行されるような心がまえづくりと習慣化のための教育に
　　　は、特別な気くばりと工夫が求められるところです。

　　　ｂ　災害事例の教育

　　　　災害防止について作業者の自己管理意識を育成するための学習に、災害事
　　　例は有効な教材として積極的に活用したいものです。そのとき自分だったら
　　　どうしたであろうかなどの思考過程を通じ、今後に活かすべき数々の教訓を
　　　学びとることができます。

　　　　災害事例の教育の要点は、単に被害の程度の説明にとどめず、原因となっ
　　　た問題点を理解させたうえで身近に類似の問題がないことをチェックさせ、
　　　対応策を考えさせることにあります。

㈠　**新規採用者安全衛生教育**

　新規採用者に対する教育は、相手が作業や安全衛生に関し白紙に近い状態にある
だけに、効果を上げるためには教え方に工夫が必要です。

　作業とのかかわりにおいて安全衛生をどのように考えるべきかを教え、未熟練に
起因する災害の防止に役立つよう動機づけることが大切です。教育の内容は作業指
導、集団参加の訓練、生活指導の３つの側面から構成し、効果をねらいます（**表3-2**
参照）。

㈡　**職長その他現場監督者教育**

　職長が、作業中の部下を直接指導、監督しながら現場第一線の責任者としての役
割を実践するうえで、職長に対する安全衛生教育への期待が高まっています。

〈職長教育の主な留意事項〉

　①　教育時間および内容については、法令で定められています（労働安全衛生規

表3-2　新規採用者安全衛生教育の要点

指導の区分	具 体 的 な 内 容
作 業 指 導	・労働安全衛生規則第35条に基づく教育 ・マンツーマンで知識、技能、態度を習得する訓練 ・作業手順に基づき、安全で正確、効率のよい作業のやり方を教え、作業に対する心がまえ、身がまえを身につける。 ・教育実施記録を保存する。
集団参加の訓練	・朝礼で上司の話を聞かせ、TBMで発言させるなどグループ活動への参加の仕方を指導・訓練する。 ・現場の一員としての自覚を持たせ、安全衛生活動へ積極的に参加させる。
生 活 指 導	・ことばを交わす機会をつくり、上下の意思疎通をはかる。 ・相手の欲求を知り、不安、不満の解消に努めたり、話を聴いてあげ、相談にのる。 ・職場のルール、エチケット、マナーを教え、習慣づける。

則第40条）。

②　職長が果たすべき役割の自覚と監督能力の向上を図り、災害防止の質的向上をめざします。

③　原則として討議方式による学習に重点をおいて進めます。

④　教材の準備に工夫し、視覚を通じた情報の取込みを積極的に行って学習効果を高めます。

⑤　講師には、RSTトレーナー（（厚生）労働省方式現場監督者安全衛生教育トレーナー）、職長等教育講師養成講座修了者を当てるようにします。

(4)　朝礼・TBMの効果的な進め方

朝礼やTBMは、最も身近な安全衛生活動です。双方とも教育指導面からは、集団を対象とする貴重な教育の場と位置付けられています。

現場の生きた指導として、安全衛生意識高揚の役割を担うことから、わかりやすく、具体的に指導することが大切です。

(ア)　朝礼

朝礼の進め方の要点を**表3-3**に示しておきます。

(イ)　TBM（ツールボックスミーティング）

①　TBMは、話合いの方法、内容で真価が問われます。相互学習や動機づけに役立つような刺激を受け合えるミーティングの実現をめざします。

②　話合いの結論の良否よりも、問題把握から問題解決までの過程を大切にします。

③　指示された事項について、自分たちのやり方を検討し、集約された意見を上司

に具申します。

④　よいTBMを行うための事前の準備や進め方について事前に検討することが必要です。

表3-3　朝礼の進め方の要点

1　朝礼は、朝の挨拶に続く指示、伝達の場、安全衛生に関する方針、目標、重点実施事項などを組織的に浸透させる場として用いる。

2　安全衛生に対する上司の考え方、取組み姿勢を部下に示す機会でもある。安全衛生推進者、現場の管理監督者は、頻度を決め計画的にスピーチを行い部下への動機づけをする。

3　短時間のため話し方、指導の仕方が難しい。事前に準備し、テーマの選び方、話の構成を工夫する。

4　あれもこれも話さず、ワンポイントで話をしめくくる。

5　朝礼の指導は、一方通行で行われるため理解、納得を得にくい。朝礼後、相互に話し合う場を与え、考えさせる機会をつくる。

6　朝礼に作業者の登場を計画し、スピーチや安全宣言をさせて自己管理意識の向上に役立てる。

3　外部教育機関の活用

新規採用者、危険有害業務従事者、職長などに対する教育については、労働災害防止団体等が運営する教育機関の所定の講座を修了したインストラクターやトレーナーを講師にあてることが適当ですので、計画的に指導者を養成しておくと好都合です。

講師を事業場内でまかなえない場合は知識、経験の豊かな専門家、労働安全・衛生コンサルタントなど外部講師を招く方法なども検討し、教育の質的向上を図る必要があります。

4　安全衛生教育の進め方

安全衛生教育は、思いつきや場あたり的に実施しても効果が上がりません。教える人は、正しい手順に従って立案した教育計画に基づいて教育内容を整え、実施するように努めることが必要です。

(1)　安全衛生教育を進める手順と内容

(ア)　教育必要点を把握する

職場の現状把握の中から改善を要する問題点を明らかにし、教育すべき事項を明らかにすることが必要です。

㈑ **教育目標を決定する**

　教育目標を決め、どんなレベルをめざすかを明確にします。目標がなければ、教育事項も教育方法も決められないし、教育結果を評価することもできません。

㈒ **教育計画を立案する**

　計画の内容を5W1H方式（なぜ、いつ、どこで、誰が誰に、何を、どのように）でまとめます。

㈓ **教材を整える**

　教育目標に適合する教材を用意します。市販の教材だけに頼らず、手づくりの教材をパワーポイント、映像、掛け図、シートなどの形で整えるとともに、映像教材の活用も考慮します。

　作業手順、作業マニュアル、災害事例などは、現場教育で活かすべき優先的な教材となります。

㈔ **教育を実施する**

　講義、討議、事例研究、役割演技、実習などの教え方、学ばせ方を活用して教育を行います。

　「教えたら、学ばせる」の原則、教育指導の８原則(次ページ)、問題解決学習法などを用いて進めます。

㈕ **実施結果を評価する**

　個人および職場集団への浸透の状況から教育目標への到達の程度をみます。また、到達の程度により教えた側の動機づけの仕方の良否をみることも必要です。

⑵ **よい教え方で教える**

　安全衛生教育は、とかく上司が部下に話して聞かせることと思いがちで「理解してくれない」、「教えたとおりにやらない」のは、部下に問題があると思いこみがちです。教えたことを部下が理解し、納得しやすくするには、教える側の問題を解決するのが先決です。教える人が、教える時に留意してほしい要点「教育指導の８原則」（**表3-4**）を活用するのも一つの方法です。

　一方的に「教える」だけの講義方式に偏ると安全衛生教育の効果に限界が出てきます。この講義方式による問題点に気づけば、「学ばせる」ことに重点をおくことの必要性は容易に理解することができます。

　朝礼で上司が教えたら、TBMなどで話し合わせ、考えさせ、体験させるなどの方法で学習させ、価値意識や行動に変化を起こさせるような動機づけを大切にした

表3-4　教育指導の8原則

1	相手の立場に立って
	相手の理解力に合わせて教育内容、教え方を考え、教材を整えて教える。

1　相手の立場に立って
　　相手の理解力に合わせて教育内容、教え方を考え、教材を整えて教える。
2　やさしいことから、難しいことへ
　　相手が理解し習得できる程度に合わせ、わかりやすく伝える。教える内容の程度を順次高めていく。
3　動機づけを大切に
　　学ぶことの必要性を理解させ、学ぼうとする意欲をおこさせるための刺激を与える。
4　一時に一事を
　　一度にたくさんのことをつめこまない。短時間の教育指導の場では、ワンポイント方式を原則とする。
5　反復する
　　聞く人は、話の一部しか聞きとらないのが普通である。同じことを手を変え品を変え、繰り返し、根気よく教えるのが基本である。
　　見せたり、やってみせたり、やらせたりすると覚えやすい。
6　印象を強める
　　抽象的でなく、事実や事例を用いて習う人の価値意識を刺激するような具体的な教え方を用いる。
7　急所の理由を言って
　　「なぜ」それが急所かという急所の理由を理解すれば、二度と忘れないし、実行される。
8　五感を活用して
　　話して聞かせるだけでなく、視覚を通じての情報のとりこみを積極的に考える。必要に応じその他の感覚を有効に活用する。

いものです。教育面からみれば、安全衛生活動は職場単位で進める学習活動といわれるのもこうした理由によるものです。

5　危険予知活動やヒヤリ・ハット活動等

(1)　活動の意義

　危険予知（KY）活動やヒヤリ・ハット活動は、従来から全員参加による安全先取り活動として広く活用され、効果を上げています。また、リスクアセスメントを行う際にも重要な情報としてとらえることができます。いずれも、身近な危険を職場のみんなの合意に基づいて解決していくための具体的な手法です。

　活動の効果をより確実なものにするために大切なことは、活動のもつ学習機能を活用し、危険に対する感受性に磨きをかけ、危険の発見および解決の基礎となる問題解決能力の質的向上をはかることです。また、これらの活動の評価は災害件数が

減るということに限らず、災害に結びつくおそれのある災害要因（リスク）が減るという観点でも見る必要があります。

　特に、非定常作業時の安全を確保するための状況変化への柔軟な対応力も、危険予知活動などから生まれることに注目する必要があります。

(2)　活動の進め方の要点

㋐　活動の意義を明らかにし、主旨を周知徹底する

　災害防止におけるこの活動の位置づけ、ねらい、進め方、期待できる効果などを組織内に浸透させ、全員の理解と協力を要請します。

㋑　推進計画をつくり、全員参加の体制を整える

　活動の将来像を描き、どのような姿に育てあげたいかを示し、また、災害要因の背景を考え、推進マニュアルに基づいて計画的、段階的に進めます。そのために、職場の現状把握を行い、職場のニーズや問題点をとらえます。実行に当たっては上司の指導力とみんなの創意工夫が、活動の活発化と質的向上の支えとなります。

㋒　トップ、管理者が活動に関心を示す

　安全衛生委員会、職場安全衛生会議、朝礼、TBMなどの機会をとらえて話題にのせ、進行状況や推進上の問題点について上司が積極的な関心を示し、適切に助言し、指導することが効果を上げます。

㋓　マンネリ化を防止する

　計画した安全衛生活動を軌道に乗せていくには、特に管理監督者が率先して活動に取り組む熱意ある姿を部下に示すことが大切です。定着したように見える活動であっても関係者の熱意や関心が薄れると、活動の形骸化が始まるので、安全衛生推進者をはじめ管理監督者は活動への目くばり、気くばりを心がけるなど動機づけに努めなければなりません。

第2章 作業標準等

1 作業標準等

　通常、製品を作るための作業は、人とモノ（機械・設備やエネルギーなど）との関係により行われ、労働災害の多くは人とモノとの接点で発生します。作業標準や作業手順書（作業標準等）はこの接点における安全を確保するために作業行動などの手順や実施すべきポイントを定めたものであり、それに従って教育訓練を実施し、習慣化するまで指導を行う必要があります。

　定められた作業手順の誤り、不適当な工具・用具の使用など、作業方法の欠陥などによって発生した災害が30%を超えているという、製造業における休業4日以上の労働災害の原因を分析した結果があります。これらの事実は作業方法の改善と作業手順の順守が安全管理上いかに重要であるかを示しています。

　最近は、自動化・ロボットなどが合理化の主流ですが、どんなに自動化しても人の作業はゼロにはなりません。また、自動化ラインが故障すれば修理するのも人間です。その意味では作業の改善と標準化は安全管理の基本ともいえます。

2 作業標準等と災害との関連

　作業標準や作業手順書に何らかの欠陥があって災害が発生した場合について見てみると、①作業標準等がなかった、②作業標準等はあったが的確に書いてなかった、③作業標準等もあり的確に書いてあったが、実際に行われる作業の手順は異なっていたという3つの場合があるとされています。

　もちろん、多くの事業場でこのような原因による災害を防止するために作業標準等の作成と周知徹底を励行し、「キッチリ決めてシッカリ守ろう」などといったスローガンを掲げるなどの安全活動を展開していますが、災害が発生すると作業標準等の欠陥を指摘されることが多く、「再度作業標準等の見直しと遵守徹底」が対策としてあげられることがよく見られます。

　こうした場合、改めて作業標準等を作るべき作業が職場にいくつあるのか把握し、作業標準等がないものについてはいつまでに作成するかを明確にし、必要なすべての作業について作業標準等を作成することが必要です。次に作業標準等は「理解しやすい、守りやすい、覚えやすい」ものにし、日常変化する現場に対応するためには作業標準等も材料の変化や機械の改造ごとに見直しや再検討をすることが必要で

す。これが作業標準等の管理です。

　なお、作業標準等は「作業内容等に変更があった場合」等に見直しを行う必要がありますが、リスクアセスメント指針においても「作業方法又は作業手順の新規採用・変更時等にリスクアセスメントを実施すること」とされていますので、第2編のリスクアセスメントを活用して作業標準等の作成・見直しに活かす必要があります。

3　作業標準等の作成

㈎　作業標準等の定義

　作業標準等とは、作業の安全性、製品品質、作業の効率性の面から現状における最善の作業方法や管理方法その他の注意事項等を規定したものです。

㈏　作業標準等の内容

　作業標準等の主な記載事項は次のとおりです。

① 作業標準項目
② 作業手順（ステップ）
③ 急所（ポイント）
④ 基準（目的）
⑤ 治工具
⑥ 処置（異常時など）
⑦ 備考（関連規格、法規、略図写真、過去の災害事例）

㈐　作業標準等の作成および改定

　次の場合には速やかに作業標準等の作成または改定を行わなければなりません。

① 作業内容または方法に変更があった場合
② 材料、機械に変更があった場合
③ 作業標準等未作成の作業を発見し、または新たに生じた場合
④ 作業標準等に安全、品質、生産上欠陥があった場合
⑤ 作業標準等の内容につき解釈上疑義が生じた場合、または記載漏れがあった場合
⑥ 作業標準等の内容が実際上守れない場合
⑦ その他作業標準等の記載事項に変更があった場合

㈑　作業標準等の作成方法

① 熟練者の作業を観察する

　　職長もしくはリーダーが熟練者の作業を観察して作成します。あらかじめ下書きをしてから実地観察をした方が書き取りが容易になります。ビデオを活用するのもよい方法です。

　② 作業手順のとらえ方

　　　a 作業を進める上で必要な手順を1ステップごとに記入します。1ステップは教えやすく、覚えやすい範囲とします。安全という目的から考えて、必要な限度にするべきで、あまり詳細になっても大まかすぎても不適切です。例えば、ゴム布を切るために引き出しからナイフを取り出す場合、机まで歩く－引き出しの取っ手を握る－引き出しを引き出す－引き出しを開ける－ナイフを取り出す－戻ってくるという6ステップを記入してもあまり意味はありません。「ナイフを取ってくる」という1ステップでよいと思います。しかし、ナイフを取ってくるからゴム布を切るまでを1ステップとするのは、ゴム布へのナイフの当て方、ナイフの方向と身体の位置等も災害発生の要因となっていることから考えると大まかすぎます。少なくとも、ナイフを取ってくる－ナイフを○○の位置でゴム布に当てる－ナイフを○○の角度でひくといった程度のステップづくりが必要です。

　　　b 作業手順は動作を正確に、簡潔に、具体的な言葉で表現することが必要です。したがって、動作の質が異なる場合、例えば、ナイフを持ってくる動作と、ナイフで切る動作は異なるのでステップとしては分けた方が的確です。また、ただ切るというだけでなく、下へ引いて切るのか、上へ押して切るのかなど、安全に作業を行ううえで必要な注意を具体的に記載することが必要です。

㈹ 書き方

　「確実に」、「正しく」、「注意して」などといったあいまいな言葉や抽象的な表現を使わずに、「5cm下を持つ」といったように具体的な表現をすることが必要です。そのためには、熟練者の作業をよく観察して急所を見抜く眼力を身につけなければなりませんし、「どんな危険がひそんでいるか」災害を想定することも必要です。表現が困難な場合や冗長になる場合などは写真やイラストを活用することがよいでしょう。

4　作業標準等の活用・周知

　作業標準等は実際に作業の場で活用されてこそはじめてその目的が達成されます。そのためには、次のような方法による準備・周知が重要となります。

① 　ラインの長が、作業標準等が作成されたことを紹介する、プリントして配付する、重要な部分を掲示するなどによる周知が重要です。

② 　新規に当該作業に就業することになった作業者には、初めに、作業標準等の内容と守らなければならない理由を徹底的に指導すること。それぞれの作業者の常識には個人差があり、任せっきりでは危険です。見よう見まねで誤ったくせをつけないよう、指導する必要があります。

③ 　熟練作業者は、自分の仕事のやり方に誇りと自信を持っています。関係する作業標準等作成への当初からの参画、それを用いた②での指導役となってもらうなどにより活用の推進役になってもらうことが有効です。

第4編

関係法令

第1章　労働安全衛生関係法令の概要

1　法令の基礎知識

「法令」とは、社会生活の規範として成文化されたもので一般には強制力を有します。これには国会が制定する「法律」と、法律の委任を受けて、技術的事項の細部等について社会情勢の変化等に迅速に対応して、内閣、行政機関が制定する命令である「政令」、「省令」があります。政令や省令は法律の委任がなければ事業者に課する義務等、国民の権利義務に関し規定することはできず、上位法令に違反する下位法令は効力を有しないことになります。

法令 ┤ 法律…国の立法機関である国会が制定し、国民の権利・義務にかかわる規定を設けるもの（例：労働安全衛生法、作業環境測定法など）。

命令 ┤ 政令…閣議により内閣の制定する命令（例：労働安全衛生法施行令、作業環境測定法施行令など）。

省令…各省大臣が発する命令（例：労働安全衛生規則、有機溶剤中毒予防規則など）。

そのほか、法律、政令、省令とともにさらに詳細な事項について具体的に定めて国民に知らせるものに「告示」あるいは「公示」があります。技術基準などは一般に告示として公表されます。「指針」などは一般に公示として公表されます。告示や公示は厳密には法令とは異なりますが、法令の一部を構成するものといえます。また、法令、告示・公示に関して、上級の行政機関が下級の機関に対し（たとえば厚生労働省労働基準局長が都道府県労働局長に対し）て、法令の内容を解説するとか、指示を与えるために発する通知を「通達」といいます。通達は法令ではありませんが、法令を正しく理解するためには「通達」も知る必要があります。

2　労働安全衛生に関する法令（体系）

労働安全衛生に関する法律には、基本的な内容を規定する「労働安全衛生法」のほかに、賃金、労働時間などの労働条件についての最低基準を定めた「労働基準法」、作業環境測定士、作業環境測定機関等について定めた「作業環境測定法」、じん肺の健康管理について定めた「じん肺法」、労働災害防止団体等について定めた「労働災害防止団体法」、「労働者派遣事業の適正な運営の確保及び派遣労働者の保護等に関する法律」などがあります。

これらの法律のうち労働安全と労働衛生に限定し、法令を体系的に例示すると**図4-1**のとおりです。

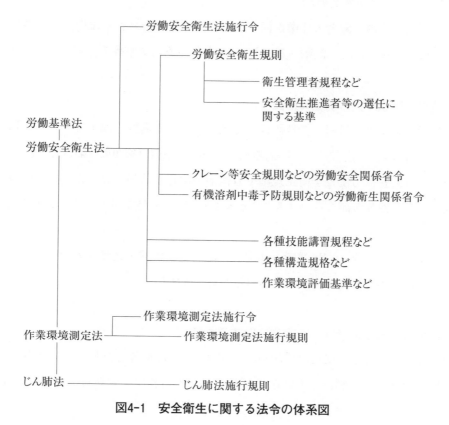

図4-1　安全衛生に関する法令の体系図

3　労働安全衛生法の概要

(1)　労働安全衛生法の目的

　労働安全衛生法は、労働基準法と相まって、①労働災害防止のための災害防止基準の確立、②責任体制の明確化、③自主的活動の促進措置を講ずるなど、労働災害防止に関する総合的・計画的な対策を推進することにより、職場における労働者の安全と健康を確保するとともに、快適な職場環境の形成を促進することを目的としています（第1条）。

　なお、用語の定義（第2条）、事業者の責務等（第3条、第4条）、労働災害防止計画の策定等（第6条〜第9条）の定めがあります。

(2)　安全衛生管理体制の整備

・安全衛生管理体制の整備（業種・規模別）（第10条〜第16条）
・調査審議機関の設置…安全委員会（第17条）、衛生委員会（第18条）、安全衛生委員会（第19条）
・安全衛生推進者等に対する能力向上教育の実施（第19条の2）

・関係請負人等の労働者の作業が同一場所で混在して行われる現場…元方事業者による統括管理（建設・製造）（**第30条**）、作業間の連絡調整等の措置（**第30条の2**）

(3)　危険・健康障害の防止の措置

・事業者の講ずべき措置：機械設備・可燃物等による危険、作業方法や作業場所から生ずる危険・有害性等による健康障害の防止措置（**第20条〜第25条の2**）。具体的な措置内容は労働安全衛生規則や有機溶剤中毒予防規則などに定めている。

・危険・有害性等の調査等（リスクアセスメント）と必要な防止措置の努力義務（**第28条の2**）

・元方事業者、特定元方事業者、注文者、請負人、機械・建築物の貸与者による労働災害防止のために講ずべき措置（**第29条〜第34条**）

(4)　機械等ならびに危険・有害物に関する規制

・作業用の機械等にかかる製造の許可（**第37条**）、規格等を具備しない機械等についての譲渡・設置制限（**第42条**）、機械等にかかる検定・定期自主検査（**第44条〜45条**）など

・危険物・有害物にかかる製造等の禁止（**第55条**）、製造の許可（**第56条**）、表示等（**第57条**）、文書（SDS）の交付等（**第57条の2**）、事業者による化学物質の危険性または有害性等の調査等（**第57条の3**）、化学物質の有害性の調査（**第57条の4**）など

(5)　労働者の就業に当たっての措置

・安全衛生教育…①雇入れ時教育、②作業内容変更時教育、③特別教育（危険有害業務就任時）（**第59条**）、④職長等教育（**第60条**）、⑤危険・有害業務従事者教育（**第60条の2**）

・クレーン運転等の危険有害業務における就業制限…法定の免許を有する者、技能講習修了等の資格を有する者のみ業務に就くことができる（**第61条**）

(6)　健康の保持増進のための措置

・粉じん作業等の特定有害業務を行う屋内作業場所等の作業環境測定の実施（**第65条**）

・一般健康診断（雇入れ時、定期）、特殊健康診断（有害な業務従事者）（**第66条**）、深

夜業従事者による自発的な健康診断結果の取扱い（第66条の2）

・健康診断の結果についての措置（第66条の3〜第66条の7）

・一定の長時間勤務労働者に対する必要な措置（第66条の8〜第66条の9）

・ストレスチェックの実施（第66条の10)

・受動喫煙防止措置の努力義務（第68条の2）

・健康保持増進を図るための努力義務（第69条）

(7)　快適職場の形成のための措置

・快適な職場環境を形成するための事業者が講ずべき措置（第71条の2）

(8)　事業場の安全または衛生に関する改善措置等

・重大な労働災害を繰り返す企業への特別安全衛生改善計画の作成指示（第78条）

(9)　計画の届出等

・危険・有害な作業に用いる機械の設置、一定規模以上の建設工事の開始等の計画届の厚生労働大臣等への事前提出義務。ただし、労働安全衛生マネジメントシステム導入について所轄労働基準監督署長の認定を受けた事業場について、一部届出が免除（第88条）。

第2章 関係法令

1 労働安全衛生法（抄）

（昭和47年6月8日法律第57号・最終改正：令和元年6月14日法律第37号）

（目 的）

第1条 この法律は、労働基準法（昭和22年法律第49号）と相まつて、労働災害の防止のための危害防止基準の確立、責任体制の明確化及び自主的活動の促進の措置を講ずる等その防止に関する総合的計画的な対策を推進することにより職場における労働者の安全と健康を確保するとともに、快適な職場環境の形成を促進することを目的とする。

（定 義）

第2条 この法律において、次の各号に掲げる用語の意義は、それぞれ当該各号に定めるところによる。

1 労働災害 労働者の就業に係る建設物、設備、原材料、ガス、蒸気、粉じん等により、又は作業行動その他業務に起因して、労働者が負傷し、疾病にかかり、又は死亡することをいう。

2 労働者 労働基準法第9条に規定する労働者（同居の親族のみを使用する事業又は事務所に使用される者及び家事使用人を除く。）をいう。

3 事業者 事業を行う者で、労働者を使用するものをいう。

3の2 化学物質 元素及び化合物をいう。

4 作業環境測定 作業環境の実態をは握するため空気環境その他の作業環境について行うデザイン、サンプリング及び分析（解析を含む。）をいう。

（事業者等の責務）

第3条 事業者は、単にこの法律で定める労働災害の防止のための最低基準を守るだけでなく、快適な職場環境の実現と労働条件の改善を通じて職場における労働者の安全と健康を確保するようにしなければならない。また、事業者は、国が実施する労働災害の防止に関する施策に協力するようにしなければならない。

② 機械、器具その他の設備を設計し、製造し、若しくは輸入する者、原材料を製造し、若しくは輸入する者又は建設物を建設し、若しくは設計する者は、これらの物の設計、製造、輸入又は建設に際して、これらの物が使用されることによる労働災害の発生の防止に資するように努めなければならない。

③ （略）

第4条 労働者は、労働災害を防止するため必要な事項を守るほか、事業者その他の関係者が実施する労働災害の防止に関する措置に協力するように努めなければならない。

（総括安全衛生管理者）

第10条 事業者は、…（中略）…厚生労働省令で定めるところにより、総括安全衛生管理者を選任し、その者に…（中略）…次の業務を統括管理させなければならない。

1 労働者の危険又は健康障害を防止するための措置に関すること。

2　労働者の安全又は衛生のための教育の実施に関すること。

3　健康診断の実施その他健康の保持増進のための措置に関すること。

4　労働災害の原因の調査及び再発防止対策に関すること。

5　前各号に掲げるもののほか、労働災害を防止するため必要な業務で、厚生労働省令で定めるもの。

②、③　（略）

（安全衛生推進者等）

第12条の2　事業者は、…（中略）…厚生労働省令で定めるところにより、安全衛生推進者…（中略）…を選任し、その者に第10条第1項各号の業務…（中略）…を担当させなければならない。

（作業主任者）

第14条　事業者は、高圧室内作業その他の労働災害を防止するための管理を必要とする作業で、政令で定めるものについては、都道府県労働局長の免許を受けた者又は都道府県労働局長の登録を受けた者が行う技能講習を修了した者のうちから、厚生労働省令で定めるところにより、当該作業の区分に応じて、作業主任者を選任し、その者に当該作業に従事する労働者の指揮その他の厚生労働省令で定める事項を行わせなければならない。

（事業者の講ずべき措置等）

第20条　事業者は、次の危険を防止するため必要な措置を講じなければならない。

1　機械、器具その他の設備（以下「機械等」という。）による危険

2　爆発性の物、発火性の物、引火性の物等による危険

3　電気、熱その他のエネルギーによる危険

第22条　事業者は、次の健康障害を防止するため必要な措置を講じなければならない。

1　原材料、ガス、蒸気、粉じん、酸素欠乏空気、病原体等による健康障害

2　放射線、高温、低温、超音波、騒音、振動、異常気圧等による健康障害

3　計器監視、精密工作等の作業による健康障害

4　排気、排液又は残さい物による健康障害

第23条　事業者は、労働者を就業させる建設物その他の作業場について、通路、床面、階段等の保全並びに換気、採光、照明、保温、防湿、休養、避難及び清潔に必要な措置その他労働者の健康、風紀及び生命の保持のため必要な措置を講じなければならない。

（事業者の行うべき調査等）

第28条の2　事業者は、厚生労働省令で定めるところにより、建設物、設備、原材料、ガス、蒸気、粉じん等による、又は作業行動その他業務に起因する危険性又は有害性等（第57条第1項の政令で定める物及び第57条の2第1項に規定する通知対象物による危険性又は有害性等を除く。）を調査し、その結果に基づいて、この法律又はこれに基づく命令の規定による措置を講ずるほか、労働者の危険又は健康障害を防止するため必要な措置を講ずるように努めなければならない。ただし、当該調査のうち、化学物質、化学物質を含有する製剤その他の物で労働者の危険又は健康障害を生ずるおそれのあるものに係るもの以外のものについては、製造業その他厚生労働省令で定める業種に属する事業者に限る。

②、③　（略）

第30条の2　製造業その他政令で定める業種に属する事業（特定事業を除く。）の元方事業者は、

その労働者及び関係請負人の労働者の作業が同一の場所において行われることによつて生ずる労働災害を防止するため、作業間の連絡及び調整を行うことに関する措置その他必要な措置を講じなければならない。

②〜④　（略）

（譲渡等の制限等）

第42条　特定機械等以外の機械等で、別表第２に掲げるものその他危険若しくは有害な作業を必要とするもの、危険な場所において使用するもの又は危険若しくは健康障害を防止するため使用するもののうち、政令で定めるものは、厚生労働大臣が定める規格又は安全装置を具備しなければ、譲渡し、貸与し、又は設置してはならない。

別表第２　（第42条関係）（抄）

3　小型ボイラー

9　防毒マスク

15　保護帽

16　電動ファン付き呼吸用保護具

（型式検定）

第44条の２　第42条の機械等のうち、別表第４に掲げる機械等で政令で定めるものを製造し、又は輸入した者は、厚生労働省令で定めるところにより、厚生労働大臣の登録を受けた者（以下「登録型式検定機関」という。）が行う当該機械等の型式についての検定を受けなければならない。ただし、当該機械等のうち輸入された機械等で、その型式について次項の検定が行われた機械等に該当するものは、この限りでない。

②〜⑦　（略）

別表第４　（第44条の２関係）（抄）

2　プレス機械又はシャーの安全装置

5　防じんマスク

12　保護帽

13　電動ファン付き呼吸用保護具

（定期自主検査）

第45条　事業者は、ボイラーその他の機械等で、政令で定めるものについて、厚生労働省令で定めるところにより、定期に自主検査を行ない、及びその結果を記録しておかなければならない。

②〜④　（略）

（表示等）

第57条　爆発性の物、発火性の物、引火性の物その他の労働者に危険を生ずるおそれのある物若しくはベンゼン、ベンゼンを含有する製剤その他の労働者に健康障害を生ずるおそれのある物で政令で定めるもの又は前条第１項の物を容器に入れ、又は包装して、譲渡し、又は提供する者は、厚生労働省令で定めるところにより、その容器又は包装（容器に入れ、かつ、包装して、譲渡し、又は提供するときにあつては、その容器）に次に掲げるものを表示しなければならない。ただし、その容器又は包装のうち、主として一般消費者の生活の用に供するためのものについては、この限りでない。

1　次に掲げる事項

　　イ　名称

　　ロ　人体に及ぼす作用

　　ハ　貯蔵又は取扱い上の注意

　　ニ　イからハまでに掲げるもののほか、厚生労働省令で定める事項

　2　当該物を取り扱う労働者に注意を喚起するための標章で厚生労働大臣が定めるもの

② 前項の政令で定める物又は前条第1項の物を前項に規定する方法以外の方法により譲渡し、又は提供する者は、厚生労働省令で定めるところにより、同項各号の事項を記載した文書を、譲渡し、又は提供する相手方に交付しなければならない。

　（文書の交付等）

第57条の2　労働者に危険若しくは健康障害を生ずるおそれのある物で政令で定めるもの又は第56条第1項の物（以下この条及び次条第1項において「通知対象物」という。）を譲渡し、又は提供する者は、文書の交付その他厚生労働省令で定める方法により通知対象物に関する次の事項（前条第2項に規定する者にあつては、同項に規定する事項を除く。）を、譲渡し、又は提供する相手方に通知しなければならない。ただし、主として一般消費者の生活の用に供される製品として通知対象物を譲渡し、又は提供する場合については、この限りでない。

　1　名称

　2　成分及びその含有量

　3　物理的及び化学的性質

　4　人体に及ぼす作用

　5　貯蔵又は取扱い上の注意

　6　流出その他の事故が発生した場合において講ずべき応急の措置

　7　前各号に掲げるもののほか、厚生労働省令で定める事項

② 通知対象物を譲渡し、又は提供する者は、前項の規定により通知した事項に変更を行う必要が生じたときは、文書の交付その他厚生労働省令で定める方法により、変更後の同項各号の事項を、速やかに、譲渡し、又は提供した相手方に通知するよう努めなければならない。

③ 前二項に定めるもののほか、前二項の通知に関し必要な事項は、厚生労働省令で定める。

　（第57条第1項の政令で定める物及び通知対象物について事業者が行うべき調査等）

第57条の3　事業者は、厚生労働省令で定めるところにより、第57条第1項の政令で定める物及び通知対象物による危険性又は有害性等を調査しなければならない。

② 事業者は、前項の調査の結果に基づいて、この法律又はこれに基づく命令の規定による措置を講ずるほか、労働者の危険又は健康障害を防止するため必要な措置を講ずるように努めなければならない。

③ 厚生労働大臣は、第28条第1項及び第3項に定めるもののほか、前二項の措置に関して、その適切かつ有効な実施を図るため必要な指針を公表するものとする。

④ 厚生労働大臣は、前項の指針に従い、事業者又はその団体に対し、必要な指導、援助等を行うことができる。

　（作業環境測定）

第65条　事業者は、有害な業務を行う屋内作業場その他の作業場で、政令で定めるものについて、厚生労働省令で定めるところにより、必要な作業環境測定を行い、及びその結果を記録してお

かなければならない。

② 前項の規定による作業環境測定は、厚生労働大臣の定める作業環境測定基準に従つて行わなければならない。

③～⑤ （略）

（作業環境測定の結果の評価等）

第65条の2 事業者は、前条第1項又は第5項の規定による作業環境測定の結果の評価に基づいて、労働者の健康を保持するため必要があると認められるときは、厚生労働省令で定めるところにより、施設又は設備の設置又は整備、健康診断の実施その他の適切な措置を講じなければならない。

② 事業者は、前項の評価を行うに当たつては、厚生労働省令で定めるところにより、厚生労働大臣の定める作業環境評価基準に従つて行わなければならない。

③ 事業者は、前項の規定による作業環境測定の結果の評価を行つたときは、厚生労働省令で定めるところにより、その結果を記録しておかなければならない。

（健康診断）

第66条 事業者は、労働者に対し、厚生労働省令で定めるところにより、医師による健康診断（第66条の10第1項に規定する検査を除く。以下この条及び次条において同じ。）を行わなければならない。

② 事業者は、有害な業務で、政令で定めるものに従事する労働者に対し、厚生労働省令で定めるところにより、医師による特別の項目についての健康診断を行なわなければならない。有害な業務で、政令で定めるものに従事させたことのある労働者で、現に使用しているものについても、同様とする。

③ 事業者は、有害な業務で、政令で定めるものに従事する労働者に対し、厚生労働省令で定めるところにより、歯科医師による健康診断を行なわなければならない。

④ 都道府県労働局長は、労働者の健康を保持するため必要があると認めるときは、労働衛生指導医の意見に基づき、厚生労働省令で定めるところにより、事業者に対し、臨時の健康診断の実施その他必要な事項を指示することができる。

⑤ 労働者は、前各項の規定により事業者が行なう健康診断を受けなければならない。ただし、事業者の指定した医師又は歯科医師が行なう健康診断を受けることを希望しない場合において、他の医師又は歯科医師の行なうこれらの規定による健康診断に相当する健康診断を受け、その結果を証明する書面を事業者に提出したときは、この限りでない。

（心理的な負担の程度を把握するための検査等）

第66条の10 事業者は、労働者に対し、厚生労働省令で定めるところにより、医師、保健師その他の厚生労働省令で定める者（以下この条において「医師等」という。）による心理的な負担の程度を把握するための検査を行わなければならない。

② 事業者は、前項の規定により行う検査を受けた労働者に対し、厚生労働省令で定めるところにより、当該検査を行つた医師等から当該検査の結果が通知されるようにしなければならない。この場合において、当該医師等は、あらかじめ当該検査を受けた労働者の同意を得ないで、当該労働者の検査の結果を事業者に提供してはならない。

③ 事業者は、前項の規定による通知を受けた労働者であつて、心理的な負担の程度が労働者の

健康の保持を考慮して厚生労働省令で定める要件に該当するものが医師による面接指導を受けることを希望する旨を申し出たときは、当該申出をした労働者に対し、厚生労働省令で定めるところにより、医師による面接指導を行わなければならない。この場合において、事業者は、労働者が当該申出をしたことを理由として、当該労働者に対し、不利益な取扱いをしてはならない。

④　事業者は、厚生労働省令で定めるところにより、前項の規定による面接指導の結果を記録しておかなければならない。

⑤　事業者は、第3項の規定による面接指導の結果に基づき、当該労働者の健康を保持するために必要な措置について、厚生労働省令で定めるところにより、医師の意見を聴かなければならない。

⑥　事業者は、前項の規定による医師の意見を勘案し、その必要があると認めるときは、当該労働者の実情を考慮して、就業場所の変更、作業の転換、労働時間の短縮、深夜業の回数の減少等の措置を講ずるほか、当該医師の意見の衛生委員会若しくは安全衛生委員会又は労働時間等設定改善委員会への報告その他の適切な措置を講じなければならない。

⑦　厚生労働大臣は、前項の規定により事業者が講ずべき措置の適切かつ有効な実施を図るため必要な指針を公表するものとする。

⑧　厚生労働大臣は、前項の指針を公表した場合において必要があると認めるときは、事業者又はその団体に対し、当該指針に関し必要な指導等を行うことができる。

⑨　国は、心理的な負担の程度が労働者の健康の保持に及ぼす影響に関する医師等に対する研修を実施するよう努めるとともに、第2項の規定により通知された検査の結果を利用する労働者に対する健康相談の実施その他の当該労働者の健康の保持増進を図ることを促進するための措置を講ずるよう努めるものとする。

（健康管理手帳）

第67条　都道府県労働局長は、がんその他の重度の健康障害を生ずるおそれのある業務で、政令で定めるものに従事していた者のうち、厚生労働省令で定める要件に該当する者に対し、離職の際に又は離職の後に、当該業務に係る健康管理手帳を交付するものとする。ただし、現に当該業務に係る健康管理手帳を所持している者については、この限りでない。

②　政府は、健康管理手帳を所持している者に対する健康診断に関し、厚生労働省令で定めるところにより、必要な措置を行なう。

③　健康管理手帳の交付を受けた者は、当該健康管理手帳を他人に譲渡し、又は貸与してはならない。

④　健康管理手帳の様式その他健康管理手帳について必要な事項は、厚生労働省令で定める。

（受動喫煙の防止）

第68条の2　事業者は、室内又はこれに準ずる環境における労働者の受動喫煙（健康増進法（平成14年法律第103号）第28条第3号に規定する受動喫煙をいう。第71条第1項において同じ。）を防止するため、当該事業者及び事業場の実情に応じ適切な措置を講ずるよう努めるものとする。

2 労働安全衛生法施行令（抄）

（昭和47年8月19日政令第318号・最終改正：令和4年2月24日政令第51号）

（総括安全衛生管理者を選任すべき事業場）

第2条 労働安全衛生法（以下「法」という。）第10条第1項の政令で定める規模の事業場は、…（中略）…常時当該各号に掲げる数以上の労働者を使用する事業場とする。

1 林業、鉱業、建設業、運送業及び清掃業 100人

2～3 （略）

（安全管理者を選任すべき事業場）

第3条 法第11条第1項の政令で定める業種及び規模の事業場は、…（中略）…常時50人以上の労働者を使用するものとする。

（衛生管理者を選任すべき事業場）

第4条 法第12条第1項の政令で定める規模の事業場は、常時50人以上の労働者を使用する事業場とする。

（作業主任者を選任すべき作業）

第6条 法第14条の政令で定める作業は、次のとおりとする。

1 高圧室内作業（潜函工法その他の圧気工法により、大気圧を超える気圧下の作業室又はシャフトの内部において行う作業に限る。）

2～23 （略）

（型式検定を受けるべき機械等）

第14条の2 法第44条の2第1項の政令で定める機械等は、次に掲げる機械等（本邦の地域内で使用されないことが明らかな場合を除く。）とする。

2 プレス機械又はシャーの安全装置

5 防じんマスク（ろ過材及び面体を有するものに限る。）

12 保護帽（物体の飛来若しくは落下又は墜落による危険を防止するためのものに限る。）

13 電動ファン付き呼吸用保護具

（掲出号以外略）

（定期に自主検査を行うべき機械等）

第15条 法第45条第1項の政令で定める機械等は、次のとおりとする。

7 乾燥設備及びその附属設備

9 局所排気装置、プッシュプル型換気装置、除じん装置、排ガス処理装置及び排液処理装置で、厚生労働省令で定めるもの

（掲出号以外略）

② （略）

（名称等を表示すべき危険物及び有害物）

第18条 法第57条第1項の政令で定める物は、次のとおりとする。

1 別表第9に掲げる物（以下略）

2 別表第9に掲げる物を含有する製剤その他の物で、厚生労働省令で定めるもの

3 別表第3第1号1から7までに掲げる物を含有する製剤その他の物（同号8に掲げる物を

除く。）で、厚生労働省令で定めるもの

（作業環境測定を行うべき作業場）

第21条　法第65条第1項の政令で定める作業場は、次のとおりとする。

　2　暑熱、寒冷又は多湿の屋内作業場で、厚生労働省令で定めるもの

　3　著しい騒音を発する屋内作業場で、厚生労働省令で定めるもの

　10　別表第6の2に掲げる有機溶剤を製造し、又は取り扱う業務で厚生労働省令で定めるものを行う屋内作業場

（掲出号以外略）

（健康診断を行うべき有害な業務）

第22条　法第66条第2項前段の政令で定める有害な業務は、次のとおりとする。

　2　別表第2に掲げる放射線業務

　6　屋内作業場又はタンク、船倉若しくは坑の内部その他の厚生労働省令で定める場所において別表第6の2に掲げる有機溶剤を製造し、又は取り扱う業務で、厚生労働省令で定めるもの

（掲出号以外略）

②、③　（略）

3　労働安全衛生規則（抄）

（昭和47年9月30日労働省令第32号・最終改正：令和4年2月24日厚生労働省令第25号）

（安全衛生推進者等を選任すべき事業場）

第12条の2　法第12条の2の厚生労働省令で定める規模の事業場は、常時10人以上50人未満の労働者を使用する事業場とする。

（安全衛生推進者等の選任）

第12条の3　法第12条の2の規定による安全衛生推進者又は衛生推進者（以下「安全衛生推進者等」という。）の選任は、都道府県労働局長の登録を受けた者が行う講習を修了した者その他法第10条第1項各号の業務（衛生推進者にあつては、衛生に係る業務に限る。）を担当するため必要な能力を有すると認められる者のうちから、次の定めるところにより行わなければならない。

1　安全衛生推進者等を選任すべき事由が発生した日から14日以内に選任すること。

2　その事業場に専属の者を選任すること。ただし、労働安全コンサルタント、労働衛生コンサルタントその他厚生労働大臣が定める者のうちから選任するときは、この限りでない。

②　次に掲げる者は、前項の講習の講習科目（安全衛生推進者に係るものに限る。）のうち厚生労働大臣が定めるものの免除を受けることができる。

1　第5条各号に掲げる者

2　第10条各号に掲げる者

（安全衛生推進者等の氏名の周知）

第12条の4　事業者は、安全衛生推進者等を選任したときは、当該安全衛生推進者等の氏名を作業場の見やすい箇所に掲示する等により関係労働者に周知させなければならない。

（危険性又は有害性等の調査）

第24条の11　法第28条の2第1項の危険性又は有害性等の調査は、次に掲げる時期に行うものとする。

1　建設物を設置し、移転し、変更し、又は解体するとき。

2　設備、原材料等を新規に採用し、又は変更するとき。

3　作業方法又は作業手順を新規に採用し、又は変更するとき。

4　前三号に掲げるもののほか、建設物、設備、原材料、ガス、蒸気、粉じん等による、又は作業行動その他業務に起因する危険性又は有害性等について変化が生じ、又は生ずるおそれがあるとき。

②　（略）

（名称等の表示）

第32条　法第57条第1項の規定による表示は、当該容器又は包装に、同項各号に掲げるもの（以下この条において「表示事項等」という。）を印刷し、又は表示事項等を印刷した票箋を貼り付けて行わなければならない。ただし、当該容器又は包装に表示事項等の全てを印刷し、又は表示事項等の全てを印刷した票箋を貼り付けることが困難なときは、表示事項等のうち同項第1号ロからニまで及び同項第2号に掲げるものについては、これらを印刷した票箋を容器又は包装に結びつけることにより表示することができる。

第33条　法第57条第1項第1号ニの厚生労働省令で定める事項は、次のとおりとする。

　1　法第57条第1項の規定による表示をする者の氏名（法人にあつては、その名称）、住所及び電話番号

　2　注意喚起語

　3　安定性及び反応性

（名称等の通知）

第34条の2の4　法第57条の2第1項第7号の厚生労働省令で定める事項は、次のとおりとする。

　1　法第57条の2第1項の規定による通知を行う者の氏名（法人にあつては、その名称）、住所及び電話番号

　2　危険性又は有害性の要約

　3　安定性及び反応性

　4　適用される法令

　5　その他参考となる事項

（調査対象物の危険性又は有害性等の調査の実施時期等）

第34条の2の7　法第57条の3第1項の危険性又は有害性等の調査（主として一般消費者の生活の用に供される製品に係るものを除く。次項及び次条第1項において「調査」という。）は、次に掲げる時期に行うものとする。

　1　令第18条各号に掲げる物及び法第57条の2第1項に規定する通知対象物（以下この条及び次条において「調査対象物」という。）を原材料等として新規に採用し、又は変更するとき。

　2　調査対象物を製造し、又は取り扱う業務に係る作業の方法又は手順を新規に採用し、又は変更するとき。

　3　前二号に掲げるもののほか、調査対象物による危険性又は有害性等について変化が生じ、又は生ずるおそれがあるとき。

②　調査は、調査対象物を製造し、又は取り扱う業務ごとに、次に掲げるいずれかの方法（調査のうち危険性に係るものにあつては、第1号又は第3号（第1号に係る部分に限る。）に掲げる方法に限る。）により、又はこれらの方法の併用により行わなければならない。

　1　当該調査対象物が当該業務に従事する労働者に危険を及ぼし、又は当該調査対象物により当該労働者の健康障害を生ずるおそれの程度及び当該危険又は健康障害の程度を考慮する方法

　2　当該業務に従事する労働者が当該調査対象物にさらされる程度及び当該調査対象物の有害性の程度を考慮する方法

　3　前二号に掲げる方法に準ずる方法

（雇入れ時等の教育）

第35条　事業者は、労働者を雇い入れ、又は労働者の作業内容を変更したときは、当該労働者に対し、遅滞なく、次の事項のうち当該労働者が従事する業務に関する安全又は衛生のため必要な事項について、教育を行なわなければならない。……（以下略）

②　（略）

（特別教育を必要とする業務）

第36条　法第59条第3項の厚生労働省令で定める危険又は有害な業務は、次のとおりとする。

　1　研削といしの取替え又は取替え時の試運転の業務

2～41　（略）

（雇入時の健康診断）

第43条　事業者は、常時使用する労働者を雇い入れるときは、当該労働者に対し、次の項目について医師による健康診断を行わなければならない。ただし、医師による健康診断を受けた後、3月を経過しない者を雇い入れる場合において、その者が当該健康診断の結果を証明する書面を提出したときは、当該健康診断の項目に相当する項目については、この限りでない。

1　既往歴及び業務歴の調査

2　自覚症状及び他覚症状の有無の検査

3　身長、体重、腹囲、視力及び聴力（1,000ヘルツ及び4,000ヘルツの音に係る聴力をいう。次条第1項第3号において同じ。）の検査

4　胸部エックス線検査

5　血圧の測定

6　血色素量及び赤血球数の検査（次条第1項第6号において「貧血検査」という。）

7　血清グルタミックオキサロアセチックトランスアミナーゼ（GOT）、血清グルタミックピルビックトランスアミナーゼ（GPT）及びガンマ-グルタミルトランスペプチダーゼ（γ-GTP）の検査（次条第1項第7号において「肝機能検査」という。）

8　低比重リポ蛋白コレステロール（LDLコレステロール）、高比重リポ蛋白コレステロール（HDLコレステロール）及び血清トリグリセライドの量の検査（次条第1項第8号において「血中脂質検査」という。）

9　血糖検査

10　尿中の糖及び蛋白の有無の検査（次条第1項第10号において「尿検査」という。）

11　心電図検査

（定期健康診断）

第44条　事業者は、常時使用する労働者（第45条第1項に規定する労働者を除く。）に対し、1年以内ごとに1回、定期に、次の項目について医師による健康診断を行わなければならない。

1　既往歴及び業務歴の調査

2　自覚症状及び他覚症状の有無の検査

3　身長、体重、腹囲、視力及び聴力の検査

4　胸部エックス線検査及び喀痰検査

5　血圧の測定

6　貧血検査

7　肝機能検査

8　血中脂質検査

9　血糖検査

10　尿検査

11　心電図検査

②～④　（略）

（特定業務従事者の健康診断）

第45条　事業者は、第13条第1項第3号に掲げる業務に常時従事する労働者に対し、当該業務へ

の配置替えの際及び6月以内ごとに1回、定期に、第44条第1項各号に掲げる項目について医師による健康診断を行わなければならない。この場合において、同項第4号の項目については、1年以内ごとに一回、定期に、行えば足りるものとする。

②〜④　（略）

（心理的な負担の程度を把握するための検査の実施方法）

第52条の9　事業者は、常時使用する労働者に対し、1年以内ごとに1回、定期に、次に掲げる事項について法第66条の10第1項に規定する心理的な負担の程度を把握するための検査（以下この節において「検査」という。）を行わなければならない。

1　職場における当該労働者の心理的な負担の原因に関する項目

2　当該労働者の心理的な負担による心身の自覚症状に関する項目

3　職場における他の労働者による当該労働者への支援に関する項目

（面接指導の対象となる労働者の要件）

第52条の15　法第66条の10第3項の厚生労働省令で定める要件は、検査の結果、心理的な負担の程度が高い者であつて、同項に規定する面接指導（以下この節において「面接指導」という。）を受ける必要があると当該検査を行つた医師等が認めたものであることとする。

（事故報告）

第96条　事業者は、次の場合は、遅滞なく、様式第22号による報告書を所轄労働基準監督署長に提出しなければならない。

1　事業場又はその附属建設物内で、次の事故が発生したとき

イ　火災又は爆発の事故（次号の事故を除く。）

ロ　遠心機械、研削といしその他高速回転体の破裂の事故

ハ　機械集材装置、巻上げ機又は索道の鎖又は索の切断の事故

ニ　建設物、附属建設物又は機械集材装置、煙突、高架そう等の倒壊の事故

2　令第1条第3号のボイラー（小型ボイラーを除く。）の破裂、煙道ガスの爆発又はこれらに準ずる事故が発生したとき

3〜10　（略）

②　次条第1項の規定による報告書の提出と併せて前項の報告書の提出をしようとする場合にあつては、当該報告書の記載事項のうち次条第1項の報告書の記載事項と重複する部分の記入は要しないものとする。

（労働者死傷病報告）

第97条　事業者は、労働者が労働災害その他就業中又は事業場内若しくはその附属建設物内における負傷、窒息又は急性中毒により死亡し、又は休業したときは、遅滞なく、様式第23号による報告書を所轄労働基準監督署長に提出しなければならない。

②　（略）

第5編

参　考

この編で学ぶこと

- ☐ 事業場規模別・業種別安全衛生管理組織
- ☐ 作業主任者の選任を要する作業
- ☐ 特別教育を要する業務
- ☐ 就業制限業務
- ☐ 特殊健康診断を要する業務
- ☐ 労働基準監督署等への報告・届出
- ☐ 災害事例に学ぶ労働災害、職業性疾病の原因
  と再発防止対策
- ☐ 第13次労働災害防止計画

第1章 概要図等

1 事業場規模別・業種別安全衛生管理組織（表5-1）

表5-1 安全衛生管理組織の概要

業種 規模 （人）	（注1） 林 業 鉱 業 建 設 業 運 送 業 清 掃 業 （令2条1号の業種）	製造業（物の加工業を含む。）、電気業、ガス業、熱供給業、水道業、通信業、各種商品卸売業、家具・建具・じゅう器等卸売業、各種商品小売業、家具・建具・じゅう器小売業、燃料小売業、旅館業、ゴルフ場業、自動車整備業、機械修理業 （令2条2号の業種）	その他の業種 （注2） （令2条3号の業種）
1000～ 300 ～999 100 ～299	事業者 → 選任 総括安全衛生管理者 （安衛法10条）指揮 産業医（安衛法13条） 安全管理者（安衛法11条） 衛生管理者（安衛法12条）	事業者 → 選任 総括安全衛生管理者　指揮 産業医　安全管理者　衛生管理者	事業者 → 選任 総括安全衛生管理者　指揮 産業医　衛生管理者
		事業者 → 選任 産業医　安全管理者　衛生管理者	事業者 → 選任 産業医　衛生管理者
50～99	事業者 → 選任 産業医　安全管理者　衛生管理者		
（注3） 10～49	事業者 → 選任 （注4） 安全衛生推進者 （安衛法12条の2）	事業者 → 選任 安全衛生推進者	事業者 → 選任 衛生推進者
1～9	事業者	事業者	事業者

（注1） 下線の業種及びその他の業種のうち農畜水産業、医療業については第2種衛生管理者免許を有する者を衛生管理者として選任することはできない（安衛則7条3号）。

（注2） 規模10人以上の事業場においては、通達により安全推進者の配置が求められている（平成26年3月28日基発0328第6号）。

（注3） 50人未満の規模の事業場においては、事業者は必要な医学に関する知識を有する医師等に労働者の健康管理等を行わせるよう努めなければならない（安衛法13条の2）。

（注4） 仕事の種類により、規模20人以上30人未満または20人以上50人未満の現場を有する店社には店社安全衛生管理者も選任（建設業のみ）（安衛法15条の3）。

2　作業主任者（安衛法第14条関係）

　一定の有資格者のうちから作業主任者を選任し、労働者の指揮等を行わせなければならない作業は**表5-2**のとおりです。

表5-2　作業主任者一覧（製造業関係）

名　　称	作　業　の　内　容		資格を有する者
ガス溶接作業主任者	アセチレン溶接装置又はガス集合溶接装置を用いて行う金属の溶接、溶断又は加熱の作業		ガス溶接作業主任者免許を受けた者
ボイラー取扱作業主任者	ボイラー（小型ボイラーを除く。）の取扱いの作業	取り扱うボイラーの伝熱面積の合計が500㎡以上の場合（貫流ボイラーのみを取り扱う場合を除く。）における当該ボイラーの取扱いの作業	特級ボイラー技士免許を受けた者
		取り扱うボイラーの伝熱面積の合計が25㎡以上500㎡未満の場合（貫流ボイラーのみを取り扱う場合において、その伝熱面積の合計が500㎡以上のときを含む。）における当該ボイラーの取扱いの作業	特級ボイラー技士免許又は一級ボイラー技士免許を受けた者
		取り扱うボイラーの伝熱面積の合計が25㎡未満の場合における当該ボイラーの取扱いの作業	特級ボイラー技士免許、一級ボイラー技士免許又は二級ボイラー技士免許を受けた者
		令第20条第5号イからニまでに掲げるボイラーのみを取り扱う作業	特級ボイラー技士免許、一級ボイラー技士免許若しくは二級ボイラー技士免許を受けた者又はボイラー取扱技能講習を修了した者
木材加工用機械作業主任者	木材加工用機械（丸のこ盤、帯のこ盤、かんな盤、面取り盤及びルーターに限るものとし、携帯用のものを除く。）を5台以上（当該機械のうちに自動送材車式帯のこ盤が含まれている場合には、3台以上）有する事業場において行う当該機械による作業		木材加工用機械作業主任者技能講習を修了した者
プレス機械作業主任者	動力により駆動されるプレス機械を5台以上有する事業場において行う当該機械による作業		プレス機械作業主任者技能講習を修了した者
乾燥設備作業主任者	次に掲げる設備による物の加熱乾燥の作業 イ　乾燥設備のうち、危険物等に係る設備で、内容積が1㎡以上のもの ロ　乾燥設備のうち、イの危険物等以外の物に係る設備で、熱源として燃料を使用するもの（その最大消費量が、固体燃料にあっては毎時10kg以上、液体燃料にあっては毎時10L以上、気体燃料にあっては毎時1㎡以上であるものに限る。）又は熱源として電力を使用するもの（定格消費電力が10kW以上のものに限る。）		乾燥設備作業主任者技能講習を修了した者

名　　称	作　業　の　内　容		資格を有する者
足場の組立て等作業主任者	つり足場（ゴンドラのつり足場を除く。）、張出し足場又は高さが5m以上の構造の足場の組立て、解体又は変更の作業		足場の組立て等作業主任者技能講習を修了した者
はい作業主任者	高さが2m以上のはいのはい付け又ははい崩しの作業（荷役機械の運転者のみによって行われるものを除く。）		はい作業主任者技能講習を修了した者
第一種圧力容器取扱作業主任者	第一種圧力容器（小型圧力容器及び次に掲げる容器を除く。）の取扱いの作業 イ　令第1条第5号イに掲げる容器で、内容積が5㎥以下のもの ロ　令第1条第5号ロからニまでに掲げる容器で、内容積が1㎥以下のもの	化学設備に係る第一種圧力容器の取扱いの作業	化学設備関係第一種圧力容器取扱作業主任者技能講習を修了した者
		上記の作業以外の作業	特級ボイラー技士免許、一級ボイラー技士免許若しくは二級ボイラー技士免許を受けた者又は化学設備関係第一種圧力容器取扱作業主任者技能講習若しくは普通第一種圧力容器取扱作業主任者技能講習を修了した者
エックス線作業主任者	令別表第2第1号又は第3号に掲げる放射線業務に係る作業（医療用又は波高値による定格管電圧が1,000kV以上のエックス線を発生させる装置（同表第2号の装置を除く。）を使用するものを除く。）		エックス線作業主任者免許を受けた者
ガンマ線透過写真撮影作業主任者	ガンマ線照射装置を用いて行う透過写真の撮影の作業		ガンマ線透過写真撮影作業主任者免許を受けた者
特定化学物質作業主任者	特定化学物質を製造し、又は取り扱う作業（試験研究のため取り扱う作業及びエチルベンゼン、クロロホルム、コバルト及びその無機化合物、酸化プロピレン、三酸化二アンチモン、四塩化炭素、1・4-ジオキサン、1・2-ジクロロエタン（別名二塩化エチレン）、1・2-ジクロロプロパン、ジクロロメタン（別名二塩化メチレン）、ジメチル-2・2-ジクロロビニルホスフェイト（別名DDVP）、スチレン、1・1・2・2-テトラクロロエタン（別名四塩化アセチレン）、テトラクロロエチレン（別名パークロルエチレン）、トリクロロエチレン、ナフタレン、メチルイソブチルケトン若しくはリフラクトリーセラミックファイバー又はこれらを含有する	下記の作業以外の作業	特定化学物質及び四アルキル鉛等作業主任者技能講習を修了した者
特定化学物質作業主任者（特別有機溶剤業務）		エチルベンゼン塗装業務、1・2-ジクロロプロパン洗浄払拭業務及びクロロホルム等有機溶剤業務	有機溶剤作業主任者技能講習を修了した者

名　　　称	作　業　の　内　容	資格を有する者
	製剤等を製造し、又は取り扱う作業で厚生労働省令で定めるものを除く。）	
鉛作業主任者	令別表第4第1号から第10号までに掲げる鉛業務（遠隔操作によって行う隔離室におけるものを除く。）に係る作業	鉛作業主任者技能講習を修了した者
四アルキル鉛等作業主任者	四アルキル鉛等業務（遠隔操作によって行う隔離室におけるものを除くものとし、令別表第5第6号に掲げる業務にあっては、ドラム缶その他の容器の積卸しの業務に限る。）に係る作業	特定化学物質及び四アルキル鉛等作業主任者技能講習を修了した者
酸素欠乏危険作業主任者	令別表第6に掲げる酸素欠乏危険場所における作業のうち次の欄に掲げる作業以外の作業	酸素欠乏危険作業主任者技能講習又は酸素欠乏・硫化水素危険作業主任者技能講習を修了した者
	令別表第6第3号の3、第9号又は第12号に掲げる酸素欠乏危険場所（同号に掲げる場所にあっては、酸素欠乏症にかかるおそれ及び硫化水素中毒にかかるおそれのある場所として厚生労働大臣が定める場所に限る。）における作業	酸素欠乏・硫化水素危険作業主任者技能講習を修了した者
有機溶剤作業主任者	屋内作業場又はタンク、船倉若しくは坑の内部その他の厚生労働省令で定める場所において令別表第6の2に掲げる有機溶剤（当該有機溶剤と当該有機溶剤以外の物との混合物で、当該有機溶剤を当該混合物の重量の5％を超えて含有するものを含む。）を製造し、又は取り扱う業務で、厚生労働省令で定めるものに係る作業	有機溶剤作業主任者技能講習を修了した者
石綿作業主任者	石綿若しくは石綿をその重量の0.1％を超えて含有する製剤その他の物を取り扱う作業（試験研究のため取り扱う作業を除く。）又は石綿等を試験研究のため製造する作業若しくは令第16条第1項第4号イからハまでに掲げる石綿で同号の厚生労働省令で定めるもの若しくはこれらの石綿をその重量の0.1％を超えて含有する製剤その他の物を製造する作業	石綿作業主任者技能講習を修了した者

3 特別教育（安衛法第59条関係）

危険または有害な業務に従事させるときは、当該業務についての特別教育を行わなければなりません（**表5-3参照**）。

表5-3 特別教育を必要とする業務一覧（製造業関係）

① 研削といしの取替え又は取替え時の試運転の業務

② 動力により駆動されるプレス機械の金型、シヤーの刃部又はプレス機械若しくはシヤーの安全装置若しくは安全囲いの取付け、取外し又は調整の業務

③ アーク溶接機を用いて行う金属の溶接、溶断等の業務

④ 高圧（直流にあっては750Vを、交流にあっては600Vを超え、7,000V以下である電圧をいう。）若しくは特別高圧（7,000Vを超える電圧をいう。）の充電電路若しくは当該充電電路の支持物の敷設、点検、修理若しくは操作の業務、低圧（直流にあっては750V以下、交流にあっては600V以下である電圧をいう。以下同じ。）の充電電路（対地電圧が50V以下であるもの及び電信用のもの、電話用のもの等で感電による危害を生ずるおそれのないものを除く。）の敷設若しくは修理の業務又は配電盤室、変電室等区画された場所に設置する低圧の電路（対地電圧が50V以下であるもの及び電信用のもの、電話用のもの等で感電による危害の生ずるおそれのないものを除く。）のうち充電部分が露出している開閉器の操作の業務

⑤ 対地電圧が50Vを超える低圧の蓄電池を内蔵する自動車の整備の業務

⑥ 最大荷重1t未満のフォークリフトの運転（道路交通法第2条第1項第1号の道路（以下「道路」という。）上を走行させる運転を除く。）の業務

⑦ 最大荷重1t未満のショベルローダー又はフォークローダーの運転（道路上を走行させる運転を除く。）の業務

⑧ 作業床の高さ（労働安全衛生法施行令第10条第4号の作業床の高さをいう。）が10m未満の高所作業車（労働安全衛生法施行令第10条第4号の高所作業車をいう。）の運転（道路上を走行させる運転を除く。）の業務

⑨ 動力により駆動される巻上げ機（電気ホイスト、エヤーホイスト及びこれら以外の巻上げ機でゴンドラに係るものを除く。）の運転の業務

⑩ 動力車で、軌条により人又は荷を運搬する用に供されるものの運転の業務

⑪ 小型ボイラーの取扱いの業務

⑫ 次に掲げるクレーン（移動式クレーンを除く。）の運転の業務

　イ つり上げ荷重が5t未満のもの

　ロ つり上げ荷重が5t以上の跨線テルハ

⑬ つり上げ荷重が1t未満の移動式クレーンの運転（道路上を走行させる運転を除く。）の業務

⑭ つり上げ荷重が1t未満のクレーン、移動式クレーン又はデリックの玉掛けの業務

⑮ ゴンドラの操作の業務

⑯ 作業室及び気こう室へ送気するための空気圧縮機を運転する業務

⑰ 高圧室内作業に係る作業室への送気の調節を行うためのバルブ又はコックを操作する業務

⑱ 気こう室への送気又は気こう室からの排気の調整を行うためのバルブ又はコック

を操作する業務

⑲　潜水作業者への送気の調節を行うためのバルブ又はコックを操作する業務

⑳　再圧室を操作する業務

㉑　高圧室内作業に係る業務

㉒　労働安全衛生法施行令別表第5に掲げる四アルキル鉛等業務

㉓　労働安全衛生法施行令別表第6に掲げる酸素欠乏危険場所における作業に係る業務

㉔　特殊化学設備の取扱い、整備及び修理の業務（労働安全衛生法施行令第20条第5号に規定する第一種圧力容器の整備の業務を除く。）

㉕　エックス線装置又はガンマ線照射装置を用いて行う透過写真の撮影の業務

㉖　加工施設、再処理施設又は一定規模以上の核燃料物質の使用施設等の管理区域内において、核燃料物質若しくは使用済燃料又はこれらによって汚染された物を取り扱う業務

㉗　原子炉施設の管理区域内において、核燃料物質若しくは使用済燃料又はこれらによって汚染された物を取り扱う業務

㉘　東日本大震災により生じた放射性物質により汚染された土壌等を除染するための業務等に係る電離放射線障害防止規則第2条第7項第2号イ又はロに掲げる物その他の事故由来放射性物質（平成23年3月11日に発生した東北地方太平洋沖地震に伴う原子力発電所の事故により当該原子力発電所から放出された放射性物質をいう。）により汚染された物であつて、電離則第2条第2項に規定するものの処分の業務

㉙　電離則第7条の2第3項の特例緊急作業に係る業務

㉚　粉じん障害防止規則第2条第1項第3号の特定粉じん作業（設備による注水又は注油をしながら行う同則第3条各号に掲げる作業に該当するものを除く。）に係る業務

㉛　産業用ロボットの可動範囲（記憶装置の情報に基づきマニプレータその他の産業用ロボットの各部の動くことができる最大の範囲をいう。以下同じ。）内において当該産業用ロボットについて行うマニプレータの動作の順序、位置若しくは速度の設定、変更若しくは確認（以下「教示等」という。）（産業用ロボットの駆動源を遮断して行うものを除く。以下同じ。）又は産業用ロボットの可動範囲内において当該産業用ロボットについて教示等を行う労働者と共同して当該産業用ロボットの可動範囲外において行う当該教示等に係る機器の操作の業務

㉜　産業用ロボットの可動範囲内において行う当該産業用ロボットの検査、修理若しくは調整（教示等に該当するものを除く。）若しくはこれらの結果の確認（以下「検査等」という。）（産業用ロボットの運転中に行うものに限る。以下同じ。）又は産業用ロボットの可動範囲内において当該産業用ロボットの検査等を行う労働者と共同して当該産業用ロボットの可動範囲外において行う当該検査等に係る操作の業務

㉝　自動車（二輪自動車を除く。）用タイヤの組立てに係る業務のうち、空気圧縮機を用いて当該タイヤに空気を充てんする業務

㉞　ダイオキシン類対策特別措置法施行令（平成11年政令第433号）別表第1第5号に掲げる廃棄物焼却炉を有する廃棄物の焼却施設（以下「廃棄物の焼却施設」という。）においてばいじん及び焼却灰その他の燃え殻を取り扱う業務（第36号に掲げる業務を除く。）

㉟　廃棄物の焼却施設に設置された廃棄物焼却炉、集じん機等の設備の保守点検等の
業務

㊱　廃棄物の焼却施設に設置された廃棄物焼却炉、集じん機等の設備の解体等の業務
及びこれに伴うばいじん及び焼却灰その他の燃え殻を取り扱う業務

㊲　石綿障害予防規則第4条第1項に掲げる作業に係る業務

㊳　除染則第2条第7項の除染等業務及び同条第8項の特定線量下業務

㊴　足場の組立て、解体又は変更の作業に係る業務（地上又は堅固な床上における補
助作業の業務を除く。）

㊵　高さが2メートル以上の箇所であつて作業床を設けることが困難なところにおい
て、昇降器具（労働者自らの操作により上昇し、又は下降するための器具であつて、
作業箇所の上方にある支持物にロープを緊結してつり下げ、当該ロープに労働者の
身体を保持するための器具を取り付けたものをいう。）を用いて、労働者が当該昇
降器具により身体を保持しつつ行う作業（40度未満の斜面における作業を除く。）
に係る業務

㊶　高さが2メートル以上の箇所であつて作業床を設けることが困難なところにおい
て、墜落制止用器具（労働安全衛生法施行令第13条第3項第28号の墜落制止用器具
をいう。）のうちフルハーネス型のものを用いて行う作業に係る業務（前号に掲げ
る業務を除く。）

4　就業制限業務（安衛法第61条関係）

一定の有資格者でなければ就かせることのできない主な業務は**表5-4**のとおりです。

表5-4　就業制限に係る主な業務一覧

① 発破の場合におけるせん孔、装てん、結線、点火並びに不発の装薬又は残薬の点検及び修理の業務
② 制限荷重が５t以上の揚貨装置の運転の業務
③ ボイラー（小型ボイラーを除く。）の取扱いの業務
④ 前号のボイラー又は第一種圧力容器（小型圧力容器を除く。）の溶接（自動溶接機による溶接、管（ボイラーにあっては、主蒸気管及び給水管を除く。）の周継手の溶接及び圧縮応力以外の応力を生じない部分の溶接を除く。）の業務
⑤ ボイラー（小型ボイラー及び労働安全衛生法施行令第20条第５号イ～ニに掲げるボイラーを除く。）又は第６条第17号の第一種圧力容器の整備の業務
⑥ つり上げ荷重が５t以上のクレーン（跨線テルハを除く。）の運転の業務
⑦ つり上げ荷重が１t以上の移動式クレーンの運転（道路交通法第２条第１項第１号に規定する道路（以下「道路」という。）上を走行させる運転を除く。）の業務
⑧ つり上げ荷重が５t以上のデリックの運転の業務
⑨ 潜水器を用い、かつ、空気圧縮機若しくは手押しポンプによる送気又はボンベからの給気を受けて、水中において行う業務
⑩ 可燃性ガス及び酸素を用いて行う金属の溶接、溶断又は加熱の業務
⑪ 最大荷重（フォークリフトの構造及び材料に応じて基準荷重中心に負荷させることができる最大の荷重をいう。）が１t以上のフォークリフトの運転（道路上を走行させる運転を除く。）の業務
⑫ 機体重量が３t以上の労働安全衛生法施行令別表第７第１号、第２号、第３号又は第６号に掲げる建設機械で、動力を用い、かつ、不特定の場所に自走することができるものの運転（道路上を走行させる運転を除く。）の業務
⑬ 最大荷重（ショベルローダー又はフォークローダーの構造及び材料に応じて負荷させることができる最大の荷重をいう。）が１t以上のショベルローダー又はフォークローダーの運転（道路上を走行させる運転を除く。）の業務
⑭ 最大積載量が１t以上の不整地運搬車の運転（道路上を走行させる運転を除く。）の業務
⑮ 作業床の高さが10m以上の高所作業車の運転（道路上を走行させる運転を除く。）の業務
⑯ 制限荷重が１t以上の揚貨装置又はつり上げ荷重が１t以上のクレーン、移動式クレーン若しくはデリックの玉掛けの業務

5 特殊健康診断（安衛法第66条関係）

有害な業務で、一定のものに従事する労働者に対しては、特別の項目についての健康診断を行わなければなりません（表5-5参照）。

表5-5 特殊健康診断

1．法定によるもの（業務）	10) 砒素またはその化合物
1）有機溶剤等健康診断	11) フェニル水銀化合物
2）鉛健康診断	12) アルキル水銀化合物
3）四アルキル鉛健康診断	13) クロルナフタリン
4）特定化学物質健康診断	14) 沃素
5）高気圧作業健康診断	15) 米杉・ネズコ・リョウブ・ラワンの粉じん
6）電離放射線健康診断	16) 超音波溶着機
7）除染等業務従事者健康診断	17) メチレンジフェニルイソシアネート（M・D・I）
8）石綿健康診断	18) フェザーミル等飼肥料
9）じん肺健康診断	19) フェノチアジン系薬剤
10) 歯科特殊健康診断	20) キーパンチャー業務
	21) 都市ガス配管工事（一酸化炭素）
2．行政指導によるもの	22) 地下駐車場（排気ガス）
1）紫外線・赤外線	23) チェーンソー
2）騒音	24) チェーンソー以外の振動工具
3）マンガン化合物	25) 重量物取扱い業務、介護作業等
4）黄りん	26) 金銭登録機
5）有機りん剤	27) 引金付工具
6）亜硫酸ガス	28) 情報機器作業
7）二硫化炭素	29) レーザー光線
8）ベンゼンのニトロアミド化合物	
9）脂肪族の塩化または臭化化合物	

6　計画の届出一覧（表5-6）

表5-6　計画の届出一覧（製造業関係）

（安全関係）

届　出　の　対　象	必　要　な　書　類　等	届出先、期限	関係法令等
（危険、有害な機械等の設置等） 　次の①～④に掲げる機械等の設置若しくは移転又は主要構造部分の変更 ①　則-別表7に掲げられている機械等 　［動力プレス、溶解炉、化学設備、乾燥設備、アセチレン溶接装置、ガス集合溶接装置、機械集材装置、運材索道、軌道装置、型わく支保工、架設通路、足場］	構造図、配置図など則-別表7の中欄、下欄に掲げる書面等	労働基準監督署長 工事の開始の30日前	法-88-1 則-86、88、別表7、届出を要しない仮設の建設物等については、則-85
②　ボイラー、第一種圧力容器	ア　設置届…設置場所の周囲の状況等を記載した書面等 イ　変更届…変更の内容を示す書面等		ボ-10、56 ボ-41、76
③　クレーン、移動式クレーン（変更届のみ）、デリック、エレベーター、建設用リフト	ア　設置届…組立図、構造部分の強度計算、据付箇所の周囲の状況、基礎の概要等を記載した書面等 イ　変更届…変更部分の図面等		ク-5、96、140、174 ク-44、85、129、163、197
④　ゴンドラ	ア　設置届…組立図、据付箇所の周囲の状況、固定方法等を記載した書面等 イ　変更届…変更部分の図面等		ゴ-10 ゴ-28
（大規模な建設工事） 　次のア～カの仕事 ア　高さが300m以上の塔の建設の仕事 イ　堤高が150m以上のダム建設の仕事 ウ　最大支間500m（つり橋にあっては、1,000m）以上の橋梁の建設の仕事 エ　長さが3,000m以上のずい道等の建設の仕事 オ　長さが1,000m以上3,000m未満のずい道等の建設の仕事で深さが50m以上のたて坑の掘削を伴うもの カ　ゲージ圧力が0.3メガパスカル以上の圧気工法による作業を行う仕事	ア　仕事を行う場所の周囲の状況及び四隣との関係を示す図面 イ　建設等をしようとする建設物等の概要を示す図面 ウ　工事用の機械、設備、建設物等の配置を示す図面 エ　工法の概要を示す書面又は図面 オ　労働災害を防止するための方法及び設備の概要を示す書面又は図面 カ　工程表 キ　圧気工法による作業を行う仕事にあっては、圧気工法作業摘要書	厚生労働大臣 仕事の開始の30日前	法-88-2 則-89、91-1 仕事の計画を作成するときは、則別表9に掲げるものを参画させなければならない。 ［法-88-4、則-92の2、92の3、別表9］
（一定規模以上の建設工事等（上の大臣届出に該当するものを除く。）） 　つぎのア～クの仕事 ア　高さ31mを超える建築物又は工作物の建設等の仕事 イ　最大支間50m以上の橋梁の建設等の仕事	ア　仕事を行う場所の周囲の状況及び四隣との関係を示す図面 イ　建設等をしようとする建設物等の概要を示す図面	労働基準監督署長 工事の開始の14日前	法-88-3 則-90、91-2 これらの仕事（ア～エについては、

届　出　の　対　象	必　要　な　書　類　等	届出先、期限	関係法令等
ウ　最大支間30m以上50m未満の橋梁の上部構造の建設等の仕事（人口が集中している地域内における道路上若しくは道路に隣接した場所又は鉄道の軌道上若しくは軌道に隣接した場所において行われるものに限る。） エ　ずい道等の建設等の仕事（ずい道等の内部に労働者が立ち入らないものを除く。） オ　掘削の高さ又は深さが10m以上ある地山の掘削の作業を行う仕事 カ　圧気工法による作業を行う仕事 キ　耐火建築物又は準耐火建築物で石綿等が吹き付けられているものにおける石綿等の除去の作業を行う仕事 ク　ダイオキシン類対策特別措置法施行令別表第1第5号に掲げる廃棄物焼却炉（火格子面積が2㎡以上又は焼却能力が1時間当たり200kg以上のものに限る。）を有する廃棄物の焼却施設に設置された廃棄物焼却炉、集じん機等の設備の解体等の仕事 〔ア～エの建設等の仕事とは、建設、改造、解体又は破壊の仕事をいう。〕	ウ　工事用の機械、設備、建設物等の配置を示す図面 エ　工法の概要を示す書面又は図面 オ　労働災害を防止するための方法及び設備の概要を示す書面又は図面 カ　工程表 キ　圧気工法による作業を行う仕事にあっては、圧気工法作業摘要書		建設の仕事に限る。）の計画を作成するときは、則-別表9に掲げる者を参画させなければならない（キ、クの仕事を除く。）。 〔法-88-4、則-92の2、92の3、別表9〕
（土石採取） 　土石採取業における次の仕事 ア　掘削の高さ又は深さが10m以上の土石の採取のための掘削の作業を行う仕事 イ　坑内掘りによる土石の採取のための掘削の作業を行う仕事	ア　仕事を行う場所の周囲の状況及び四隣との関係を示す図面 イ　機械、設備、建設物等の配置を示す図面 ウ　採取の方法を示す書面又は図面 エ　労働災害を防止するための方法及び設備の概要を示す書面又は図面	労働基準監督署長 工事の開始の14日前	法-88-3、則-90、92

注）「法」は労働安全衛生法、「令」は労働安全衛生法施行令、「則」は労働安全衛生規則、「ク」はクレーン等安全規則、「ボ」はボイラー及び圧力容器安全規則、「ゴ」はゴンドラ安全規則をそれぞれ示している。

（労働衛生関係）

届　出　の　対　象	必　要　な　書　類　等	届出先、期限	関係法令等
（危険、有害な機械、健康障害を防止するため使用する機械等の設置等） 　次の①～⑧に掲げる機械等の設置又は移転、主要構造部分の変更 ①　有機則第5条若しくは第6条の有機溶剤の蒸気の発散源を密閉する設備、局所排気装置若しくは全体換気装置又はプッシュプル型換気装置で、移動式以外のもの	ア　則-別表7の中欄に掲げる事項を記載した書面及び同表の下欄に掲げる図面 イ　局所排気装置にあっては、局所排気装置摘要書 ウ　プッシュプル型換気装置にあっては、プッシュプル型換気装置摘要書	労働基準監督署長 工事の開始の30日前	法-88-1 則-86、88 則-別表第7の13の項
②　鉛則第2条、第5条から第15条まで及び第17条から第20条までに規定する鉛等又は焼結鉱等の粉じんの発散源を密閉する設備、局所排気装置又はプッシュプル型換気装置	ア　則-別表第7の中欄に掲げる事項を記載した書面及び同表の下欄に掲げる図面 イ　局所排気装置にあっては局所排気装置摘要書 ウ　プッシュプル型換気装置にあっては、プッシュプル型換気装置摘要書		則-86 則-別表第7の14の項
③　四アルキル鉛をガソリンに混入する業務（四アルキル鉛をストレージタンクに注入する業務を含む。）に用いる機械又は装置	ア　則-別表第7の中欄に掲げる事項を記載した書面及び同表の下欄に掲げる図面		則-86 則-別表第7の15の項
④　則-別表第7のうち、特化則に示されている機械等 （第一類物質又は特定第二類物質等を製造する設備、特定化学設備及びその附属設備、特定第二類物質又は管理第二類物質のガス、蒸気又は粉じんが発散する屋内作業場に設ける発散抑制の設備、排ガス処理装置（アクロレインに係るものに限る。）、排液処理装置（特化則第11条第1項の表に掲げる物質に係るものに限る。）、1·3-ブタジエン等、硫酸ジエチル等に係る発散抑制の設備（屋外に設置されるものを除く。）、1·3-プロパンスルトン等を製造し、又は取り扱う設備及びその附属設備）	ア　則-別表第7の中欄に掲げる事項を記載した書面及び同表の下欄に掲げる図面 イ　局所排気装置が設けられている場合にあっては局所排気装置摘要書 ウ　プッシュプル型換気装置にあっては、プッシュプル型換気装置摘要書 エ　排ガス等処理装置の構造の図面 オ　ガス等の発散源を密閉する設備又は全体換気装置の図面 カ　1·3-プロパンスルトン等を製造し、又は取り扱う設備を設置する建築物の構造		則-86 則-別表第7の16の項から20の4の項まで

届　出　の　対　象	必　要　な　書　類　等	届出先、期限	関係法令等
⑤　放射線装置、放射線装置室、放射性物質取扱作業室又は放射性物質に係る貯蔵施設	ア　則-別表第7の中欄に掲げる事項を掲載した書面及び同表の下欄に掲げる図面 イ　放射線装置にあっては放射線装置摘要書 ウ　その他の機械等にあっては放射線装置室等摘要書		則-86、則-別表第7の21の項
⑥　空気調和設備又は機械換気設備で中央管理方式のもの	ア　則-別表第7の中欄に掲げる事項を記載した書面及び同表の下欄に掲げる図面		則-86、則-別表7の22の項
⑦　則-別表第7のうち、粉じん則に示されている機械又は設備並びに型ばらし装置、局所排気装置またはプッシュプル型換気装置	ア　則-別表第7の中欄に掲げる事項を記載した書面及び同表の下欄に掲げる図面 イ　局所排気装置にあっては局所排気装置摘要書 ウ　プッシュプル型換気装置にあってはプッシュプル型換気装置摘要書		則-86、則-別表第7の23、24の項
⑧　則-別表第7のうち、石綿等の粉じんが発散する屋内作業場に設ける発散抑制の設備	ア　則-別表第7の中欄に掲げる事項を記載した書面及び同表の下欄に掲げる図面 イ　局所排気装置にあっては局所排気装置摘要書 ウ　プッシュプル型換気装置にあってはプッシュプル型換気装置摘要書		則-86、則-別表第7の25の項

注)「法」は労働安全衛生法、「則」は労働安全衛生規則、「有機則」は有機溶剤中毒予防規則、「鉛則」は鉛中毒予防規則、「特化則」は特定化学物質障害予防規則、「粉じん則」は粉じん障害防止規則をそれぞれ示している。

第2章　報告と届出

1　事故報告（安衛則第96条関係）

　事業場またはその附属建設物内で、次の事故が発生した時は、様式第22号による報告書を所轄労働基準監督署長に提出しなければなりません。

① 　火災または爆発の事故

② 　遠心機械、研削といしその他の高速回転体の破裂の事故

③ 　機械集材装置、巻上げ機または索道の鎖または索の切断の事故

④ 　建設物、附属建設物または機械集材装置、煙突、高架そう等の倒壊の事故

様式第22号（第96条関係）

事 故 報 告 書

事業の種類	事業場の名称（建設業にあつては工事名併記のこと）		労働者数

事 業 場 の 所 在 地		発 生 場 所	
（電話　　　　　　　）			
発 生 日 時		事故を発生した機械等の種類等	
年　　月　　日　　時　　分			
構内下請事業の場合は親事業場の名称 建設業の場合は元方事業場の名称			

事 故 の 種 類

人的被害	区　　分		死亡	休業4日以上	休業1～3日	不休	計	物的被害	区　　分	名称、規模等	被害金額
	事故発生事業場の被災労働者数	男							建　　物	㎡	円
		女							その他の建設物		円
									機 械 設 備		円
	その他の被災者の概数								原 材 料		円
									製　　品		円
				（　　）				そ の 他		円
									合　　計		円

事 故 の 発 生 状 況	
事 故 の 原 因	
事 故 の 防 止 対 策	
参 考 事 項	
報告書作成者職氏名	

年　　　月　　　日
労働基準監督署長殿　　　　　　　　　事業者職氏名

備考　1.「事業の種類」の欄には、日本標準産業分類の中分類により記入すること。
　　　2.「事故を発生した機械等の種類等」の欄には、事故発生の原因となつた次の機械等について、それぞれ次の事項を記入すること。
　　　　⑴　ボイラー及び圧力容器に係る事故については、ボイラー、第一種圧力容器、第二種圧力容器、小型ボイラー又は小型圧力容器のうち該当するもの。
　　　　⑵　クレーン等に係る事故については、クレーン等の種類、型式及びつり上げ荷重又は積載荷重。
　　　　⑶　ゴンドラに係る事故については、ゴンドラの種類、型式及び積載荷重。
　　　3.「事故の種類」の欄には、火災、鎖の切断、ボイラーの破裂、クレーンの逸走、ゴンドラの落下等具体的に記入すること。
　　　4.「その他の被災者の概数」の欄には、届出事業者の事業場の労働者以外の被災者の数を記入し、（　）内には死亡者数を内数で記入すること。
　　　5.「建物」の欄には構造及び面積、「機械設備」の欄には台数、「原材料」及び「製品」の欄にはその名称及び数量を記入すること。
　　　6.「事故の防止対策」の欄には、事故の発生を防止するために今後実施する対策を記入すること。
　　　7.「参考事項」の欄には、当該事故において参考になる事項を記入すること。
　　　8.この様式に記載しきれない事項については、別紙に記載して添付すること。

2 労働者死傷病報告（安衛則第97条関係）

労働者が、労働災害その他就業中または事業場内等で、負傷、窒息等により、死亡または休業したときは、様式第23号または第24号による報告書を所轄労働基準監督署長に提出しなければなりません。

様式第23号（第97条関係）（表面）　　（別添）

労働者死傷病報告

労働保険番号（建設業の工事に従事する下請人の労働者が被災した場合、元請人の労働保険番号を記入すること。）		事業の種類

8 1 0 0 1

都道府県　所轄　管轄　基幹番号　枝番号　被一括事業場番号

事業場の名称（建設業にあつては工事名を併記のこと。）

カナ

漢字

工事名

職員記入欄
派遣元の事業の労働保険番号
都道府県　所轄　管轄　基幹番号　枝番号　被一括事業場番号

派遣労働者が被災した場合は、派遣先の事業場の郵便番号

事業場の所在地

構内下請事業の場合は親事業場の名称、建設業の場合は元方事業場の名称

派遣労働者が被災した場合は、派遣元の事業場の名称

提出事業者の区分
派遣先　派遣元

電話（　　）

郵便番号　　　労働者数　　人

発生日時（時間は24時間表記とすること。）
7：平成
9：令和
元号　年　月　日　時　分

被災労働者の氏名（姓と名の間は1文字空けること。）

生年月日

性別
男　女

カナ

元号　年　月　日（　）歳

漢字

職種

経験期間　年　月（いずれかに〇）

休業見込期間又は死亡日時（死亡の場合は死亡欄に〇）

傷病名　傷病部位　被災地の場所

休業見込（いずれかに〇）月　週　日　死亡

死亡日時

災害発生状況及び原因
①どのような場所で②どのような作業をしているときに③どのような物又は環境に④どのような不安全な又は有害な状態があって⑤どのような災害が発生したかを詳細に記入すること。

略図（発生時の状況を図示すること。）

職員記入欄

起因物　　店社コード　　業種分類

事故の型　発注者種類　事業場等区分　業務上疾病（1：罹患　2：非罹患）　自由設定項目（1）（2）（3）

報告書作成者
職 氏 名

年　　月　　日

事業者職氏名

労働基準監督署長殿

受付印

様式第23号（第97条関係）（裏面）

備考

1　□□□で表示された枠（以下「記入枠」という。）に記入する文字は、光学的文字・イメージ読取装置（ＯＣＩＲ）で直接読み取りを行うので、この用紙は汚したり、穴をあけたり、必要以上に折り曲げたりしないこと。

2　記入すべき事項のない欄、記入枠及び職員記入欄は、空欄のままとすること。

3　記入枠の部分は、必ず黒のボールペンを使用し、枠からはみ出さないように大きめの漢字、カタカナ及びアラビア数字で明りように記入すること。

　　なお、濁点及び半濁点は同一の記入枠に「ガ」「パ」等と記入すること。

4　「性別」、「休業見込」及び「死亡」の欄は、該当する項目に〇印を付すこと。

5　「事業場の名称」の欄の漢字が記入枠に書ききれない場合は、下段に続けて記入すること。

6　派遣労働者が被災した場合、派遣先及び派遣元の事業者は、「提出事業者の区分」の欄の該当する項目に〇印を付した上、それぞれ所轄労働基準監督署長に提出すること。

7　「経験期間」の欄は、当該職種について1年以上経験がある場合にはその経験年数を記入し、1年未満の場合にはその月数を記入し、該当する項目に〇印を付すこと。

8　「国籍・地域」及び「在留資格」の欄は、第97条の労働者が外国人（出入国管理及び難民認定法（昭和26年政令第319号。以下「入管法」という。）別表第1の1の表の外交又は公用の在留資格をもって在留する者及び日本国との平和条約に基づき日本の国籍を離脱した者等の出入国管理に関する特例法（平成3年法律第71号）に定める特別永住者を除く。）である場合に、入管法第2条第5号に規定する旅券、入管法第19条の3に規定する在留カード又は入管法第20条第4項に規定する在留資格証明書により確認し、記入すること。

　　なお、労働施策の総合的な推進並びに労働者の雇用の安定及び職業生活の充実等に関する法律（昭和41年法律第132号）第28条第1項の規定による外国人雇用状況の届出と同様の国籍・地域及び在留資格を記入すること。

様式第24号（第97条関係）　　　　労 働 者 死 傷 病 報 告　　　　　年　　月から　　年　　月まで

事業の種類	事業場の名称(建設業にあつては工事名を併記のこと。)					事業場の所在地		電話 ( )	労働者数

被災労働者の氏名	性別	年令	職種	派遣労働者の場合は欄に〇	発生月日	傷病名及び傷病の部位	休業日数	災害発生状況(派遣労働者が被災した場合は、派遣先の事業場名を併記のこと。)
	男・女	才			月　日			
	男・女	才			月　日			
	男・女	才			月　日			
	男・女	才			月　日			
	男・女	才			月　日			
	男・女	才			月　日			
	男・女	才			月　日			
	男・女	才			月　日			

報告書作成者職氏名　　　　　　　　　　

　　年　　月　　日

　　　　　　　　　　　　　　　　　　　　　　　　事業者職氏名

　　　労働基準監督署長殿

備考　派遣労働者が被災した場合、派遣先及び派遣元の事業者は、それぞれ所轄労働基準監督署に提出すること。

3　機械等の設置に係る計画の届出等（安衛法第88条関係）

　建設物もしくは機械等を設置したり、移転したり、その主要構造部分を変更しようとする場合は、その計画を工事開始の30日前までに、建設物機械等設置・移転・変更届（様式第20号）に所定の書類を添えて所轄労働基準監督署長に提出しなければなりません。ただし、安衛法第28条の2第1項に規定する措置（事業者の行うべき調査等）その他の厚生労働省令で定めている措置を講じているものとして、厚生労働省令で定めているところにより労働基準監督署長が認定した事業者についてはこの限りではありません。

　その他、計画の届出が必要なものについては表5-6を参照してください。

様式第20号（第86条関係）

機　械　等　設置・移転・変更届

事 業 の 種 類		事業場の名称		常時使用する 労働者数		
設　　置　　地			主たる事務所 の 所 在 地	電話（　　　）		
計 画 の 概 要						
製造し、又は 取り扱う物質 等及び当該業 務に従事する 労働者数	種　　類　　等		取　　扱　　量	従 事 労 働 者 数		
				男	女	計
参画者の氏名		参 画 者 の 経 歴 の 概 要		電気使用設備 の 定 格 容 量		kw
工 事 着 手 予 定 年 月 日			工 事 落 成 予 定 年 月 日			

年　　　月　　　日

事業者職氏名

　労働基準監督署長　殿

備考
1　表題の「設置」、「移転」及び「変更」のうち、該当しない文字を抹消すること。
2　「事業の種類」の欄は、日本標準産業分類の中分類により記入すること。
3　「設置地」の欄は、「主たる事務所の所在地」と同一の場合は記入を要しないこと。
4　「計画の概要」の欄は、機械等の設置、移転又は変更の概要を簡潔に記入すること。
5　「製造し、又は取り扱う物質等及び当該業務に従事する労働者数」の欄は、別表第7の 13
　　の項から25の項まで（22の項を除く。）の上欄に掲げる機械等の設置等の場合に記入すること。
　　　この場合において、以下の事項に注意すること。
　イ　別表第7の21の項の上欄に掲げる機械等の設置等の場合は、「種類等」及び「取扱量」
　　の記入は要しないこと。
　ロ　「種類等」の欄は、有機溶剤等にあってはその名称及び有機溶剤中毒予防規則第1条第
　　1項第3号から第5号までに掲げる区分を、鉛等にあってはその名称を、焼結鉱等にあっ
　　ては、焼結鉱、煙灰又は電解スライムの別を、四アルキル鉛等にあっては四アルキル鉛又
　　は加鉛ガソリンの別を、粉じんにあっては粉じんとなる物質の種類を記入すること。
　ハ　「取扱量」の欄には、日、週、月等一定の期間に通常取り扱う量を記入し、別表第7の
　　14の項の上欄に掲げる機械等の設置等の場合は、鉛等又は焼結鉱の種類ごとに記入するこ
　　と。
　ニ　「従事労働者数」の欄は、別表第7の14の項、15の項、23の項及び24の項の上欄に掲げ
　　る機械等の設置等の場合は、合計数の記入で足りること。
6　「参画者の氏名」及び「参画者の経歴の概要」の欄は、型枠支保工又は足場に係る工事の
　　場合に記入すること。
7　「参画者の経歴の概要」の欄には、参画者の資格に関する職歴、勤務年数等を記入するこ
　　と。
8　別表第7の22の項の上欄に掲げる機械等の設置等の場合は、「事業場の名称」の欄には建
　　築物の名称を、「常時使用する労働者」の欄には利用事業場数及び利用労働者数を、「設置
　　地」の欄には建築物の住所を、「計画の概要」の欄には建築物の用途、建築物の大きさ（延
　　床面積及び階数）、設備の種類（空気調和設備、機械換気設備の別）及び換気の方式を記入
　　し、その他の事項については記入を要しないこと。
9　この届出に記載しきれない事項は、別紙に記載して添付すること。

4 特殊健康診断結果報告（有機則第30条の3関係の例）

特殊健康診断を行った場合、遅滞なく、所定の様式により、その結果を所轄労働基準監督署長に提出しなければなりません。

様式第3号の2（第30条の3関係）（表面）

有機溶剤等健康診断結果報告書

標準字体 0 1 2 3 4 5 6 7 8 9

80302

ページ □ / 総ページ □

労働保険番号		在籍労働者数	人
	都道府県 所掌 管轄 基幹番号 枝番号 被一括事業場番号		
事業場の名称		事業の種類	
事業場の所在地	郵便番号（　　　） 電話（　　）		

対象年	7：平成 9：令和 → 元号 □□ 年 （　月～　月分）（報告　回目）	健診年月日	7：平成 9：令和 → 元号 □□□□□□□ 年 月 日

健康診断実施機関の名称			
健康診断実施機関の所在地		受診労働者数	□□□□人
有機溶剤業務名	有機溶剤業務コード □□ □□ □□ 具体的業務内容 （　　　　　　　　　　　）	従事労働者数	□□□□人

		実施者数	有所見者数		実施者数	有所見者数		
他覚所見		□□□□人	□□□□人	肝機能検査	□□□□人	□□□□人	作業条件の調査人数	□□□□人
腎機能検査		□□□□人	□□□□人	眼底検査	□□□□人	□□□□人	所見のあった者の人数（他覚所見のみを除く。）	□□□□人
貧血検査		□□□□人	□□□□人	神経内科学的検査	□□□□人	□□□□人	医師の指示人数	□□□□人

代謝物の検査	有機溶剤の名称等	有機溶剤コード 検査内容コード □□ □	有機溶剤コード 検査内容コード □□ □	有機溶剤コード 検査内容コード □□ □	有機溶剤コード 検査内容コード □□ □
	実施者数	□□□□人	□□□□人	□□□□人	□□□□人
	分布 1	□□□□人	□□□□人	□□□□人	□□□□人
	分布 2	□□□□人	□□□□人	□□□□人	□□□□人
	分布 3	□□□□人	□□□□人	□□□□人	□□□□人

産業医	氏名	
	所属機関の名称及び所在地	

　　年　月　日

事業者職氏名

労働基準監督署長殿

受付印

様式第３号の２（第30条の３関係）（裏面）

　　　備　考

1　□□□で表示された枠（以下「記入枠」という。）に記入する文字は、光学的文字読取装置（ＯＣＲ）で直接読み取りを行うので、この用紙は汚したり、穴をあけたり、必要以上に折り曲げたりしないこと。

2　記載すべき事項のない欄又は記入枠は、空欄のままとすること。

3　記入枠の部分は、必ず黒のボールペンを使用し、様式右上に記載された「標準字体」にならつて、枠からはみ出さないように大きめのアラビア数字で明瞭に記載すること。

4　「対象年」の欄は、報告対象とした健康診断の実施年を記入すること。

5　1年を通し順次健診を実施して、一定期間をまとめて報告する場合は、「対象年」の欄の（　月～　月分）にその期間を記入すること。また、この場合の健診年月日は報告日に最も近い健診年月日を記入すること。

6　「対象年」の欄の（報告　回目）は、当該年の何回目の報告かを記入すること。

7　「事業の種類」の欄は、日本標準産業分類の中分類によつて記入すること。

8　「健康診断実施機関の名称」及び「健康診断実施機関の所在地」の欄は、健康診断を実施した機関が2以上あるときは、その各々について記入すること。

9　「在籍労働者数」、「従事労働者数」及び「受診労働者数」の欄は、健診年月日現在の人数を記入すること。なお、この場合、「在籍労働者数」は常時使用する労働者数を、「従事労働者数」は別表1に掲げる有機溶剤業務に常時従事する労働者数をそれぞれ記入すること。

10　「有機溶剤業務名」の欄は、別表1を参照して、該当コードを全て記入し、（　）内には具体的業務内容を記載すること。

11　「代謝物の検査」の欄の有機溶剤の名称等は、別表2を参照して、それぞれ該当する全ての有機溶剤コード及び検査内容コードを記入すること。また、「代謝物の検査」の欄の分布は、別表2を参照して、該当者数を記入すること。

12　「有機溶剤業務名」及び「代謝物の検査」の欄について記入枠に記入しきれない場合については、報告書を複数枚使用し、2枚目以降の報告書については、記入しきれないコード及び具体的業務内容のほか「労働保険番号」、「健診年月日」及び「事業場の名称」の欄を記入すること。

13　「所見のあつた者の人数」の欄は、各健康診断項目の有所見者数の合計ではなく、健康診断項目のいずれかが有所見であつた者の人数を記入すること。ただし、他覚所見のみの者は含まないこと。

14　「医師の指示人数」の欄は、健康診断の結果、要医療、要精密検査等医師による指示のあつた者の数を記入すること。

別表1

コード	有機溶剤業務の内容
01	有機溶剤等を製造する工程における有機溶剤等のろ過、混合、攪拌、加熱又は容器若しくは設備への注入の業務
02	染料、医薬品、農薬、化学繊維、合成樹脂、有機顔料、油脂、香料、甘味料、火薬、写真薬品、ゴム若しくは可塑剤又はこれらのものの中間体を製造する工程における有機溶剤等のろ過、混合、攪拌又は加熱の業務
03	有機溶剤含有物を用いて行う印刷の業務
04	有機溶剤含有物を用いて行う文字の書込み又は描画の業務
05	有機溶剤等を用いて行うつや出し、防水その他物の面の加工の業務
06	接着のためにする有機溶剤等の塗布の業務

07	接着のために有機溶剤等を塗布された物の接着の業務
08	有機溶剤等を用いて行う洗浄（コード12に掲げる業務に該当する洗浄の業務を除く。）又は払拭の業務
09	有機溶剤含有物を用いて行う塗装の業務（コード12に掲げる業務に該当する塗装の業務を除く。）
10	有機溶剤等が付着している物の乾燥の業務
11	有機溶剤等を用いて行う試験又は研究の業務
12	有機溶剤等を入れたことのあるタンク（有機溶剤の蒸気の発散するおそれがないものを除く。）の内部における業務

別表2

有機溶剤コード	有機溶剤の名称	検査内容コード	検査内容	単位	分布		
					1	2	3
11	キシレン	1	尿中のメチル馬尿酸	g/ℓ	0.5以下	0.5超 1.5以下	1.5超
30	N・N-ジメチルホルムアミド	1	尿中のN-メチルホルムアミド	mg/ℓ	10以下	10超 40以下	40超
35	1・1・1-トリクロルエタン	1	尿中のトリクロル酢酸	mg/ℓ	3以下	3超 10以下	10超
		2	尿中の総三塩化物	mg/ℓ	10以下	10超 40以下	40超
37	トルエン	1	尿中の馬尿酸	g/ℓ	1以下	1超 2.5以下	2.5超
39	ノルマルヘキサン	1	尿中の2・5-ヘキサンジオン	mg/ℓ	2以下	2超 5以下	5超

第3章 災害事例

1 労働災害事例とその防止対策

㋐ 材料のズレを直そうとして金型にはさまれる

[業種] 金属製品製造業

[被害] 死亡1名

〈発生状況〉

　災害の発生した事業場は、自動車、荷役機械等の部品の製造を行っていた。

　災害発生当日、被災者Aは同僚Bと荷役機械の構造部材となる部品の加工をプレス機械により行っていた。プレス機械はストレートサイド型の圧力能力400tのもので、プレスの前面および後面に光線式安全装置が付けられており、操作は前面側に置いてある両手操作式の操作スタンドにおいて行うようになっている。加工する材料は厚さ約3mmの鉄板で、プレスで曲げ加工を行うものであった。

　作業者Aは後面側にいて材料を金型にセットする作業を行い、Bは前面にいて加工された材料の取り出し、およびプレスの操作を行っていた。

　朝から作業を始めて1時間程度経ったところで、Bがプレスを起動したところ、プレスのスライドが途中で停止して動かなくなった。Bは、Aが光線式安全装置の

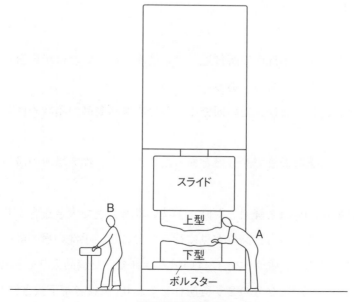

災害発生状況図

光線をさえぎったため停止したものと思い、Ａに声をかけたが返事がないため、後面側に回ってみたところ、Ａが金型にはさまれていた。

〈原因〉

　この災害の発生原因としては、次のことがあげられる。

①　被災者が材料設置後、再度危険限界内に入ったこと（入った理由は不明であるが、材料のズレを直そうとしたものと思われる）。

②　光線式安全装置の光軸とプレス機械のボルスターの間に約300㎜のすき間があり、被災者の身体がその中に入ってしまったため、安全装置が有効に機能しなかったこと。

〈再発防止対策〉

　同種災害を防止するためには、次の対策が必要である。

①　光線式安全装置とボルスター、金型との間に身体の入るほどのすき間を生じるときは、その部分に囲いを設ける、光軸を追加する等により作業者が危険限界内にあることを確実に検知できるようにすること。

②　複数の作業者が共同で作業を行うときは、それぞれに操作盤を設け、全員が同時に操作しなければ運転できないものとすること。

㈡　はい積みが荷崩れし、下敷きになる

[業種] 化学工業

[被害] 負傷1名

〈発生状況〉

　本災害は、作業者の手洗い場所付近にはい積みされていた荷が荷崩れを起こし、被災者が下敷きとなったものである。

　災害発生当日、被災者は、他の同僚1人と合成樹脂製品の箱詰め作業を行っていた。

　作業終了後、終業時間まで30分ほどあったことから、作業場所の清掃作業を行っていた。

　清掃作業開始後20分ほど経過した時、手洗い場所付近で大きな音がして、人のうめき声が聞こえたことから、同僚が見に行ったところ、手洗い場の隣の製品仮置場にパレット3段積みで、高さ3.2ｍにはい積みされていた製品入りの箱80個（1個の重さ5㎏～8㎏）のうち、3分の2が荷崩れしており、被災者が下敷きになっていた。

　荷崩れしたはいは、前日、フォークリフトを用いてはい付けしたものであるが、

パレットごとの箱の積み方がブロック積みで、中段のパレットの最上層に空きがあるなど、不安定であった。

〈原因〉

　この災害の発生原因としては、次のことがあげられる。

① 　パレットごとの箱の積み方が不安定で、一部の箱のつぶれ等が要因で、はいが荷崩れしたこと。

② 　はい積みに関する作業標準が決められていなかったこと。

③ 　労働者が多数往来し、使用する手洗い場の隣に製品仮置場を設け、荷をはい積みしていたこと。

〈再発防止対策〉

　同種災害を防止するためには、次の対策が必要である。

① 　箱物は、各段ごとに方向を変えて積むなど荷崩れしにくいように積むこと。
　　なお、はいの崩壊、荷の落下により労働者に危険を及ぼすおそれのあるときは、はいをロープで縛る等の危険防止措置を講ずること。

② 　はい積みに関する作業標準を作成し、労働者に周知すること。

③ 　労働者が多数往来する場所には、可能な限り、荷をはい積みしないこと。

災害発生状況図

㈦　フォークリフトのマストとヘッドガードの間にはさまれる

[業種] 電気機械器具製造業

[被害] 死亡1名

〈発生状況〉

　災害が発生した事業場は、家庭用電気機器の部品製造工場である。被災者は、同工場の配送係の指揮者として、工場倉庫内の荷物の整理およびトラックへの積込み

作業を担当していた。

　被災者は、前日の夕方に工場長および得意先係から渡された配車日報および出荷票をもとに、工場倉庫内において電気機器部品の出荷の準備を行った。ひと通り出荷物のチェックを終えた後、得意先ごとに荷をまとめ、フォークリフトにより倉庫搬出口近くまで運搬していた。

　このとき、フォークリフトの積荷の上部が崩れはじめたため、被災者は、フォークリフトを停車させ、エンジンをかけたままの状態で運転席に立ち上がり、背伸びした姿勢で積荷を整えていたところ、被災者の腰部がチルトレバー（マストを傾けるためのレバー）に触れた。このため、マストが手前側に作動し、被災者は、フォークリフトのマストとヘッドガードの間に頭をはさまれた。

〈原因〉

　この災害の発生原因としては、次のことがあげられる。

① 　フォークリフトの積荷が荷崩れしたこと。

② 　フォークリフトの運転者が運転席において荷直しの作業を行ったこと。

③ 　フォークリフトのエンジンを停止しなかったこと。

〈**再発防止対策**〉

　同種災害を防止するためには、次の対策が必要である。

① 　フォークリフトで荷を運搬中、積荷が崩れ落ちる事例は非常に多い。そこで、無理な積荷を避けるとともに、荷崩れしやすい積荷は、あらかじめロープ掛けを行う等により崩れないようにすること。また、ロープ掛けすることが困難な積荷については、箱やケースに収納して運搬すること。

② 　フォークリフトの運転席において作業している間に運転者がチルトレバーに触れたために、マストと屋根（または屋根の支柱）の間にはさまれる災害が少な

災害発生状況図

からず発生しているので、運転者に対し、運転席における荷直し等の作業を厳禁するよう徹底すること。

③　荷直し等の作業を行う際には、エンジンを停止すること。

㈒　手押しかんな盤の刃に触れ手指を切断される

[業種] 家具製造業

[被害] 休業1名

〈発生状況〉

　災害は、一般家庭用家具製造業の家具部材製造工場で発生した。被災者Aは、経験10年以上のベテラン職人であった。

　災害発生当日、Aは手押しかんな盤を使って、7cm×4cm×5cmの角状棒材を成型する作業を行っていた。

　この作業を続けていたところ、加工材の部分にふし等の堅い部分があったらしく、材料が反ぱつするように浮き上がったので、左手で（Aは右利きであったが、定盤に加工材を当てる位置関係から左手が作業しやすかった）材を押しつけようとしたところ、手が材から滑って、かんな刃に接触し左手中指を切断された。

　なお、この手押しかんな盤には、マグネット式の接触予防装置（いわゆるカバー）が不完全ながら取り付けられていた。

〈原因〉

　この災害の発生原因としては、かんな刃の部分を覆うべき接触予防装置は一応取り付けられていたが、覆うべき幅が不十分で、材を送っても約10cmほど刃がむき出しになった状態で作業を行っていたことがあげられる。

災害発生状況図

〈再発防止対策〉

　同種災害を防止するためには、次の対策が必要である。

① 刃の接触予防装置は、その覆う部分が、刃が加工材を切削している部分以外の部分を覆うことができる構造とすること。

② 安全衛生教育等を通じて作業者の安全作業意識の高揚を図ること。

③ 安全作業が確実に励行されるように、作業標準を定め、これを周知徹底すること。

④ 日ごろからかんな刃の切れ味を良くし、節などの堅い部分も削れるように整備しておくこと。

⑤ 材料の送り等については、適当な押さえ具を使用するか、安全確保用の治具を用いること。

2　職業性疾病事例とその防止対策

(ア)　洗浄槽の洗浄液交換作業中のジクロロメタンによる中毒

[業種] 金属表面処理業

[被害] 休業1名

〈発生状況〉

　本災害は、OA機器用金属部品の脱脂洗浄に用いる超音波洗浄槽中の洗浄液（成分の約90％はジクロロメタン）の交換作業中、抜き取った洗浄液のジクロロメタンにばく露、被災したものである。

　災害発生当日、被災者である作業員Aは作業者Bとともに超音波洗浄槽の洗浄液交換作業を始めた。

　この交換作業は、洗浄槽周囲のピットに入って行うものであり、洗浄槽中の洗浄液の抜き出し、洗浄槽中の汚泥の取り出し、新しい洗浄液の注入を行う。Aは、洗浄液の抜き出しを終えて休憩をとった後、洗浄槽下部のふたを開けて洗浄槽中の汚泥を取り出した。汚泥を取り出した後、このふたを一度閉めて新しい洗浄液の注入作業を始めたが、洗浄液がふたの周囲から漏れていたため、一度作業を中断し、ふたを閉め直してから作業を続行した。その際Aがピット内で漏れたジクロロメタンにばく露し、被災したものである。

　当該ピット内には、換気装置は設けられておらず、洗浄液の交換作業に入る前および作業中の強制換気も行われていなかった。また、当該作業場には、送気マスクは備え付けられていなかった。なお、有機ガス用の防毒マスクは備え付けられてい

たが、Aは使用していなかった。

〈原因〉

　この災害の発生原因としては、次のことがあげられる。

①　送気マスクを備え付けていなかったこと。

②　備え付けられていた防毒マスクを使用していなかったこと。

③　特別有機溶剤業務に係る作業であるにもかかわらず、特定化学物質作業主任者が選任されておらず、作業管理が不十分であったこと。

④　有機溶剤中毒に関する知識および予防対策についての教育が不十分であったこと。

⑤　通風が悪い場所での作業であったが、換気を行わなかったこと。

〈再発防止対策〉

　同種災害を防止するためには、次の対策が必要である。

①　送気マスクを備え付け、労働者にこれを使用させること。

②　特定化学物質作業主任者を選任し、その職務を確実に励行させること。

③　有機溶剤中毒に関する知識および予防対策についての教育を行い、安全衛生意識の向上を図ること。

④　換気を十分に行いながら作業を行わせること。

災害発生状況図

㈠　医薬品中間体製造工程における臭化メチル中毒

[業種] 化学工業

[被害] 中毒1名

〈発生状況〉

　本災害は、臭化メチルを原料の一つとして使用する医薬品中間体製造工程において、生成した結晶を反応釜から遠心分離機へ移し替える際に、釜内に残留していた

未反応の臭化メチルを吸入して中毒となったものである。

　災害が発生した事業場においては、結晶の移し替えは、通常反応釜の底部にあるバルブからパイプを通って遠心分離機に送る方法を採っていたが、災害発生当日は、バルブが故障していたため、反応釜上部のマンホールからひしゃくで取り出して遠心分離機に入れる方法を採ることとなった。

　作業は、被災者がひしゃくで結晶を取り出して、ファイバードラムと呼ばれる紙製の容器に入れ、他の2人がこの容器を遠心分離機のある場所まで運搬し、その中に結晶を投入するという分担で行われた。

　当日の作業が終了し、作業場から控室へ移動する途中、被災者は突然倒れこみけいれんを起こし、意識を失った状態で病院に運ばれた。

　なお、反応釜から結晶を取り出す前には、未反応の臭化メチルを除去するため真空ポンプにより約1時間脱気が行われていた。また、実際に結晶を取り出す際には、反応釜のマンホールの位置にフレキシブルダクトを固定して局所排気装置を稼働させていたが、被災者は防毒マスク等の保護具は着用していなかった。

〈原因〉

　この災害の発生原因としては、次のことがあげられる。

① 　結晶の取り出しに際し、反応釜内の臭化メチルの濃度が十分に低くなっていなかったこと。また、臭化メチルの濃度を測定により確認せずに、取出し作業を行ったこと。

② 　結晶取出し作業の際に、局所排気装置は稼働させていたが、作業者に防毒マスク、不浸透性の保護衣・保護手袋等の保護具を着用させていなかったため、作業者が臭化メチルにばく露したこと。

③ 　作業者に対して臭化メチルの有害性等について安全衛生教育が行われていなか

災害発生状況図

ったため、作業者が作業の危険性について認識していなかったこと。

〈再発防止対策〉

　同種災害を防止するためには、次の対策が必要である。

①　有害ガスが残留している場合の結晶の移し替えは、できる限りパイプを通して行うこととし、それができない場合には、当該有害ガスを脱気し、濃度が十分に下がったことを確認してから取出し作業を行うこと。

②　有害ガスが残留している場合の結晶の取出しにおいては、局所排気装置を稼働させるだけでなく、作業者に防毒マスク、不浸透性の保護衣・保護手袋等の保護具を着用させること。

③　作業者に対して、取扱い物質の有害性、適切な作業方法等について安全衛生教育を行うこと。

㈌　強風により煙突からの排気ガスが工場内に逆流し、一酸化炭素中毒となる

[業種]　パン製造・販売業

[被害]　休業1名

〈発生状況〉

　被災者は災害発生当日、午前3時から店舗に付設されたパン製造工場において、パン生地の仕込み作業を行い、その後、工場内のガスオーブンに点火し、オーブンから1.3m程離れた場所でパン生地の分割作業を始めた。

　午前7時ごろ、被災者は目の痛みを感じ、気分も悪くなったが、それほど気にもとめず作業を続け、さらに、パン生地をオーブンに入れて焼く作業も開始した。

　午前10時ごろ、被災者は、再びパン生地の分割作業を行っていたところ急に気分が悪くなり、全身がしびれたようになって、しゃがみ込むと同時に意識不明となった。

　同工場内で別の作業をしていた同僚がこれを見つけ、責任者に連絡し、被災者を救急車で病院に収容したところ、一酸化炭素（CO）中毒と診断され、4日間の入院となったものである。

　なお、被災者の使用していたガスオーブンは、屋外排気方式のもので、工場の南側の壁面に煙突が設置されていた。また、当日は、雨天で南風が強く、工場への出入口、窓等は閉められており、換気扇も使用していなかった。

　この工場では過去にも南風が強い日に限って排気ガスの臭気が感じられたり、労働者の気分が悪くなったことがある。なお、工場内にはガスオーブン以外に有毒ガ

スの発生源はなかった。

〈原因〉

この災害の発生原因としては、次のことがあげられる。

① 燃焼排ガスが作業場に逆流したこと。

② 作業場の換気設備が稼働していなかったこと。

〈再発防止対策〉

同種災害を防止するためには、次の対策が必要である。

① 排気設備はガスオーブンの燃焼排ガスが、屋外の気象条件により逆流することのないようにすること。

② 作業場の換気を十分に行い、空気環境を良好に保つこと。

③ 強制排出装置、換気装置等の機器については、定期的に点検を行い、必要な場合には補修し、常に良好な状態に保つこと。

④ 作業指揮者の配置など安全衛生管理体制を整備すること。

⑤ 労働者に対し、一酸化炭素中毒防止などの安全衛生教育を徹底すること。

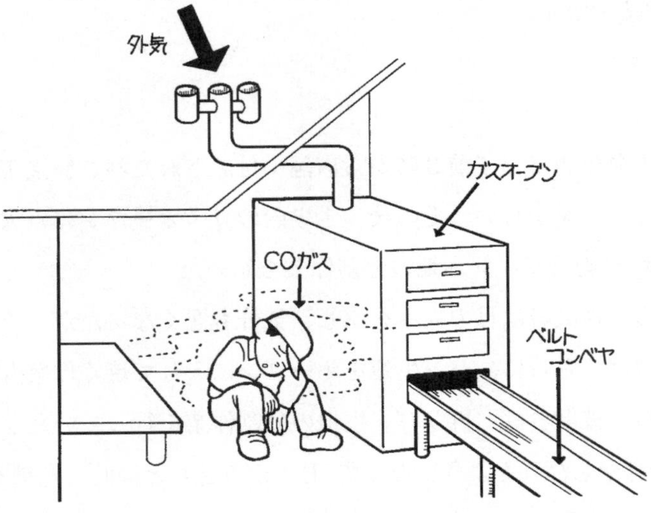

災害発生状況図

(エ) 醤油醸造タンク内での酸素欠乏症

[業種] 調味料製造業

[被害] 死亡２名（うち１名は事業者）

〈発生状況〉

本災害は、醤油醸造工場における醸造タンクの清掃のため、当該タンク内に立ち入った作業者と事業者が、タンク内の生揚（きあげ）（醤油の原液）の発酵作用から発生した

　と考えられる酸素欠乏空気により被災したものである。

　災害発生当日、被災者である作業者と事業者が醸造タンク内部で倒れているところを発見され、救急隊によって救出されたとき2人はすでに心肺停止の状態であった。被災者が発見された際、タンク内にははしごが掛けてあったことおよびタンク内にブラシ等の清掃用具があったことから、被災者が新たに生揚を受け入れるためタンク内の清掃をしていたものと思われる。また、タンクの底部には生揚が5cmほどの深さで残っており、生揚表面の一部には泡状の膜が張っていたことから発酵が盛んだったと思われる。

　清掃作業を行う場合は、まず、タンクの蛇口を開けて、残っている生揚を排出するが、完全に抜き取ることはできず、タンクの底に少し液が残る。この状態で、はしごを使いタンク内に入り、タンク内の汚れをブラシで落とし水洗いしていた際に、タンク内の生揚の発酵作用により生じていた酸素欠乏空気を吸入し、被災したものと思われる。

　なお、当該事業場では、被災者である事業者が酸素欠乏危険作業主任者であったが、タンク内の作業について測定、換気等の酸素欠乏症防止対策を講じたり、日常の作業指示の中で酸素欠乏症に対する注意喚起をすることはなく、事業者、労働者ともに酸素欠乏症の危険性についての認識が不足していたものと考えられる。

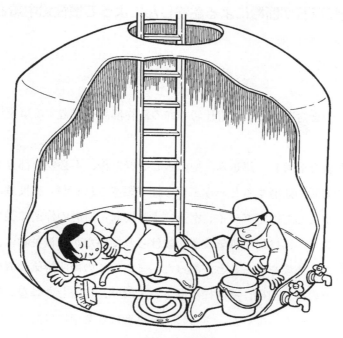

災害発生状況図

〈原因〉

　この災害の発生原因としては、次のことがあげられる。

① 酸素欠乏危険場所であったにもかかわらず、作業場所の酸素濃度を測定せずにタンク内に立ち入ったこと。

② 作業場所の換気を行わなかったこと。

③ 酸素欠乏危険作業主任者が職務を励行しなかったこと。

④ 酸素欠乏危険作業についての適切な作業標準が定められていなかったこと。

⑤ 作業者に酸素欠乏症の危険性についての認識が不足していたこと。

〈**再発防止対策**〉

　同種災害を防止するためには、次の対策が必要である。

① 作業開始前に作業場所の酸素濃度を測定すること。

② 酸素濃度を18％以上に保つよう換気を行うこと。

③ 酸素欠乏危険作業主任者に職務の励行を徹底させること。

④ 酸素欠乏危険作業についての適切な作業標準を定め、その順守を徹底させること。

⑤ 酸素欠乏危険作業に従事する作業者に対する特別教育等、酸素欠乏症の予防に関する安全衛生教育を実施すること。

㈠　**高速回転砥石切断機による鉛粉じんによって慢性鉛中毒となる**

[**業種**] 非鉄金属製造業

[**被害**] 休業1名

〈**発生状況**〉

　本災害は、鉛を含有する水道用仕切り弁の鋳物部品を製造する事業場において発生した。

　製品は、原料を溶解し、鋳込み、型ばらしを経た後、不必要な部分を固定グラインダーにより切断・研磨するという工程を経て製造されるが、被災者は入社以来18年にわたり、主として固定グラインダーによる切断・研磨の作業に従事していた。

　このグラインダーには局所排気装置が設けられていたが、被災者は、ときどき稼働させることなく作業をすることがあった。また、この局所排気装置に接続されている除じん装置の排気口は、屋内に設置されており、除去しきれない鉛粉じんは屋内に飛散するようになっていた。さらに、被災者は作業中には防じんマスクを着用していなかった。

　被災者が腹痛を訴え、病院で血液検査を受けた結果、血中鉛濃度が80μg/dLであることが判明し、慢性鉛中毒と診断された。

　この事業場では、健康診断、作業環境測定ともに法定の頻度で実施しておらず、安全衛生管理が不十分な状態であった。

〈原因〉

　この災害の発生原因としては、次のことがあげられる。

①　局所排気装置の稼働が不十分であったこと、除じん装置の排気口が屋内にあったことなど、作業環境管理が不適切であったこと。

②　作業環境測定が実施されていなかったこと。

③　有効な呼吸用保護具を着用していなかったこと（ガーゼマスクは、微細な粉じんに対しては効果がない）。

④　健康診断を実施していなかったこと。

⑤　関係労働者に対して、鉛粉じん等に関する安全衛生教育が実施されていなかったこと。

〈再発防止対策〉

　同種災害を防止するためには、次の対策が必要である。

①　局所排気装置を有効に稼働させるとともに、除じん装置の排気口は必ず屋外に設けること。

②　作業環境測定を実施し、作業環境の状態を確認するとともに、必要な改善を行うこと。

③　有効な呼吸用保護具を着用させること。

④　健康診断を実施し、その結果に基づく事後措置を行うこと。

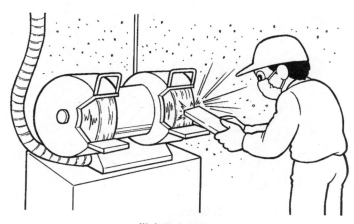

災害発生状況図

⑤　関係労働者に対して安全衛生教育を実施すること。

㋕　梱包作業における腰痛症

[業種] 輸送用機械器具製品製造業

[被害] 休業1名

〈発生状況〉

　被災者は、自動車用部品を製造する事業場において、梱包作業員として約1.5kgから5kgの部品を3個から7個（平均5個）ケースに入れて梱包し、パレットに手で積み上げる作業に従事していた。

　これらの作業において1回に取り扱うケースの重量は、最も軽いもので9kg、最も重いもので19kgであり、そのケースをパレット1段に4箱積み、そのパレットを4〜6段積み上げるものであった。

　1日当たり取り扱うケースの量は平均200個となり、作業の状態も1段目は腰をかがめてパレットへ積み、4段目は顔の高さ程度、また5段目は頭の高さとなり、屈伸作業が頻繁に行われていた。

災害発生状況図

　被災者は、梱包作業員として入社後10年経過したころから腰の疲れを感じ始め、その後腰痛のため年次有給休暇を利用してはり治療を受けるなどしていたが、一向によくならないため、整形外科で診察を受けたところ過労性腰痛症と診断された。

〈原因〉

　この災害の発生原因としては、重量物の取扱い作業において、頻繁に腰部に負担のかかる作業姿勢で作業を行ったことがあげられる。

〈再発防止対策〉

　同種災害を防止するためには、次の対策が必要である。

① 中腰、ひねり、前かがみ、後を向いて体を反らすなどの不自然な姿勢をなるべくとらないこと。

② 作業速度や取り扱う物の重量を調整するなどして腰部に過度の負担がかからないようにすること。

③ 身体の重心の移動を少なくするなど作業姿勢に留意すること。

④ 小休止、休息をとる、他の軽作業と組み合わせるなどにより、重量物取扱い時間を少なくすること。

⑤ できれば、作業の一部を自動化、機械化し、作業者の負担を軽減すること。

㈭　焼き入れされた板バネの検査作業中に熱中症

[業種] その他の金属製品製造業

[被害] 死亡1名

〈発生状況〉

　本災害は、板バネ製造工程で焼き入れされた板バネを検査する作業中に発生したものである。

　板バネ製造工程は、加工された材料を加熱し、プレスで成形し、再度加熱炉で880℃に加熱した後、油槽に浸けて焼き入れを行う。その後、焼き戻しを行い、検査工程を経て研磨、塗装を行って製品とするものである。

　被災者は、焼き入れされた板バネの形状を検査し、不良品を取り除き、合格品を焼き戻し、炉に並べて入れる作業を担当していた。

　災害が発生した日、被災者は、午前8時30分から通常の検査の作業を始め、1時間ごとに10分程度の休憩を取りながら作業を行っていた。12時に昼の休憩に入り、食事をとりながら同僚に「足がだるい」と話していたが、午後1時に、通常の作業に就いた。午後2時に10分の休憩をとった後、30分ほど経過したとき、被災者が作

業位置で倒れているのを同僚が発見し、直ちに救急車で病院に搬送し治療を受けたが、3時間後に熱中症により死亡した。

災害が発生した日は、最高気温が35℃に達する猛暑日であり、被災者の作業位置では40℃を超える室温であった。

〈原因〉

この災害の原因としては、次のことがあげられる。

① 気温が最高35℃に達する猛暑日であり、加熱炉付近で作業が行われており、作業位置の室温が40℃を超える高温環境下での作業であったこと。

② 作業位置に直径15cmの温度が25℃の空気を吹き出すスポットクーラーが設けられていたが室温を緩和するほどには有効に機能していなかったこと。

③ 加熱炉から吹き出す熱風を防ぐ覆いが不十分であったため、作業位置に熱風が拡散していたこと。

④ 1時間ごとに休憩がとられていたが、冷房設備が設けられた休憩場所が確保されていなかったこと。

⑤ 作業中に、容易に水分および塩分を補給することのできる措置が講じられていなかったこと。

⑥ 災害が発生した時期、連日連夜、30℃を超える真夏日と25℃を超える熱帯夜が続き、被災者は睡眠不足と疲労の蓄積など身体的な不調があったものと考えられること。

災害発生状況図

⑦　事業者はもとより作業者全員が、熱中症の危険や予防に関する知識が不足していたため、体調不良が自覚されたまま作業に就いていたこと。

〈再発防止対策〉

同種災害を防止のためには、次の対策が必要である。

①　作業場所ごとに設けるスポットクーラーは、直径を大きくし、風量を増すとともに、吹き出す空気の温度を24℃程度に下げ、吹き出し口はラッパ状にするなど吹き出す空気が拡散するようにすること。

②　熱風を防ぐ覆いの設置等により作業位置に熱風が拡散しないようにすること。

③　作業場所と隔離された場所に、休憩時間に利用できる冷房装置が備え付けられた休憩設備を設けること。

④　作業場所には、作業中に容易に水分および塩分を補給することのできる物品を備え付けること。

⑤　作業場所にWBGT値（暑さ指数）を把握するためのWBGT指数計を設置する等し、作業中のWBGT値の変化に対応した作業管理を行うこと。

⑥　作業中に、身体の異常を自覚し、または他の作業員の異常を目撃したときは、すぐに職長へ通報するように全作業員に周知すること。

⑦　熱中症に関する労働衛生教育を行うこと。また、熱中症にかかりやすい要因としての、二日酔い、睡眠不足、疲労の蓄積など夏バテしないコンディションづくりに関する健康教育も実施すること。

（災害事例は、「職場のあんぜんサイト」（厚生労働省）等より引用・一部改変）

〈資料〉

第13次労働災害防止計画（抄）

（平成30年２月　厚生労働省）

はじめに

　労働災害防止計画は、戦後の高度成長期における産業災害や職業性疾病の急増を踏まえ、1958年に第１次の計画が策定されたものであり、その後、社会経済の情勢や技術革新、働き方の変化等に対応しながら、これまで12次にわたり策定してきた。

　この間、産業災害や職業性疾病の防止に取り組む国、事業者、労働者等の関係者に対し、安全衛生活動を推進する際の実施事項や目標等を示して取組を促進することにより、我が国の労働現場における安全衛生の水準は大幅に改善した。

　しかしながら、近年の状況を見ると、労働災害による死亡者の数（以下「死亡者数」という。）こそ減少しているものの、いまだその水準は低いといえず、第三次産業の労働者数の急速な増加や労働力の高齢化もあって、労働災害による休業４日以上の死傷者の数（以下「死傷者数」という。）に至ってはかつてのような減少は望めず、これまでとは異なった切り口や視点での対策が求められている。

　また、過労死やメンタルヘルス不調が社会問題としてクローズアップされる中で、働き方改革実行計画（平成29年３月28日働き方改革実現会議決定）を踏まえ、過労死研究の推進とその成果を活用しつつ、労働者の健康確保対策やメンタルヘルス対策等に取り組むことが必要になっているほか、治療と仕事の両立への取組を推進することも求められている。このほか、胆管がんや膀胱がんといった化学物質による重篤な健康障害の防止や、今後増加が見込まれる石綿使用建築物の解体等工事への対策強化も必要となっている。

　その他、大規模な自然災害による被害からの復旧・復興工事や東京電力福島第一原子力発電所の廃炉作業における安全衛生の確保はもとより、2020年東京オリンピック・パラリンピック競技大会の開催を契機として我が国全体の安全や健康への意識の底上げにつなげていくことも考えられる。

　このような状況を踏まえ、労働災害を少しでも減らし、安心して健康に働くことができる職場の実現に向け、2018年度を初年度として、５年間にわたり国、事業者、労働者等の関係者が目指す目標や重点的に取り組むべき事項を定めた「第13次労働災害防止計画」をここに策定する。

1　計画のねらい

(1)　計画が目指す社会

　働く方々の一人一人がかけがえのない存在であり、それぞれの事業場において、一人の被災者も出さないという基本理念の下、働く方々の一人一人がより良い将来の展望を持ち得るような社会としていくためには、日々の仕事が安全で健康的なものとなるよう、不断の努力が必要である。

　また、一人一人の意思や能力、そして置かれた個々の事情に応じた、多様で柔軟な働き方を選択する社会への移行が進んでいく中で、従来からある単線型のキャリアパスを前提とした働き方だけでなく、正規・非正規といった雇用形態の違いにかかわらず、副業・兼業、個人請負といった働き方においても、安全や健康が確保されなければならない。

　さらに、就業構造の変化等に対応し、高年齢労働者、非正規雇用労働者、外国人労働者、障害者である労働者の安全と健康の確保を当然のこととして受け入れていく社会を実現しなければならない。

(2)　計画期間

　2018 年度から 2022 年度までの 5 か年を計画期間とする。

(3)　計画の目標

　国、事業者、労働者等の関係者が一体となって、一人の被災者も出さないという基本理念の実現に向け、以下の目標を計画期間中に達成することを目指す。

①　死亡災害については、一たび発生すれば取り返しがつかない災害であることを踏まえ、死亡者数を2017年と比較して、2022年までに15%以上減少させる。

②　死傷災害（休業 4 日以上の労働災害をいう。以下同じ。）については、死傷者数の増加が著しい業種、事故の型に着目した対策を講じることにより、死傷者数を2017年と比較して、2022年までに 5 ％以上減少させる。

③　重点とする業種の目標は以下のとおりとする。

・建設業、製造業及び林業については、死亡者数を2017年と比較して、2022年までに15%以上減少させる。

・陸上貨物運送事業、小売業、社会福祉施設及び飲食店については、死傷者数を2017年と比較して、2022年までに死傷年千人率で 5 ％以上減少させる。

④　上記以外の目標については、以下のとおりとする。

・仕事上の不安、悩み又はストレスについて、職場に事業場外資源を含めた相談先がある労働者の割合を90%以上（71.2%：2016年）とする。

・メンタルヘルス対策に取り組んでいる事業場の割合を80％以上（56.6％：2016年）とする。

・ストレスチェック結果を集団分析し、その結果を活用した事業場の割合を60％以上（37.1％：2016年）とする。

・化学品の分類及び表示に関する世界調和システム（以下「GHS」という。）による分類の結果、危険性又は有害性等を有するとされる全ての化学物質について、ラベル表示と安全データシート（以下「SDS」という。）の交付を行っている化学物質譲渡・提供者の割合を80％以上（ラベル表示60.0％、SDS交付51.6％：2016年）とする。

・第三次産業及び陸上貨物運送事業の腰痛による死傷者数を2017年と比較して、2022年までに死傷年千人率で５％以上減少させる。

・職場での熱中症による死亡者数を2013年から2017年までの５年間と比較して、2018年から2022年までの５年間で５％以上減少させる。

2　安全衛生を取り巻く現状と施策の方向性（項目のみ掲載）

(1)　死亡災害の発生状況と対策の方向性

(2)　死傷災害の発生状況と対策の方向性

(3)　労働者の健康確保を巡る動向と対策の方向性

(4)　疾病を抱える労働者の治療と職業生活の両立を巡る状況と対策の方向性

(5)　化学物質による健康障害の現状と対策の方向性

3　計画の重点事項

　先に述べた安全衛生を取り巻く現状と対策の方向性を踏まえ、以下の８項目を重点事項とする。

(1)　死亡災害の撲滅を目指した対策の推進

(2)　過労死等の防止等の労働者の健康確保対策の推進

(3)　就業構造の変化及び働き方の多様化に対応した対策の推進

(4)　疾病を抱える労働者の健康確保対策の推進

(5)　化学物質等による健康障害防止対策の推進

(6)　企業・業界単位での安全衛生の取組の強化

(7)　安全衛生管理組織の強化及び人材育成の推進

(8)　国民全体の安全・健康意識の高揚等

4　重点事項ごとの具体的取組（項目のみ掲載）

(1)　死亡災害の撲滅を目指した対策の推進

　ア　業種別・災害種別の重点対策の実施

　　(ア)　建設業における墜落・転落災害等の防止

　　(イ)　製造業における施設、設備、機械等に起因する災害等の防止

　　(ウ)　林業における伐木等作業の安全対策

　イ　重篤な災害の防止対策

　ウ　最新基準が適用されていない既存の機械等の更新促進

(2)　過労死等の防止等の労働者の健康確保対策の推進

　ア　労働者の健康確保対策の強化

　　(ア)　企業における健康確保措置の推進

　　(イ)　産業医・産業保健機能の強化

　イ　過重労働による健康障害防止対策の推進

　ウ　職場におけるメンタルヘルス対策等の推進

　　(ア)　メンタルヘルス不調の予防

　　(イ)　パワーハラスメント対策の推進

　エ　雇用形態の違いにかかわらない安全衛生の推進

　オ　副業・兼業、テレワークへの対応

　カ　過労死等の実態解明と防止対策に関する研究の実施

(3)　就業構造の変化及び働き方の多様化に対応した対策の推進

　ア　災害の件数が増加傾向にある又は減少がみられない業種等への対応

　　(ア)　第三次産業対策

　　(イ)　陸上貨物運送事業対策

　　(ウ)　転倒災害の防止

　　(エ)　腰痛の予防

　　(オ)　熱中症の予防

　　(カ)　交通労働災害対策

　　(キ)　職場における「危険の見える化」の推進

　イ　高年齢労働者、非正規雇用労働者、外国人労働者及び障害者である労働者の労働災害の防止

　　(ア)　高年齢労働者対策

(ｲ)　非正規雇用労働者対策

(ｳ)　外国人労働者、技能実習生対策

(ｴ)　障害者である労働者対策

ウ　個人請負等の労働者の範疇に入らない者への対応

エ　技術革新への対応

(4)　**疾病を抱える労働者の健康確保対策の推進**

ア　企業における健康確保対策の推進、企業と医療機関の連携の促進

イ　疾病を抱える労働者を支援する仕組みづくり

ウ　脊髄に損傷を負った労働者等の職場復帰支援

(5)　**化学物質等による健康障害防止対策の推進**

ア　化学物質による健康障害防止対策

(ｱ)　国際動向等を踏まえた化学物質による健康障害防止対策

(ｲ)　リスクアセスメントの結果を踏まえた作業等の改善

(ｳ)　化学物質の有害性情報の的確な把握

(ｴ)　有害性情報等に基づく化学物質の有害性評価と対応の加速

(ｵ)　遅発性の健康障害の把握

(ｶ)　化学物質を取り扱う労働者への安全衛生教育の充実

イ　石綿による健康障害防止対策

(ｱ)　解体等作業における石綿ばく露防止

(ｲ)　労働者による石綿等の化学物質の取扱履歴等の記録の保存

ウ　受動喫煙防止対策

エ　電離放射線による健康障害防止対策

オ　粉じん障害防止対策

(6)　**企業・業界単位での安全衛生の取組の強化**

ア　企業のマネジメントへの安全衛生の取込み

イ　労働安全衛生マネジメントシステムの普及と活用

ウ　企業単位での安全衛生管理体制の推進

エ　企業における健康確保措置の推進

オ　業界団体内の体制整備の促進

カ　元方事業者等による健康確保対策の推進

キ　業所管官庁との連携の強化

　　ク　中小規模事業場への支援
　　ケ　民間検査機関等の活用の促進

(7)　**安全衛生管理組織の強化及び人材育成の推進**

(8)　**国民全体の安全・健康意識の高揚等**
　　ア　高校、大学等と連携した安全衛生教育の実施
　　イ　危険体感教育及び震災に備えた対策の推進
　　ウ　2020年東京オリンピック・パラリンピック競技大会を活用した健康促進
　　エ　技能検定試験の関係団体との連携
　　オ　科学的根拠、国際動向を踏まえた施策推進

主な参考文献

第1編

「安全衛生計画のたて方と活かし方」中村昌弘著　中央労働災害防止協会

「安全の指標」中央労働災害防止協会

「労働衛生のしおり」中央労働災害防止協会

「衛生管理者の実務－能力向上教育用テキスト－」中央労働災害防止協会

「安全衛生推進者必携」中央労働災害防止協会

「局所排気装置、プッシュプル型換気装置及び除じん装置の定期自主検査指針の解説」中央労働災害防止協会

「新　やさしい局排設計教室」沼野雄志著　中央労働災害防止協会

「局所排気装置の管理早わかり」神奈川県労働衛生技術委員会編　神奈川県労務安全衛生協会

「安全衛生活動の進め方」谷村冨男　労働新聞社

「これからの安全管理」西島茂一著　中央労働災害防止協会

第2編

「やさしい職場のリスクアセスメント－中小規模事業場での進め方－」中央労働災害防止協会

「安全管理者選任時研修テキスト」中央労働災害防止協会

「厚生労働省指針に対応した労働安全衛生マネジメントシステム　システム担当者の実務」中央労働災害防止協会

「厚生労働省指針に対応した労働安全衛生マネジメントシステム　リスクアセスメント担当者の実務」中央労働災害防止協会

第3編

「新安全朝礼ハンドブック」谷村冨男著　中央労働災害防止協会

「職長安全衛生教育シート集」武井民雄著　中央労働災害防止協会

安全衛生推進者の実務

－能力向上教育（初任時）用テキスト－

平成12年12月25日	第1版第1刷発行
平成13年12月10日	第2版第1刷発行
平成15年12月19日	第3版第1刷発行
平成20年3月31日	第4版第1刷発行
平成26年12月24日	第5版第1刷発行
平成31年1月31日	第6版第1刷発行
令和4年5月31日	第7版第1刷発行
令和6年7月4日	第3刷発行

編　　　者　中央労働災害防止協会

発　行　者　平　山　　剛

発　行　所　中央労働災害防止協会

〒108-0023

東京都港区芝浦3丁目17番12号

吾妻ビル9階

電話　販売　03（3452）6401

編集　03（3452）6209

印刷・製本　サンパートナーズ株式会社

落丁・乱丁本はお取り替えいたします。　　　　　　©JISHA 2022

ISBN978-4-8059-2013-8　C3060

中災防ホームページ　https://www.jisha.or.jp/